山东省社会科学规划研究项目

# 体育赛事无形资产
# 系统管理

王相英　著

科学出版社
北　京

## 内 容 简 介

本书从大型体育赛事入手，研究体育赛事无形资产的构成要素、运营管理及评估系统，对于中、小型运动会有一定的借鉴意义，加强网络环境下对无形资产构成要素的识别与管理，采用 WSR 系统方法论指导体育赛事无形资产的合理有效运营管理，健全体育赛事无形资产评估制度，防止资产流失，实现无形资产的动态评估，并帮助体育赛事组织者进行正确的决策，使无形资产危机预警的结果更加真实有效。

本书理论联系实际，以大量实例说明体育赛事无形资产的评估，简单明了，可供体育管理从业人员和体育经济方面的学者阅读。

**图书在版编目（CIP）数据**

体育赛事无形资产系统管理/王相英著. —北京：科学出版社，2013
ISBN 978-7-03-039338-8

Ⅰ. ①体… Ⅱ. ①王… Ⅲ. ①运动竞赛-无形资产管理 Ⅳ. ①G808.22

中国版本图书馆 CIP 数据核字（2013）第 303019 号

责任编辑：李太铼 / 责任校对：马英菊
责任印制：吕春珉 / 封面设计：耕者设计工作室

科 学 出 版 社 出版
北京东黄城根北街 16 号
邮政编码：100717
http://www.sciencep.com

新科印刷有限公司 印刷
科学出版社发行    各地新华书店经销

*

2013 年 11 月第 一 版    开本：787×1092  1/16
2013 年 11 月第一次印刷    印张：10
字数：210 000

定价：36.00 元

（如有印装质量问题，我社负责调换〈新科〉）

销售部电话 010-62134988    编辑部电话 010-62135763-1012

# 前　言

我国对体育赛事无形资产的开发利用，始于 20 世纪 80 年代初。1993 年原国家体育运动委员会（今国家体育总局）提出了体育要"面向市场，走向市场，以产业化为方向"的改革思路。自此，竞技体育才走向市场化，按照经济规律逐步发展起来。随着我国竞技体育的迅速发展，国内举办的体育赛事越来越多，但我国的体育产业发展相对较弱，与国外相比还存在一定的差距，但同时也说明我国体育产业具有很大的发展空间。为适应体育赛事管理人才发展的需要，各体育院校增设了相应的课程。编写一本实用、科学、系统的体育赛事无形资产系统管理方面的书，具有重要的现实意义。作者长期从事体育赛事无形资产的研究，得到山东省社科规划课题"体育赛事无形资产动态评估与危机预警体系的构建研究"资助。通过对体育赛事无形资产的详细论述，尽快培养一批体育赛事无形资产运营与管理方面的人才，是适应当前体育赛事迅速发展的需要。

本书通过研究大量文献及理论对体育赛事无形资产的概念、构成要素进行了详尽的阐述。根据体育赛事具体情况，建立信息收集系统和 WSR 三维空间图，以指导体育赛事无形资产的运营管理。自觉以辩证唯物主义为指导，坚持理论与实践相结合，深入分析造成我国体育赛事无形资产落后的内、外部诱因，进一步明确体育赛事无形资产的构成要素，创建体育赛事无形资产构成要素的指标体系。针对体育赛事自身的特点，实现网络环境下对体育赛事无形资产的评估，在多种评估方法中找到体育赛事无形资产各要素的最佳评估方法。采用回归分析与主成分分析方法，对无形资产的构成要素进行降维处理，然后利用精选的预警指标，建立体育赛事无形资产的 BP 神经网络预警模型，实现体育赛事无形资产的危机预警。对体育赛事无形资产的构成要素、运营管理及评估情况进行实证研究，找出体育赛事无形资产在构成要素、运营管理和评估中存在的问题，提出解决方案和建议。

本书理论联系实际，集理论性、系统性、预见性为一体，对体育赛事无形资产进行全面研究，并且通过实证对体育赛事无形资产进行评估，旨在为从事体育管理和体育经济方面研究的人士提供较为系统、全面、完善的体育赛事无形资产的理论体系，为培养体育赛事无形资产管理人才，使我国体育赛事无形资产管理进一步标准化、规范化、制度化、职业化提供理论指导。

在本书的写作过程中，得到了山东大学体育学院孙晋海教授、曲阜师范大学体育科学学院曹莉教授的大力支持与帮助，山东师范大学体育学院领导也给予了大力支持。同时，作者在写作过程中参阅了大量文献，在此向这些文献作者表示诚挚的谢意。

限于水平，不足之处在所难免，恳请广大读者指正。

王相英

2013 年 9 月于山东师范大学

# 目　　录

第1章　体育赛事无形资产概论 ································································· 1

1.1　体育赛事相关问题 ······································································ 1

 1.1.1　体育赛事的概念 ····························································· 1

 1.1.2　体育赛事的特点 ····························································· 2

 1.1.3　我国体育赛事的发展现状 ················································· 3

 1.1.4　承办体育赛事的意义 ······················································· 3

1.2　体育赛事无形资产相关问题 ························································· 5

 1.2.1　体育赛事无形资产运营状况 ··············································· 5

 1.2.2　体育赛事无形资产的构成要素 ············································· 6

 1.2.3　体育赛事的网络环境问题 ················································· 6

 1.2.4　体育赛事无形资产运营管理 ··············································· 8

 1.2.5　体育赛事无形资产的评估 ·················································· 10

 1.2.6　体育赛事无形资产的构成要素、运营管理与评估之间的关系 ······· 10

1.3　体育赛事无形资产的研究对象与方法 ·············································· 12

 1.3.1　体育赛事无形资产的研究对象 ············································· 12

 1.3.2　体育赛事无形资产的研究方法 ············································· 13

1.4　国内外对体育赛事的研究情况 ······················································ 14

 1.4.1　体育赛事无形资产构成方面的研究 ······································· 14

 1.4.2　体育赛事无形资产运营管理方面的研究 ·································· 15

 1.4.3　体育赛事无形资产评估方面的研究 ······································· 17

 1.4.4　体育赛事无形资产的研究步骤与技术路线 ······························ 18

小结 ····························································································· 20

第2章　体育赛事无形资产构成与拓展 ··················································· 21

2.1　体育赛事无形资产的相关理论 ······················································ 22

 2.1.1　无形资产的含义 ····························································· 23

 2.1.2　界定无形资产的相关观点 ················································· 24

 2.1.3　我国体育赛事无形资产的界定 ············································· 25

 2.1.4　体育赛事无形资产的积极影响和消极影响 ······························ 27

2.2　体育赛事无形资产确认概述 ························································· 29

 2.2.1　体育赛事无形资产的内涵与外延 ·········································· 29

2.2.2　体育赛事无形资产标准确认的必要性 ································ 30

2.2.3　无形资产的相关确认标准 ············································· 31

2.2.4　体育赛事无形资产的确认 ············································· 33

2.2.5　体育赛事无形资产的共性特征 ········································ 34

2.2.6　体育赛事无形资产的识别流程 ········································ 37

2.3　体育赛事无形资产的构成 ····················································· 38

2.3.1　从管理会计角度看无形资产构成 ······································ 38

2.3.2　从表现形式角度看无形资产构成 ······································ 38

2.3.3　从不同地域角度看无形资产构成 ······································ 39

2.3.4　从不同研究者角度看无形资产构成 ···································· 40

2.3.5　体育赛事无形资产的构成拓展 ········································ 41

2.3.6　体育赛事各无形资产要素间的关系 ···································· 44

2.4　体育赛事无形资产的拓展领域 ················································ 45

2.4.1　知识资本无形资产的拓展 ·············································· 45

2.4.2　人力资本无形资产的拓展 ·············································· 46

2.4.3　结构资本无形资产的拓展 ·············································· 47

2.4.4　市场资本无形资产的拓展 ·············································· 47

小结 ······························································································ 51

第 3 章　WSR 指导下的体育赛事无形资产运营管理 ·························· 53

3.1　体育赛事运营管理的相关理论 ················································ 53

3.1.1　经营与运营的区别 ······················································ 53

3.1.2　体育赛事运营管理的概念 ·············································· 54

3.1.3　体育赛事无形资产运营管理的对象 ···································· 55

3.1.4　体育赛事无形资产运营管理的目标 ···································· 56

3.1.5　体育赛事无形资产运营管理的范围 ···································· 56

3.1.6　体育赛事无形资产运营管理的情况 ···································· 57

3.1.7　我国体育赛事无形资产运营管理存在的问题 ······················ 58

3.2　体育赛事无形资产运营管理的影响因素 ····································· 60

3.2.1　体育赛事组织结构和赛事文化 ········································ 60

3.2.2　体育赛事无形资产运营的动力 ········································ 60

3.2.3　体育赛事资本运营的战略规划 ········································ 60

3.2.4　体育赛事无形资产的运营管理者 ······································ 60

3.2.5　体育赛事无形资产的运营机制 ········································ 61

3.2.6　体育赛事无形资产的运营渠道与手段 ································· 61

3.2.7　体育赛事无形资产的协调功能 ········································ 61

3.2.8　体育赛事无形资产运营的绩效评估 ···································· 62

3.3　WSR 指导无形资产运营管理的优势 ···················· 62
　　3.3.1　不同方法论的比较 ································· 62
　　3.3.2　WSR 在体育赛事无形资产运营管理中的应用优势 ··· 63
3.4　WSR 在体育赛事无形资产运营管理过程的步骤 ········· 64
　　3.4.1　理解意图 ····································· 65
　　3.4.2　调查分析 ····································· 65
　　3.4.3　形成目标 ····································· 68
　　3.4.4　建立模型 ····································· 68
　　3.4.5　协调关系 ····································· 75
　　3.4.6　提出建议 ····································· 77
3.5　WSR 指导下体育赛事无形资产运营管理的创新途径 ······ 78
　　3.5.1　产权制度创新管理 ······························ 78
　　3.5.2　人力资本的资本化运营管理 ······················ 79
　　3.5.3　创新完善体育赛事无形资产的运营管理制度 ········· 80
　　3.5.4　建立健全体育赛事无形资产的后续保障制度 ········· 82
3.6　构建体育赛事无形资产运营管理绩效评估体系 ·········· 83
　　3.6.1　体育赛事无形资产的财务指标 ···················· 83
　　3.6.2　体育赛事无形资产的非财务指标 ·················· 85
　　3.6.3　体育赛事无形资产的安全性指标 ·················· 86
小结 ····················································· 87

第4章　体育赛事无形资产评估与预警系统 ················· 88
4.1　国内外无形资产评估的现状分析 ····················· 88
4.2　体育赛事无形资产的评估意义及存在问题 ············· 90
　　4.2.1　体育赛事无形资产的评估意义 ···················· 90
　　4.2.2　体育赛事无形资产评估存在的问题 ················ 91
4.3　无形资产的价值基础及影响因素 ····················· 92
　　4.3.1　劳动价值论 ··································· 93
　　4.3.2　边际效用价值论 ······························· 93
　　4.3.3　体育赛事无形资产价值的影响因素 ················ 94
4.4　体育赛事无形资产的评估方法与参数设定 ············· 95
　　4.4.1　收益法 ······································· 95
　　4.4.2　成本法 ······································· 98
　　4.4.3　现行市价法 ··································· 100
　　4.4.4　分割法 ······································ 100
　　4.4.5　实物期权法 ·································· 101
　　4.4.6　模糊评判法 ·································· 103
　　4.4.7　无形资产监视器法 ···························· 104

　　　　4.4.8　平衡计分卡法 ································································· 105

　　4.5　体育赛事无形资产最佳评估方法与指标选取 ································· 106

　　　　4.5.1　体育赛事无形资产的最佳评估方法 ······························ 106

　　　　4.5.2　体育赛事无形资产的评估指标选取 ······························ 107

　　4.6　建立体育赛事无形资产危机预警系统 ·········································· 110

　　　　4.6.1　定性分析方法 ·························································· 111

　　　　4.6.2　定量分析方法 ·························································· 111

　　　　4.6.3　动态财务预警分析方法 ·············································· 112

　　小结 ········································································································ 116

第 5 章　体育赛事无形资产的运营管理与评估实证研究 ························· 118

　　5.1　体育赛事运营的基本情况 ·························································· 118

　　　　5.1.1　第 11 届全运会运营情况分析 ····································· 118

　　　　5.1.2　全运会期间各行业的新增收入 ····································· 119

　　5.2　由全运会看体育赛事无形资产的运营策略 ··································· 120

　　　　5.2.1　构建体育赛事的自身品牌 ·········································· 120

　　　　5.2.2　坚持精品战略和赞助等级细化相结合策略 ···················· 120

　　　　5.2.3　各项目设立经理负责制 ·············································· 120

　　　　5.2.4　整合营销计划 ·························································· 120

　　　　5.2.5　健全与完善体育赛事相关的法律法规 ··························· 120

　　　　5.2.6　逐步拓展体育赛事无形资产的运营范围 ······················ 121

　　5.3　体育赛事无形资产评估方法的实证研究 ······································ 121

　　　　5.3.1　收益法计算方法 ······················································ 121

　　　　5.3.2　成本法计算方法 ······················································ 122

　　　　5.3.3　现行市价法计算方法 ················································· 123

　　　　5.3.4　分割法计算方法 ······················································ 123

　　　　5.3.5　实物期权计算方法 ···················································· 126

　　　　5.3.6　模糊评判计算方法 ···················································· 127

　　　　5.3.7　平衡计分卡模型 ······················································ 129

　　5.4　两届全运会与奥运会间的收益对比分析 ······································ 131

　　小结 ········································································································ 132

第 6 章　体育赛事无形资产的信息管理系统研究 ································· 133

　　6.1　体育赛事无形资产信息管理系统的设计 ······································ 133

　　　　6.1.1　总体设计思想 ·························································· 133

　　　　6.1.2　总体结构设计 ·························································· 134

　　　　6.1.3　运行设计 ······························································· 134

6.2　体育赛事无形资产信息管理系统的模块设计 ………………… 135

　　6.2.1　体育赛事基本信息 …………………………………………… 136

　　6.2.2　体育赛事无形资产的识别模块 ……………………………… 136

　　6.2.3　体育赛事无形资产的运营管理模块 ………………………… 137

　　6.2.4　体育赛事无形资产的评估与危机预警模块 ………………… 137

　　6.2.5　体育赛事无形资产的交流互动模块 ………………………… 138

6.3　体育赛事无形资产信息管理系统的数据结构设计 …………… 138

　　6.3.1　逻辑数据结构设计 …………………………………………… 138

　　6.3.2　物理数据结构设计 …………………………………………… 138

6.4　体育赛事无形资产信息管理系统的出错处理 ………………… 139

　　6.4.1　信息系统出错信息 …………………………………………… 139

　　6.4.2　信息系统故障处理措施 ……………………………………… 139

　　6.4.3　信息系统维护措施 …………………………………………… 139

小结 ……………………………………………………………………… 139

附录 1　体育赛事无形资产评估指标体系调查问卷 ………………… 140

附录 2　体育赛事无形资产危机预警指标 …………………………… 143

主要参考文献 …………………………………………………………… 145

后记 ……………………………………………………………………… 147

# 第 1 章　体育赛事无形资产概论

我国竞技体育自 20 世纪 80 年代开始走向市场化、按照经济规律发展以来，各体育赛事和运动队的冠名、企事业单位对体育赛事的赞助等活动逐步开展。开展之初，竞技体育的市场化主要以有形资产为主，无形资产的运营则以较低的水平开展，仅处于萌芽状态，要使其运营与整体经济发展协调一致，还需要进一步的努力。体育产业是一个未来产业，将是我国经济的新增长点，其规模可达 2 万亿元。2010 年 3 月 19 日，国务院办公厅发布《关于加快发展体育产业的指导意见》，明确指出要提高体育产业在国民生产总值中的比例，重点扶持体育产业。目前国外体育产业对整个国家的经济贡献很大，如美国体育产业的贡献率达到 11%，英国体育产业年产值达到 70 亿英镑，大大超过了本国的烟草业和汽车业的年产值。我国的体育产业相对较弱，仅占 0.7%。一方面，与国外相比，差距显而易见；但从另一方面看，我国体育产业的发展空间巨大。目前我国在高尔夫球、足球、篮球、乒乓球等项目上消费能力较强，民众参与度和认知度高，这对较高层次和规模的赛事发展将产生极大的促进作用。这些赛事一旦被培育起来，不仅赛事自身收益高，体育明星的明星效应也将带动举办城市旅游、住宿、商业、传媒等产业的发展，其规模和收入将非常可观。争取培育一批具有国际竞争力的体育骨干企业集团，形成一批具有中国特色的体育产品，逐渐增强品牌的认知度和国际影响力，这将是我国体育产业发展的方向。

## 1.1　体育赛事相关问题

要想实现对体育赛事的良好运营与管理，需要了解体育赛事的概念、特点、举办的意义等。

### 1.1.1　体育赛事的概念

体育赛事是一种具备组织文化背景、项目管理特征和市场潜力的特殊事件，满足不同参与者分享体育赛事经历的需求，对政治、经济、社会文化、自然环境等多个领域具有冲击性的影响，可实现多种目标，其内涵为提供竞赛产品和相关服务产品，其规模和形式受传统习俗、项目竞赛规则等因素的制约，能够产生显著的经济与社会效益。在计划经济条件下，衡量体育赛事成功与否的标准是社会效益而不是经济效益，具有社会公益性、福利性等特点，赛事承办方的经营理念淡薄。进入市场经济后，商业赛事大量涌现，赛事的经营活动直接或间接地处于优胜劣汰的市场环境中。体育赛事从纯粹的公共产品逐步转变为私人产品。体育赛事的运营要素是基于求利原则从市场获取的，运营成果也是按照市场求利原则向市场提供的。体育赛事的规模越大，需要的赛事经费也就越多，涉及的人员也就越多，涵盖的环节亦趋于复杂。运作模式的逐步商业化，赛事产权的逐步清晰化，使得赛事相关主体必须自负盈亏，这样赛事承办者要通过各种途径增加赛事收入，降低赛事的风险成本。

体育赛事是一次性的、生产和消费同时进行的特殊服务产品。体育赛事的服务产品提供过程是具有主观能动性、思想性、人与人之间互动性的无形生产过程，是人对物的主动控制过程。人的主观能动性、思想性和不稳定性，使生产出来的最终赛事产品缺乏连贯性和标准性，因此变数更多，与其他企业重复性生产和经营活动相比，体育赛事存在资料可比性较差、缺乏历史资料等问题。为更好地发展我国体育事业，需要从体育赛事无形资产入手，对体育赛事的运营和评估进行研究，加强地方政府对赛事的宏观控制与决策。通过提高赛事的举办频率，增加体育赛事收入，减少纳税人的负担，提高体育赛事质量，激发群众投入体育赛事的热情，提高整体国民体质水平。

### 1.1.2　体育赛事的特点

#### 1. 筹备时间长

从赛事申办成功到举办赛事，需要漫长的准备时间。赛事规模越大，筹备时间越长，如第 29 届夏季奥林匹克运动会（以下简称 2008 年北京奥运会），从 2001 年北京申奥成功就开始了长达 7 年的准备工作。筹备期间，地方政府及相关部门对城市的基础设施、运动场馆等硬件设施进行建设与改造，对居民的环境保护意识、志愿者服务等软件方面进行有意识的培养。

#### 2. 收益的不确定性

体育赛事需要资金、场馆、设备等物质上的投入，还需要大量的人力资本投入。任何体育赛事的举办都是有目标的，要按照步骤有条不紊地进行，要求有始有终，有投入必然要有产出。比赛过程中还要应对突发事件。每一个环节都要进行详细的规划组织并努力实现其预定目标。比赛可能因各种不确定因素如天气、交通等而延迟，使电视转播、门票收入受到影响，并可能会产生一些相关的赔偿责任。比赛过程中还有一些意外风险，包括技术失误（电视信号、网络传输等）、恶劣天气（下雨、刮风）、工程延误、自然灾害等不确定的因素引起的风险。影响体育赛事收益的情况比较复杂，体育赛事的经济收益具有不确定性的特点。但赛事的运营是否成功，主要取决于赛事组织者、赞助商和多种媒体的合作与策划。因此，体育赛事在大量资金投入的情况下，应发挥各方面的资本运营功能，实现赛事效益的最大化。

#### 3. 涉及部门广

大型体育赛事的举办应协调各政府部门的关系并确认各部门的责任，才能使赛事得以正常开展，如体育、气象、执法、交通、文艺、教育、电信、广播电视、信息产业等部门。任何一个环节出现纰漏，都可能导致功亏一篑。因此要加强体育赛事组委会的协调能力，认真考虑细节问题，这样大型赛事才能顺利开展。

4．地域间的不平衡性

受经济、文化水平等因素的制约，以及客观环境和资源、主观意识和工作力度等方面的影响，赛事的举办地点大部分集中在经济发达的城市，西部地区相对较少。赛事运营的观念和市场意识存在很大的差别，只有少数省市具备举办体育赛事的条件，但也存在市场利用率不足、开发不力等问题。

5．赛事运动项目的运营不平衡性

由于各比赛项目的观赏性、技术水平、运动成绩等不同，其赛事资源价值、市场容量和效益有很大差异。因此，各个运动项目间的开发也存在一定的不平衡性。

### 1.1.3　我国体育赛事的发展现状

随着我国经济的迅速发展和对外交流的增强，体育赛事逐年增多。2008 年北京奥运会成功举办，包括在此之前举办的各种测试赛，赛事之多，令人目不暇接，因此，2008 年是我国体育赛事的丰收之年。2009 年在我国境内举办的国际赛事就有 13 项，但大多集中在北京、上海等经济发达的城市，还有中国大学生篮球联赛、中国足球协会杯赛（简称足协杯赛）等赛事，但这些赛事大部分是商业运营，政府投入相对较少。2012 年仅在上海举办的国际性赛事计划有 30 多项，国内体育赛事 40 余项。这么多的体育赛事不能仅靠政府投入，主要还是靠赛事运营来获取比赛资金。

就赛事举办的地点和项目来看，体育赛事的举办存在明显的不平衡状况。首先由于受经济发展水平的制约而造成地域间的不平衡，赛事的举办地点大部分集中在北京和上海等经济发达的城市，西部地区相对较少。造成这种状况的原因是多方面的，有客观环境及资源方面的原因，也有主观意识和工作力度等方面的问题。赛事运营的观念和市场意识有很大的差别，只有少数省市有举办赛事的条件但存在开发不力的问题，有的甚至市场利用度不够。其次是各运动项目间的开发不平衡。各运动项目的观赏性、技术水平、成绩等不同，其赛事资源市场容量、价值和效益存在很大差异。篮球、足球等球类项目的市场开发优于田径项目，非对抗性项目及部分室内项目只是适度开发，甚至很多项目没有市场。由此可见，研究体育赛事可以缓解地域不平衡的状况，对于缩小项目间的差距，提高体育赛事举办的频率，具有良好的现实意义。

### 1.1.4　承办体育赛事的意义

政府对赛事进行宏观控制，在政府的宏观调控下，进一步优化赛事资源的管理分配，在政治、经济、文化等方面都有所改观。

1．政治方面

体育赛事可以提升政府管理下的城市形象，这一点早已成为许多国家的共识。人是社会动物，随着社会的进步与发展，现代人对健康、愉悦、自然的生活方式的需求越来越强烈。体育赛事一般都会有开幕式、闭幕式等庆典活动，人们参与其中，体会体育与艺术结合的真正魅力，可以最大限度地调动人们的参与热情，对于维护社会稳定起着关键作用。体育赛事能够产生社会凝聚力、增强民族自信心与自豪感，这是政治的基本考虑点，是体育赛事反映政治并与政治相互作用的原因。体育的本质是健身，融教育与娱乐于体育锻炼过程中。体育文化有减负与增值的经济功能，这一发展趋势为现代体育事业的发展提供了坚实的社会基础。体育事业的发展进步对促进城市文明建设和提升文化软实力都有重要的促进作用。通过体育赛事，整个承办城市的和谐、健康、以人为本的理念更加突出，城市的文化、精神文明建设得以丰富和充实。

### 2. 经济方面

体育赛事不仅为承办城市的市民提供了娱乐活动，重塑了城市形象，加快了城市建设与发展，还强有力地推动了承办城市的经济发展，增加了额外税收，产生赛前与赛后的发展效应，是推动承办城市经济发展的有效途径，增强了城市的可持续发展能力和城市竞争力。体育赛事为无形资产的发展提供了延伸的空间，承办城市充分发挥现有的优势，使现有产业优势转化为城市经济发展优势，资源优势转化为经济优势。体育赛事的成功申办会吸引大量的政府、民间及海外资金投资于城市硬件设施的建设与改造，带动城市基础设施的建设与改造，为城市硬件设施的全面升级提供了良好的发展机遇。这种由城市基础设施所产生的辐射效应、示范效应、几何效应，将拉动主办城市经济的快速增长，这种效应甚至会影响到周边城市乃至全国的经济。此外，体育赛事还能够提供经济利益、工作岗位和旅游等各方面的机遇，体育赛事的举办势必会改善城市形象，吸引更多的旅游者，增加他们的消费和停留的时间。体育赛事的形象塑造会增强市场竞争的优势，可以定位赛事营销市场。

### 3. 文化方面

体育赛事是文化产业链的中心环节，是体育文化产业的一个重要组成部分。体育文化是社会可持续发展的动力之一，是提高人力价值、社会生产力水平的重要因素，在促进现代城市的发展进步中起到了重要作用。体育赛事要突出我国的民族特色，深入发挥自身优势，优化发展体育文化产业，实现城市产业结构升级，特别是第三产业的后续产业，包括体育、文化、旅游、媒体等的提升，促进承办城市的文化发展。

对承办比赛的城市而言，完善信息网络、交通、体育场馆设施建设、城市基础设施、运动员住所、服务更新等一系列项目的投资，都将有力地推动城市经济的消费。赛后承办城市的生态环境将得到显著性的改善，城市重点功能区、商务中心区、城市危旧房改造和城市开发建设都将取得重要的成果，城市现代化服务和承载能力将显著增强，交通、通信条件都将得到有利的改善，城市基础设施水平也将大幅度提高，体育赛事的举办将对城市经济增长产生提升作用。

总之，体育赛事的影响是全方位的，可以从以下四个方面来说明：

1）体育赛事在筹备与举办期间，需要大量人力、财力的投入来促进承办城市的发展。运动员、观众、游客的消费可以促进承办地经济文化的发展。汉弗莱斯和普卢默

（Humphreys and Plummer, 1996）在研究 1996 年亚特兰大奥运会的短期经济影响时，将此划分为直接影响与间接影响、引发影响与总体影响。直接影响是指组委会需要购买大量的商品以满足奥运会的需要；间接影响是指外来游客将在举办城市或国家进行大量的旅游消费；引发影响是指根据投资乘数效应，直接投资与间接投资势必引发投资；总体影响是直接影响、间接影响与引发影响三者的合计。

2）举办体育赛事需要大量投资，这些投资将用于改善市政交通、修建和改造体育场馆等硬件设施。开幕式和闭幕式等文化庆典活动也能展现承办城市的魅力。体育赛事的举办可以促进城市的体育设施、市政设施的更新与改造，在赛事结束后相当长的时间内都会对举办城市的发展产生后继影响。通过举办体育赛事，承办城市具备了举办其他大型赛事的能力，为城市的经济发展创造了新的机会。

3）举办体育赛事将提升城市的运作效率，改善举办城市的形象。主要表现为对城市资源的适配能力、城市潜在的创新能力、城市环境与生态的保护能力、主办城市可持续发展能力、城市未来发展动力等长远发展能力方面产生重要影响。

4）体育赛事的成功举办可以带动建筑业、旅游业、文化业、餐饮业等行业发展，增加城市居民的就业机会。体育赛事可以促进城市基础设施改善，提高经济一体化水平，城市生活和发展的环境也都将大大改善，同时餐饮服务文化、旅游文化、市民的文化素质等也都会有大幅度的改进。

## 1.2　体育赛事无形资产相关问题

我国于 2006 年 2 月 15 日公布的《企业会计准则第 6 号——无形资产》，对无形资产的定义是"企业拥有或者控制的没有实物形态的可辨认非货币性资产"。其无形资产定义中的可辨认性标准：①能够从企业中分离或者划分出来，并能单独或者与相关合同、资产或负债一起，用于出售、转移、授予许可、租赁或者交换；②源自合同性权利或其他法定权利，无论这些权利是否可以从企业或其他权利和义务中转移或者分离。体育赛事中的无形资产简单说就是体育赛事主办方拥有或控制的没有实物形态、可辨认的、非货币性的、符合无形资产可辨认标准的资产。

### 1.2.1　体育赛事无形资产运营状况

1984 年洛杉矶奥运会开创了商业化运作奥运会并盈利的先河，第一次走出了奥运会负债的历史阴影，通过电视转播、赞助等共集资 7 亿美元，仅标志性产品、纪念币和吉祥物就收入 2.14 亿美元。1985 年，国际奥委会开始实施 4 年一个周期的 TOP(the Olympic Partner，奥林匹克全球合作伙伴）计划，通过电视转播权、标志使用特许权等无形资产进行营销，从 1985～1998 年第 1 期的 9 个赞助商（获得了 9700 万美元的赞助），发展到 11 个全球大型跨国集团为合作伙伴。自 2001 年开始的第 5 期计划，可获赞助资金约 6 亿美元。我国自 20 世纪 90 年代以来，体育赛事无形资产的开发才呈现出良好的发展势头，所获得的体育资金也逐年增多。承办体育赛事如同经营一个品牌，它的生命周期要经历导入期、成长期、成熟期、衰退期。在体育赛事无形资产运营过程中，体育赛事承办方创造性地把无形资产包装成具有一定附加值的信息传播载体，面向社会寻求等同的价值交换，以期支付体育赛事承办所支出的经费。

体育赛事应有"更快、更高、更强"的追求，它赋予体育无穷的魅力，使得体育赛事本身蕴含着巨大的无形价值。国际奥委会做过一项调查，人们对奥运五环标志的熟悉程度远远超过世界上任何企业的商用标志。从各届奥运会组委会公布的收入来看，有形资产（门票）占赛事的收入仅为 12%，剩余的 88% 均为无形资产收入，其中电视转播权占 47%，赞助权占 34%，各种特许经营权占 7%。而奥运会之后无形资产的收益影响是无法估量的。人们所熟知的 NBA（美国职业篮球联赛）、F1（世界一级方程式锦标赛）等赛事也同样蕴含了丰富的无形资产，期待着我们的开发与利用。

## 1.2.2　体育赛事无形资产的构成要素

体育赛事产生的无形资产主要是赛事过程中的创新活动、组织实践和人力资本。许多无形资产经常是由多个动因组合在一起而创造的。体育赛事无形资产中有很大一部分是直接依存于体育竞赛的，如冠名权、冠杯权、电视转播权、吉祥物及会徽等标志的特许使用权等；其余的无形资产即便不直接依存于体育竞赛，也在不同程度上与赛事有着千丝万缕的联系，如体育专有技术，体育组织、团队商业标志的特许使用权，体育场馆设施的租赁权，以及体育行政部门认定的体育促销类因素，都与赛事有不同程度的间接关系。

还有一些具有明显体育特色的无形资产，主要包括各种具有一定影响的体育比赛或体育组织的名称、徽记、吉祥物等；可成为体育作品的竞赛或表演的著作权及邻接权；体育训练、比赛、恢复、营养及特殊经营等方面的非专利技术；体育比赛表演的电视转播权等特许经营权；优秀体育团队和体育明星的声誉、形象等。

从一定程度上讲，体育赛事无形资产的开发应以体育赛事为基本突破口，依据与其高度相关性，抓住体育赛事无形资产开发市场。无形资产通常以实物资产或劳动力为载体，这就使得无形资产和有形资产在创造价值过程中互相起作用，这种作用使得无形资产和有形资产的区别更加模糊，计量复杂。无形资产和其他类型的资产之间的差别是很模糊的，要想发展无形资产市场，一定要正确识别无形资产的构成要素。但是无形资产和有形资产相互联系而又相互区别，因此要在无形资产构成要素的基础上，以有形资产为载体，进一步开拓无形资产领域。

## 1.2.3　体育赛事的网络环境问题

首先，明确网络环境和体育赛事的概念和特点，使体育赛事无形资产的运营和评估更有针对性和目标性。网络以信息、网络技术为依托，由最初通信与学术交流的技术手段和工具，逐渐演变成教育、科研管理的技术手段和工具，成为现实社会生活中不可缺少的重要组成部分。它迅速渗入体育赛事活动，一个不同于以往任何时代的网络环境呈现在体育赛事面前。因为这一环境以网络技术为推动因素，所以人们形象地将其称为网络环境。网络环境缩短了生活中的时间和空间的距离，提高了效率，扩大了市场空间，带来更多的市场发展机遇。

许淑君、江志斌（2005）认为网络环境是因网络技术发展而形成的企业组织之间、个人之间、个人和组织之间的信息网络所带来的影响。这一层面的网络环境主要是信息技术及网络技术引起的，所以被称为技术层面的网络环境，也是狭义的网络环境。广义的网络环境除技术层面的网络环境之外，还包括结构层面的网络环境。结构层面的网络环境主要包括企业等组织之间在物质、人力资本、信息与技术等方面所形成的相互作用、相互依存的影响。玛格丽特·梅（Margaret May，2004）认为网络环境是系统、组织员工、顾客、供应商及其他合作伙伴之间的整合，是企业资源计划（enterprise resource planning，ERP）和客户关系管理（customer replationship management，CRM）等网络软件实现的企业内部业务流程及更广泛的商业流程的交互链接；胡笑寒、万迪昉（2005）认为网络环境主要包括以人为本的社会依存关系、以信息技术为代表的技术环境、以互联网为介质的经营环境等。

体育赛事的网络环境是影响体育赛事运营与评估的信息处理技术平台，即更为方便快捷的信息传播、信息搜索、信息处理的信息环境技术平台。体育赛事的资本结构不再以有形资产为中心，而是以员工和组织的知识技能为基础的无形资产为中心。无形资产将成为网络环境中体育赛事的重要评定指标之一。体育赛事在竞争中的地位及体育赛事的发展潜力主要看无形资产的拥有程度和质量高低。无形资产可以帮助体育赛事降低成本，提高运营效率，为赛事和社会带来更多的物质财富。

因体育赛事的比赛项目多，比赛环境相对较复杂，无形资产的运营是跨行业、跨地域、多元化经营。如果没有网络环境，要想集中信息资源是不可能的，更谈不上集中管理与经营。网络信息技术的快速发展，能够打破信息的时间、空间界限，为体育赛事的评价和运营管理实现根本上的集中管理提供保障。因此，要采用集中化的财务管理模式，必须选择恰当的网络技术构架，构造良好的赛事网络环境。信息技术架构主要有浏览器/服务器（B/S）、客户机/服务器（C/S）及 B/S＋C/S。选择技术架构的依据主要从体育赛事的经济实力、集中管理范围、实时控制力度等因素进行综合考虑。此外还应考虑搭建软件资源无形资产财务集中管理的应用平台。无形资产财务评估的目标是软件资源配置的主要依据，确定相应的功能软件配置，并进行合理的搭建，最终满足网络环境下无形资产的评估需求。

利用网络信息技术将无形资产的评估和运营与体育赛事结合起来，实行从源头出发，通过远程处理、在线管理，实现对无形资产的运营管理与动态评估，真正实现体育赛事无形资产财务的赛前计划、赛中控制及赛后反馈，实现对体育赛事无形资产的全程管理。集成化管理不仅对体育赛事无形资产进行评估，而且对赞助、门票等业务方面进行全方面管理，使体育赛事的内部管理与整个供应链管理集成化；它通过网络技术直接管理，减少传统意义上评估无形资产管理的许多中间环节，赛事管理者可直接参与评估过程；实时管理，许多种无形资产评估链通过网络联系在一起，体育赛事财务主管根据动态评估信息，实现财务的在线管理，可及时做出财务安排，并通过网络予以传达。

体育赛事的网络环境打破了空间和时间的距离限制，赛事或个人之间可以通过BBS、E-mail、媒体播放器、网页浏览器等手段获取体育赛事信息资源并实现信息资源共享。在网络环境中，从过去静态的、稳定的、简单的评估体系向动态的、主导的、复杂的评估系统转化。从信息网络这一环境的基础设施来看，它具有强大的渗透、支撑和带动效应。信息网络发展过程中存在马太效应（Matthew Effect）、梅特卡夫定律（Metcalfe's Law）、摩尔定律（Moore's Law）等规律。马太效应是信息活动在一定的条件下，由于人们的行为惯性和心理反应，优势或劣势一经出现，并积累到一定程度，就会导致不断加剧而自行强化，即出现"滚雪球"似的累积效果；梅特卡夫定律认为网络的价值等于网络结点数的平方，这充分说明随网络用户的增加，网络效益呈现指数形式的增长；摩尔定律是假定价格不变，集成电路上可容纳的晶体管数目，每隔一年半便会增加 1 倍，性能也提升 1 倍，换句话说，1 美元所能买到的电脑性能，在 18 个月后将翻 2 倍以上。这一定律揭示信息技术产业快速增长的生存状态与持续变革的根源。网络环境为体育赛事提高无形资产的创造力提供了信息平台，使整个体育赛事财富迅速聚集并飞跃发展。

### 1.2.4 体育赛事无形资产运营管理

进入 21 世纪，科学技术及社会生产力继续快速飞跃发展。世界经济已经从传统的工业经济走向知识经济，而知识经济是以无形资产的投入和运营为主的经济，因此无形资产已成为生产投入的第一要素。我国加入 WTO 以后，所面临的国内外竞争日趋激烈，无形资产的问题也日益紧迫。国家间、地区间及企业间的差异将主要表现在拥有无形资产资源的质量和数量方面。体育赛事是整个体育产业链中的尖端产品，是具有高技术含量的赛事。精品的体育赛事对赛事组织、运营与推广都提出了更高的要求。我国体育赛事的商业开发主要依靠赞助，其他方面的开发欠缺，主要是因为缺乏赛事运作模式的专业人才，缺乏对相关的赛事商业价值开发及经营的经验。

体育赛事无形资产的运营管理主要有以下几个方面的意义：

1）体育赛事的经费方面。随着经济发展和体育改革，体育产业发展主要体现在本体产业的开发，体育赛事无形资产无论是在构成要素、数量、开发潜力还是产生的实际效益上，都占有较大的比例，是体育本体产业开发的重要内容。体育赛事无形资产的利用与开发对体育改革和体育产业的发展具有显著性的意义。随着社会经济发展和市场经济体制的建立，必然出现对体育赛事的新的要求，会产生需求无法满足的矛盾，因此我国体育事业经费将大量来源于体育赛事无形资产的运营。

2）产生的社会效益方面。体育赛事无形资产是体育赛事运营过程中潜在的资源和财富，对体育赛事无形资产进行有效的运营，能避免社会资源的流失和浪费。体育赛事无形资产的有效运营将对社会发展产生良好的互动作用。

3）体育赛事企业化运营方面。随着体育赛事表演市场的逐步完善，企业对体育赛事的需求更加强烈。赛事运营的盈利空间将会增大，盈利能力也将逐渐增强，企业出于自身盈利的需要，对体育赛事的举办产生了大量的需求。随着新技术革命、全球化和世界经济一体化进程的发展，品牌渗透到体育赛事中，提供了市场运营的空间，是企业经营活动中一股不可阻挡的力量。

4）体育赛事无形资产自身的运营和评价方面。体育赛事的不断开发和创新，使其自身体系不断得到发展和完善，可进一步丰富体育赛事的深层意义。体育赛事的无形资产随着社会经济的发展而不断变化,运营的项目不断地拓展并重新组合。从收益价值上讲,体育赛事无形资产越来越成为一种巨大的财富。体育赛事无形资产的运营过程是其体系不断完善和实现价值增值的过程。因此,体育赛事无形资产的运营管理对体育事业起着不可替代的支撑作用,同时对经济的发展和社会进步也起到很好的促进作用。没有良好的管理,运营就缺乏计划性与控制性。

无形资产是知识经济时代和信息社会的重要资源和财富之一,体育赛事无形资产是体育竞赛过程中潜在的资源,无形资产运营在体育赛事中更是需要积极发展的因素。从近 20 年国外体育产业发展的历程看,体育赛事无形资产的开发与利用,对体育竞赛的生存和发展影响深远。以体育赛事的经济发展为推动力,加速建立和完善无形资产的运营市场,既有益于体育赛事的顺利举办,也有益于承办城市的经济发展。作为承办城市首先要充分发挥体育事的市场在区域利益调节中的主导作用,共建经济圈内区域性商品市场和要素市场体系,促使市场各区域间的相互开放,为区域内外经营者提供公平竞争的商业环境,给予周边地区平等参与赛事经济及其他经济发展的机会。以市场带动周边地区的产业发展,从而带动整个经济圈的经济发展。优化高速铁路、高速公路、航空等多种交通方式的相互配套、畅通的综合交通运输网络。加快区域信息网络体系建设,实现区域信息资源的共享,合力打造资本运营的数字化平台。承办体育赛事具有一定的风险,但也有可能得到高额的投资收益。因此,要加强对体育赛事风险的认识、无形资产的识别与管理,拓宽融资渠道,努力规避风险,合理、科学地运营体育赛事无形资产,可加速体育产业化、社会化、信息化进程,产生社会效益的同时,给运营者带来经济利益。

无形资产是一种潜在实体经济资源,在市场经济中发挥着巨大的功能和作用,其运营管理主要体现在以下三方面。第一,无形资产构成要素在体育赛事中得到拓展。一般来说,著作权、商标权、专利权、特许经营权、土地使用权、商誉等都归于无形资产。但在互联网诞生和迅速发展起来后,其构成要素发生了巨大的变化,网络域名、网络效应等构成了新的无形资产组成要素。因此,体育赛事中的无形资产也就不能仅仅局限于一般意义上的无形资产,而需要进一步拓展。第二,现有无形资产通过运营和资本运作,可以培育新的无形资产,在资本化运营中实现增值。利用体育赛事无形资产进行扩张和延伸,创造体育赛事优质高效的无形资产资源。利用其无形资产资源与其他生产力要素的结合,使生产力要素保值、增值并获取最佳经济效益。第三,无形资产通过一系列的创造性活动,原无形资产价值被赋予了新的价值,转化为新的无形资产。

从经营安全率出发,根据体育赛事的具体情况,对各构成要素的运营方式、方法进行研究。采用 WSR(物理-事理-人理)系统方法论进行分析,对各构成要素的可行性进行研究,指导体育赛事无形资产的运营管理。在使用 WSR 系统方法论处理无形资产这一复杂问题时,把物理、事理、人理三方面结合起来,利用人的理性思维的逻辑性和形象思维的综合性与创造性,去实践并组织赛事的运营,以产生最好的收益和效率。处理过程包含理解领导意图、调查分析、形成目标、建立模型、协调关系、提出建议等六个步骤。必须注意的是有时实施结束了并不表示项目已完成,还要进行适时的反馈与检查等。在运用 WSR 系统方法论过程中,要区别对待,遵循参与、综合集成、人机结合、迭代和学习、开放性的原则。

但体育赛事无形资产运营管理还存在两个问题：一是体育赛事无形资产运营渠道过于单一，体育赛事无形资产运营管理缺乏长期规划，发展过窄，短期行为现象较为严重。运营管理者忽视了市场价值较小、收益看似较低的体育赛事无形资产，仅仅把目光瞄准在市场价值大、开发收益高的体育赛事有形资产上，更不重视对体育赛事无形资产的挖掘、整理、培育和保护。二是运营开发的发散性。针对体育赛事无形资产的交易对象，其经营开发的发散性表现为没有较为稳定的目标市场、对象过于分散。这也是在体育赛事无形资产运营管理过程中需要注意的两个问题。

### 1.2.5　体育赛事无形资产的评估

随着市场的形成，生产和消费进程加快，对体育赛事无形资产的评估是必要的。对体育赛事无形资产评估有利于发展科学技术市场，推动科技事业发展；加强知识产权和赛事自身合法权益的保护，扩大赛事影响，提高体育赛事形象；建立与健全体育赛事无形资产评估制度，保障体育赛事无形资产的安全，充分认识无形资产的地位和作用，对推动体育赛事无形资产运营与管理规范化的改革与发展，防止赛事资产流失起了重要的作用。

体育赛事无形资产评估包括成本法、收益法、现行市价法、实物期权法、分割法等定量分析法；还有模糊评判法、战略准备度等定性分析法。体育赛事无形资产的评估主要存在两方面的困难：一是部分无形资产指标不能用明确的数量表示，甚至只能靠人或以评价人的主观感觉与经验为准，如裁判的执法能力对赛事的影响；二是不同的评估方法可能各有所长。有的评估指标是 A 方法比 B 方法好，而另一种指标正好相反，这就很难确定哪种评估方法更为优越。针对这一困难，一般要做到无形资产的各项指标数量化及所有指标的归一化，也就是各项指标数量化后，必须使用量纲一元化。所谓量纲一元化就是无量纲化，是将各种评估方法在同一指标下进行比较，采用排队打分法，使各种评估方案得到无量纲的"分"；当各项指标有了得分后，采用加权平均法计算每一方案的总分，根据总分高低评价各方案的优劣。在大型体育赛事无形资产构成要素的基础上，本研究将定量和定性评估相结合，对各构成要素进行评估，找出各无形资产构成要素的最适宜的评估方法。

体育赛事决策要在系统评估问题解决后进行，决策的前提是评估，评估是决策的准备。评估系统的技术工作由研究者即体育赛事评估项目组承担，而决策是一项领导工作，是领导者的权力与责任，但评估是决策的依据，领导者要充分考虑评估的意义。

### 1.2.6　体育赛事无形资产的构成要素、运营管理与评估之间的关系

体育赛事无形资产的构成要素的版本很多，不同的构成主体、不同学者的理解也有所不同，实现对体育赛事的构成要素的认识的统一也是本书需要解决的问题。一般来讲，无形资产可分为可辨认无形资产和不可辨认无形资产。可辨认无形资产主要包括专利权、商标权、著作权、版权、商号、商标、专有技术，也包括情报、信息、方案、规划、报告、商业秘密、荣誉和各种奖励，以及各类排名、智力成果（新闻、文学作品、论文、专著、手稿、广告资料、内部资料、印刷品、音像作品、摄影作品）、设计权。不可辨

认的无形资产就是商誉。体育赛事中的无形资产包括比赛地点形象、会标、会徽、名录、通讯录、表格、公益形象、公关形象、广告形象、产品形象，有利于赛事的各种建议、设想、构想、策划、项目、创意、观点、幻想、运动员、裁判员、志愿者的建议及其学习能力。无形资产的分类也有多种。将无形资产作为综合性指标，主要由人力资本、结构资本和用户资本三部分构成。

中国奥委会把无形资产分为市场资产、知识产权资产、人力资产、组织管理资产四类。市场资产主要包括中国奥委会及中国体育代表团名称、服务品牌、品牌、观众、认同产品者、企业、长期合作伙伴、专利使用权协议、特许经营权协议等，是奥委会通过其所拥有的与市场相关联的资产，可能获得的潜在性利益无形资产的总和。知识产权资产包括与体育赛事相关的专利、商标、版权、商业、专利技术、技术秘密；中国奥委会及体育代表团的名称，中国体育代表团专用标志，中国奥委会商用徽记和会徽等专营权、专有权及使用权；中国奥委会对中国体育代表团参加奥运会的组织、转播、重放、开发、录制、复制、获取及散发的全部权利，这类无形资产是我国奥委会精神产品的产权形式。人力资产包括中国奥委会成员的教育状况、业务能力、心理测试、职业评估、相关工作知识和工作能力等，都是有利于实现中国奥委会目标的与中国奥委会组织成员有关的优势。组织管理资产主要包括赛事文化、赛事管理方法、管理哲学、网络信息交流、融资关系等，是中国奥委会在组织与协调、沟通与交流、管理等方面存在的优势所产生的潜在利益。

无形资产的运营与有形资产相比较，拥有更大的运作空间及机遇。体育赛事组织者减少有形资产的投入，以无形资产输出为手段，在更大的运营空间范围内操作，逐步以无形资产运营代替有形资产的投入。无形资产运营的主要方式是转换运营机制，提高管理水平，改造项目技术，融合赛事文化，重组赛事资产，进行制度创新等，是体育赛事经营的核心。但是无形资产的运营也受到无形资产构成要素的限制，如果超出了构成要素的范围就不能称之为无形资产，所以体育赛事无形资产的构成要素是基础，运营是在构成要素的基础上进行，并在此基础上根据无形资产的概念进行拓展，进一步丰富体育赛事无形资产构成要素的内容。

赛事运营管理主要表现在赛事启动（主题、可行性研究、申办）、计划组织（项目方案的制定）、赛事运行、赛事调控、赛事结束等过程。运营管理在赛事筹备期间为纵向性，在赛事期间为横向性。无形资产评估体系的形成是市场经济发展到一定阶段的必然产物，是资产评估行业发展的一个重要的里程碑。评估的实施为评估实际操作提供了科学、公允和统一的标杆，并防止违规操作，这有助于规范无形资产的价值运营，并且进行更为有效的监管，防止无形资产流失。同时提高了对体育赛事的无形资产辨别能力。

体育赛事无形资产的构成要素、运营管理和评估之间的关系可以用图 1-1 来说明。由图可以看出无形资产构成要素是运营管理和无形资产评估的基础，无形资产的运营是在符合体育赛事构成要素的基础上进行，并在此基础上根据无形资产的概念进行拓展。无形资产评估可判定无形资产构成要素是否合理，为无形资产的运营和监管提供了科学的尺度，规范了体育赛事无形资产的构成要素。

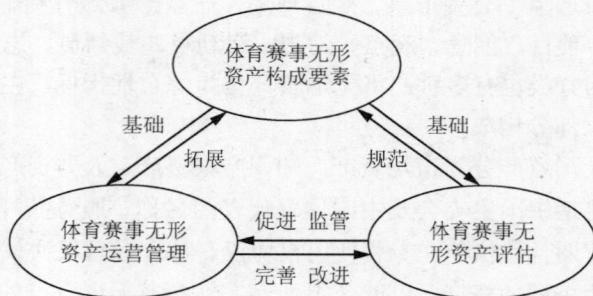

图 1-1　体育赛事无形资产要素、运营管理与评估关系

## 1.3　体育赛事无形资产的研究对象与方法

　　无形资产是信息社会和知识经济时代的一种重要资源与财富，体育赛事无形资产的开发与利用，对体育竞赛的生存与发展起着至关重要的作用。目前，体育赛事无形资产运营仅处于低水平的发展阶段，要使运营达到与整体经济发展的协调一致，需要借助网络等媒介，加快建立和完善无形资产的运营市场。

　　本书的目的是在网络环境下加强对无形资产的识别与管理，拓宽融资渠道，规避投资风险。采用 WSR 系统方法论指导体育赛事无形资产的合理有效运营管理，可以促进体育产业化、社会化进程，减少政府投入，给体育赛事带来经济和社会效益。在我国体育赛事无形资产管理还不健全的情况下，正确认识和评价无形资产在体育赛事中的地位和作用，建立与健全赛事无形资产评估制度，对于推动体育赛事无形资产管理规范化和运营制度化，防止资产流失，保障体育赛事资产安全具有重大意义。实现无形资产的动态评估，使无形资产危机预警的结果更加真实有效，帮助赛事组织者进行正确的决策，实现体育赛事无形资产的保值和增值，更有利于体育赛事无形资产的有效监控，以便制定科学的体育赛事无形资产的开发策略或投资决策。

　　通过无形资产评估，减少体育赛事对承办城市产生的负面影响。一般来说，体育赛事筹备过程中，所需的城市基础设施建设需要人力、财力等短时间高密度聚集，密集的文化传播与高强度的市场运作，加速城市基础建设和经济的发展。同时也可能会造成城市的商业泡沫和供求落差。赛事结束后存在就业岗位骤减、场馆设施空置等负面影响，还要应对赛事结束可能对城市市民社会生活造成的冲击，因此要加强赛事评估，尽量避免负面影响的产生。

### 1.3.1　体育赛事无形资产的研究对象

　　本书主要以大型体育赛事为实例，研究体育赛事无形资产构成要素、运营管理与评估体系，对于中、小型赛事具有一定的借鉴意义。体育赛事可以大到世界级的比赛，也可以小到班级小集体内部的比赛，范围很广。事件和旅游领域的研究学者霍尔（Hall，1992）

认为，大型事件是指明确地对准国际旅游市场并以其出席人数、目标市场、公共财经参与度水平、电视覆盖程度、政治影响、设施建设、对举办社区经济和社会结构的冲击大而被定为"大型"的事件，如夏季奥运会、世界杯足球赛等。从体育赛事这一特殊事件角度出发，大型体育赛事是对主办方和主办地产生一定经济影响，旅游效益高、媒体覆盖广、赢得良好名声的赛事活动。一般来说，大型体育赛事的筹备时间长，一般需要 1～7 年，具有经济收益不确定、赛事牵涉部门多等特点。大型赛事一般是全球性或洲际性、知名度高、社会影响大的赛事。主要分为国际重大体育赛事，如夏季奥运会、亚洲运动会、世界大学生运动会等大型综合性运动会，地区性体育赛事，高水平的洲际性比赛等；还有世界单项组织的重要赛事，如世界杯足球赛、世界乒乓球锦标赛、世界游泳锦标赛等；跨国公司或知名企业操办的如世界汽车拉力赛、丰田杯足球赛等传统性体育赛事。

大型体育赛事具有知名度高、参赛运动员多、观众多、花费大等特点。基于此，本书拟研究的大型体育赛事是指在我国境内举办的夏季奥运会、亚洲运动会、全国综合性运动会，以及包括世界知名顶级运动员参加的商业比赛在内的单项或综合、国际或国内的非联赛性质的体育赛事，主要以 2008 年北京奥运会和 2009 年山东承办的第 11 届全运会作为主要研究对象，并对体育赛事无形资产进行了实证研究。

### 1.3.2　体育赛事无形资产的研究方法

WSR 是具有东方传统的系统方法论。社会系统由物、事、人所构成，三者之间是动态的交互过程。三要素不可分割，忽略某个要素，对系统的研究都是不完整的。处理体育赛事无形资产这一复杂问题时，既要考虑对象系统物的方面，又要考虑如何更好地使用这些物的方面，还要考虑因认识问题、处理问题、实施管理与决策都离不开的人的方面（人理）。就是把物理、事理、人理三方面结合起来，利用人的理性思维的逻辑性和形象思维的创造性、综合性，组织体育赛事的运营实践，以产生最好的效益，用系统方法论来指导无形资产运营，系统地对体育赛事无形资产进行运营。具体的研究方法如下。

1）文献资料研究法：查阅无形资产相关博士、硕士论文 147 篇，论文 167 篇，外文文献 100 余篇。主要查阅了无形资产学、审计学、社会学、经济学等与本课题研究相关的文献资料和研究成果，为本课题研究在理论上提供指导与基础。

2）问卷调查法：通过德尔菲法对体育赛事无形资产构成要素进行筛选，按照问卷设计原则制定出相应的体育赛事无形资产调查问卷表，并检验调查问卷的效度和信度，发放问卷 150 份，回收问卷 137 份，获得有效问卷 133 份，有效回收率 88.67%；并进行了信度和效度检验，其中折半信度检验结果为 0.83，内容效度检验结果为 0.72。

3）专家访谈法：根据体育赛事无形资产的构成要素、运营管理、定性和定量评估等相关问题，咨询与此相关的管理和经济类专家。

4）逻辑归纳法：通过查阅有关无形资产的文献资料，对体育赛事无形资产的相关问题进行归纳与分析。

5）数理统计法：运用 SPSS16.0 for Windows 对调查数据进行描述性统计、因子分析、BP 神经网络等统计处理。

6）网络程序设计法：对无形资产的识别、运营和动态评估，对体育赛事无形资产情况的综合分析与监控，实现网络化管理，包括系统中程序的基本流程和组织结构、输入/输出、功能模块间的接口设计和运行中出错的处理等。为系统的详细设计提供系统的设计思想。采用 B/S 结构，基于 J2EE（Java2 Platform，Enterprise Edition，Java2 平台企业版）的四层体系结构，系统用户需要做的就是提交请求，再由服务器完成事务的逻辑处理，最后再通过浏览器把结果返回给用户，整个系统的完成用面向对象的网络开发技术 JSP（Java Server Pages，动态网页）来实现。

7）BP 神经网络法：BP 神经网络是由输入层、隐藏层、输出层三层神经元组成的平行分散处理模式。输入层用来接收输入变量，与隐藏层的各神经元相互连接，中间层从输入层或其他隐藏层接收输入，为输出层提供输入。体育赛事运营发展仅有两种状态（正常或者危机）时，危机预警相当于一个二类判别问题，BP 输出神经元的输出值设为 0 或 1，对应体育赛事运营的两种状态：0 表示正常，1 表示危机。利用系统输入和输出所形成的数据，建立输入与输出之间的关系系统模型，构建赛事危机预警模型。BP 算法是建立在梯度下降法基础上的监督学习算法，这种算法完整并且简单明了，被认为是最适合模拟输入、输出的近似关系，用于函数逼近、模式识别/分类、数据压缩等领域，80%～90%的人工神经网络（Artificial Neural Network，ANN）模型是 BP 神经网络或其变化形式。

## 1.4　国内外对体育赛事的研究情况

### 1.4.1　体育赛事无形资产构成方面的研究

自无形资产理论诞生，人们对此进行了不懈探索，经历了组合无形资产、要素无形资产、合力无形资产等发展阶段。自 20 世纪以后，各国经济、会计和管理等方面的专家因无形资产对企业价值贡献的多样性和特殊性，开始重视对无形资产的研究。

埃尔登·亨德里克森（Eldon Hendriksen，1992）认为企业的递延支出可以分为两类，其中用于购买财产的支出构成存货等实物资产的成本，用于购买服务的支出则形成无形资产。

安妮·布鲁金（Annie Brooking，1996）认为，使公司得以运行的所有无形资产的总称是智力资本，包括市场资产、知识产权资产、人才资产和基础结构资产。

托马斯·A·斯图尔特（Thomas A. Stewart，1997）认为无形资产等同于智力资本，包括人力资本、结构资本、顾客资本。

巴鲁·列弗（Baruch Lev，2001）认为，无形资产是一种对未来收益没有实物形态或非金融形态（股票或债券）的要求权。当这些要求权得到法律的保护后，就被称为知识产权，如专利权、商标权或著作权（版权）。

布莱尔和沃曼（Blair and Wallman，2001）认为，无形资产是指企业商品生产或劳务提供中使用的非实物资产或企业控制的能够带来未来预期收益的非实物资产。

我国著名会计学家杨汝梅先生（1926）认为，无形资产仅是一种剩余价值，为附属于整个营业所有一切具有正当价值事物之全体，而为超出各项有形事物所具总值之余额。

李青林（1990）认为无形资产由思想文化、体制制度、科学技术、专利商标、工艺技能、品牌名称、习俗传统、文物历史等非物质文化资产构成。

王志平（1997）对无形资产的定义：无形资产是指由特定主体拥有或控制的，不具有独立实体形态，而对主体的生产经营等经济活动持续发挥作用或直接为主体带来不确定经济利益的非货币性经济资源，表现为特定的权利或关系。

茅宁（2001）基于价值创造对无形资产进行界定：无形资产是指由企业创新活动、组织设计和人力资源实践所形成的非物质形态的价值创造来源（未来收益的要求权），具体体现在企业的探索能力、组织资本和人力资本三个方面。

蔡吉祥（2002）指出无形资产包括知识产权、秘密信息、特许经营权、商誉等。

叶陈毅（2006）认为无形资产是可以从财务、统计报表上直观地看到其价值总额和消耗量，具有可确指性、能够独立存在和运行的并计价和核算的资产。

张凤莲、倪国爱（2006）认为无形资产应是企业拥有或控制的，看不见、摸不着，却又非常重要，能为企业带来超额未来经济利益，对其他生产力要素起着组合、驱动和放大功能的无形经济资源。

蒋琰（2007）认为广义无形资产是指不具有实物形态，使用价值确定，能为企业使用并带来长期收益的一切经济资源的集合，包括知识产权型资产、人力资产、市场关系型资产、结构型资产、声誉型资产等。

樊利平（2008）认为无形资产是企业拥有或控制的无实物形态，基于合同、法规或其他载体因而可辨认的，与企业经营、知识、技能、组织、市场和顾客等各经营要素相关，并能为企业带来未来经济利益的非货币性及非金融性的无形财产权和其他无形成果。

熊淡宁（2008）认为无形资产是指企业为获取超额收益而长期使用的，以知识形态存在的无实体性资产。

刘海生（2008）认为，无形资产是企业拥有或者控制的，能够提高企业异质性的，没有实物形态的，能带来或保证经济利益的，内生和外购的非货币性资产。

马法超、于善旭（2008）界定了体育无形资产、体育知识产权和体育无形财产权的概念，分析体育无形资产和体育知识产权的内容，认为知识产权是体育赛事无形资产的主要表现形式；体育无形资产与体育无形财产权的大部分内容存在交叉；体育无形财产权可认为是体育知识产权的上位概念，两者是包含与被包含的关系。

从上面相关研究可以看出，对无形资产的概念缺乏统一认识，对无形资产的研究仅限于浅层研究。体育赛事无形资产构成要素分类繁多，难以达成共识，需要研究的问题还较多。

### 1.4.2 体育赛事无形资产运营管理方面的研究

楚继军、张宏、谭建湘（1999）对体育营销市场进行了有针对性的探讨，分析了体育竞赛表演市场的概念、组成结构及特点，提出了体育竞赛表演市场的"6PI"营销组合，即产品（product）、促销（promotion）、价格（pricing）、分销渠道（place）、人（people）、有形展示（physical evidence）和无形资产（invisible assets）。

李明、叶亚云（2003）分析了由于对有形资产依附性等特征认识不清所导致的经营开发问题。

邱招义、董进霞、于静（2003）提出影响营销活动的因素和条件，分析了中国奥委会无形资产的营销环境，使中国奥委会更易于顺应国际奥委会无形资产发展趋势，寻找自身发展的机遇。董进霞、邱招义、于静（2004）还分析了国际奥林匹克的电视转播费、赞助费和特许使用费等无形资产的定价方式与特点，提出中国奥委会要结合实际情况，参照国际奥委会的经验来设计无形资产的定价战略和方案。

罗荣桂、雷选沛、张守凤（2003）提出资本运营的目的是追求最大利润，获得资本的最大增值，实现资源优化配置，是低成本高效益扩张的最佳手段。发达国家的实践充分证明了资本运营是实现体育产业有效发展的途径。我国的体育产业运营在实践和理论方面都比较弱。

刘夫力、孙国良、张钧庆（2003）运用社会调查等方法，对我国竞技体育无形资产发展的利弊因素进行客观分析，从战略指导思想、重点、目标、阶段和对策等方面入手，描述了竞技体育无形资产的发展蓝图,确定我国未来5年竞技体育无形资产的发展战略。

李忠（2004）阐明体育赛事无形资产的概念，根据体育赛事无形资产的授权性与交易安全性，从经济学角度分析了体育赛事无形资产的经营管理的特点。

邱招义、刘姝、李玉新（2005）分析了我国奥委会在进行赛事无形资产营销过程中，赞助企业提供经费、实物及相关服务等赞助支持而获得的相应权利。成功的赞助是双方资源或利益的交换与合作，是互惠互利的。

吴学勇、张成云（2004）指出体育赛事无形资产是衡量体育产业发展水平的重要标志，是体育组织核心竞争力的关键性因素。加强我国体育赛事无形资产经营开发的先决条件就是转变观念，建立激励机制，培养相关专业人才。

秦为锋（2006）对体育赛事无形资产运营做出界定，对我国体育赛事无形资产的运营现状进行分析，提出相应建议与意见。

王晓玲、高清伟（2005）界定了体育赛事无形资产概念，针对我国体育赛事无形资产开发比较晚的现实，从理念与实践的层面上提出了解决问题的对策。

董冬（2007）根据奥运经济的特点，提出确保我国体育赛事无形资产发展的各种对策和措施，结合体育市场及体育赛事无形资产自身，分析申奥成功为体育赛事无形资产的发展带来机遇与挑战。

谢红光（2005）对 2003 年中巴足球对抗赛的市场模式运作、资本运营、社会体育消费等进行分析，发现在体育赛事的商务和无形资产的开发、商业赞助策略及资金风险控制方面存在不足，根据这些情况提出相应对策。

李静、方正（2006）指出体育产业的营销模式应向"本体推进，全面发展"方向发展，资产管理方式应依据市场经济做相应调整，实现由实物形态向价值形态的体育资产管理转变。

徐纪珂、唐大鹏、贾建民（2006）运用经济学、体育管理学等多学科知识，对高校体育赛事无形资产开发市场存在的问题进行研究，提出提升我国高校体育赛事无形资产的价值的对策与建议。

秦为锋、王亚飞（2007）指出我国高校体育无形资产运营存在内容少、思路窄、层次低；意识淡薄，缺乏审计机制、必要的管理，缺乏专门中介机构和专业人才等问题。

李艳翎、常娟（2007）采用归纳演绎法、文献资料法对我国当前体育明星无形资产开发的内容、特点、形式及趋势进行研究，讨论如何改善体育明星无形资产开发的基础理论问题和如何合理、有效地开发体育明星无形资产。

董传政（2007）针对影响高校体育无形资产开发的因素，提出高校体育无形资产管理与开发的具体构想和建议。

朱仁康、王志学、郭爱民（2007）认为应该把体育作为一个品牌来经营，只有这样才能在我国体育产业化进程中，创新体育赛事的经营模式，挖掘体育赛事的无形资产，逐步形成具有自我造血功能的良性循环体制。

郭敏刚等（2008）就我国大型体育赛事场馆无形资产开发的概念、价值及内容进行分析，归纳出体育赛事无形资产具有高投资性、依附性、关联性、无限性、相对独立性、交叉性等特征，并揭示了体育场馆无形资产开发存在的不足之处。

申荣芳、柳新海、潘乐（2008）认为体育赛事无形资产的开发与经营是整个体育产业的主要内容，在北京奥运会到来之际，合理地开发利用体育赛事无形资产，对于加快我国体育产业的发展有着至关重要的意义。

韩振勇（2008）认为体育赛事市场化为商业、企业和赛事组织者提供了沟通的平台，为赛事的发展提供了资金保障。与无形资产开发程度较高的赛事相比，我国体育赛事无形资产存在开发渠道单一、力度小、短期行为现象严重、开发目标企业发散等问题。

陈峰（2008）探讨了国际奥委会无形资产基本内容和国际奥委会无形资产开发的途径，提出了我国体育用品企业的无形资产开发思路。

于秋生等（2008）确定无形资产的内容，探讨龙舟运动中所存在的问题，提出了龙舟运动无形资产科学开发与利用的具体措施。

简波、齐莹（2008）对我国龙舟赛事无形资产开发进行 SWOT 分析及战略选择研究，对我国龙舟赛事无形资产市场开发的优势（strengths）、劣势（weakness）、威胁（threats）、机遇（opportunity）进行分析，并在此基础上提出了 WO 战略、SO 战略、WT 战略、ST 战略。

周旭东（2008）认为社会体育无形资产是体育资源的重要组成部分，探讨了开发社会体育无形资产的主要发展方向，提出了影响社会体育无形资产开发的主要因素，认为其有着广阔的开发利用前景。

从关于体育赛事无形资产运营管理方面的理论来看，学者普遍认为体育营销究其实质就是利用体育赛事来聚积财富。国外在这方面具有丰富的经验，我国在此领域涉足比较晚，目前正逐步形成一门系统的新学科。各理论都对无形资产进行界定，找出无形资产运营存在的问题，并提出相关对策。但通过阅读文献可知，很多对策都是泛泛而谈，没有实际应用的价值，对无形资产构成要素的界定不是很明确，运营对象模糊，更谈不上有效运营。对无形资产的运营缺乏实践指导，在体育赛事中，是否所有的无形资产都具备运营的必要还有待于进一步的研究，缺乏一些体育赛事无形资产的运营经验。

### 1.4.3　体育赛事无形资产评估方面的研究

方强、张兆星（1999）对体育赛事无形资产与一般工业无形资产作了比较，运用有关的数学原理创立了综合评估法。周武、范民运、曹芳平（2004）将我国男篮甲 A 和女篮甲级俱乐部的无形资产评估指标作为研究对象，采用专家咨询法、逻辑分析法、层次分析法等统计处理方法，探讨职业篮球俱乐部无形资产的特性，构建我国职业篮球俱乐部无形资产评估指标体系。范志伟、刘杏娜（2005）指出不应仅披露无形资产的期初、期末数及无形资产减值准备计提，还应当充分披露企业无形资产的研发开展情况、拥有情况、后续计量情况等，应该充分披露无形资产会计信息。

相对于运营来讲，无形资产评估方面的研究理论较少，针对体育赛事的评估更是少之更少。因此有研究的必要，通过评估进一步来检验运营的效果，进一步拓展体育赛事无形资产的运营空间。

清华同方期刊数据库中查询体育方面的"体育无形资产"有关文章 435 篇，其中关键词包含"无形资产"的有 93 篇，评估方面的文章仅有 47 篇，无形资产运营的文章有 473 篇，对于体育赛事无形资产运营仅两篇。因此，对体育赛事无形资产方面的研究比较少。

从体育赛事无形资产的构成要素、运营管理及其评估方面的相关文献看，研究较少，并且研究多限于表面现象，缺乏深层次的研究。本书在前人研究基础上，在赛事无形资产的构成要素、运营管理和评估等方面进行深层次的研究。

### 1.4.4　体育赛事无形资产的研究步骤与技术路线

研究实现了对体育赛事无形资产的运营管理与评估系统的信息化，此信息系统是体育赛事无形资产运营和评估的神经系统。该系统以人为主导，利用计算机硬件、软件、网络通信设备及其他办公设备，对无形资产的运营信息进行收集、储存、加工、传输、更新和维护，以体育赛事战略优先、提高效率为目的。体育赛事无形资产的运营与评估采用开环记录控制系统。体育赛事的无形资产运营与评估信息管理控制系统结构如图 1-2 所示。

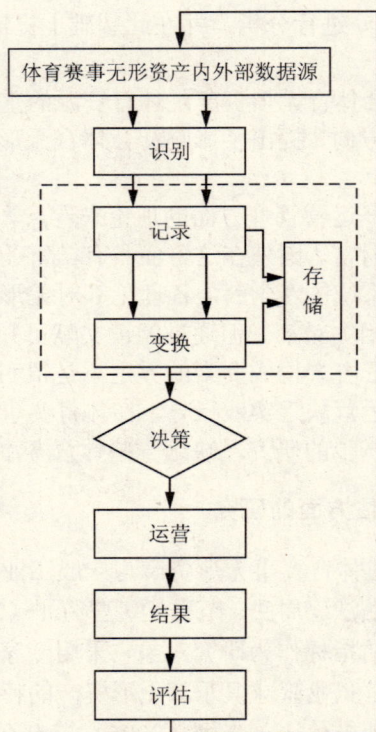

图 1-2　体育赛事无形资产运营与评估信息管理控制系统

　　管理控制系统主要包括人在内的人机系统实现组织承办方的高层决策、中层控制、基层运作的人机系统的集成化,不仅仅是一个技术系统,也是一个管理系统和社会系统。管理信息系统由信息管理者、信息用户、信息源和信息处理器四个部分组成。信息管理者负责信息系统的设计实现,实现之后负责信息系统的运行与协调;信息用户是信息的使用者和决策者;信息源是信息的来源与产生地;信息处理器则担负着信息的加工、传输、保存等任务。以无形资产运营管理和评估为突破口,采用 ASP 编程。ASP 是 Microsoft 公司推出的用附加特性扩展标准的 HTML 文件,采用 ASP 技术设计动态、交互式的 Web 服务器端应用程序,能够轻松地结合 HTML Web 页面、ActiveX 组件和脚本语言(script),所有程序运行在服务端,用户只需通过浏览器即可访问服务器上的页面。可以用会话(session)变量标识用户身份。用户可以在客户端存取 SQL 数据库,从网络数据库安全角度考虑,将用户分成了两类:一类是超级用户,可以直接修改数据库内的 Table;另一类是普通用户,如对体育赛事感兴趣者。用户根据系统提供的登录账号与密码,进入系统,并将登录信息定义为浏览器级的公用变量,即用会话变量来标识用户身份(当客户端浏览器未被全部关闭,页面没有过期,这类变量不会被释放)。通过网络环境,将过去静态的、简单的、稳定的运营和评估体系向主导的、动态的、复杂的运营和评估体系转化。具体操作方法如图 1-3 所示。

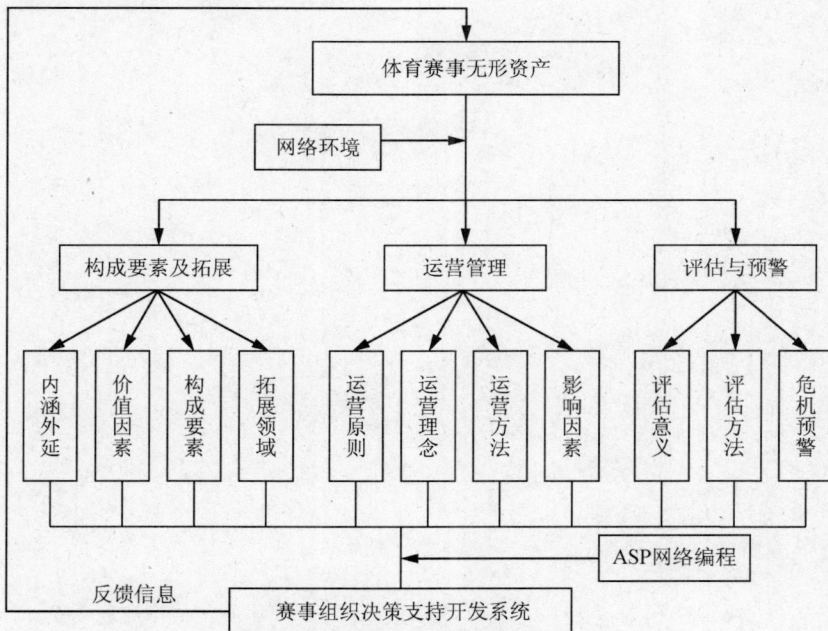

图 1-3　体育赛事无形资产运营与评估路线

## 小　结

　　体育赛事可以优化赛事资源的管理分配，承办城市的基础设施外观等方面都有所改观，政府对赛事进行宏观控制。无形资产是知识经济时代和信息社会的一种重要资源和财富，而无形资产运营在体育中更是积极发展的因素。根据体育赛事的具体情况，从经营安全率出发，对各构成要素的运营方式、方法进行研究。

　　本书采用多种研究方法对体育赛事无形资产的构成要素、运营管理与评估进行分析。在研究大量阅读文献的基础上，建立了体育赛事构成要素、运营管理和赛事评估的关系，实现对体育赛事无形资产的运营管理和评估系统指标体系的构建，建立运营管理和评估的流程图。

# 第2章　体育赛事无形资产构成与拓展

体育赛事由来已久，尽管运动会规模不同，但对社会发展同样重要。随着对运动员业余身份的认识及职业化，打破了长期以来竞技比赛不能与商业有任何联系的世俗观念，从此以后，体育赛事逐渐与商业联系起来，并发挥越来越重要的作用。体育赛事的相关产业可以促进社会的发展，很多关键项目冲破世俗，经过不懈努力使体育赛事产业由萌芽状态逐渐发展壮大。体育赛事的产业影响大而且广，很难确定应包括哪些要素。从经济方面讲，包括资助费用、场地收入及赛事本身收入等；从体育自身发展方面来说，从校级运动会到国际赛事，参与者的范围很广，但不管是经济还是体育自身，都需要建立市场数据系统，并且需要逐步完善。科学技术的发展使体育运动在技术方面革新，进一步促进体育赛事活动的发展。观众期望及新闻媒体的需求促进了各种发明创造，科学技术的应用提高了赛事活动的变现力和管理水平，使体育赛事更接近人们的生活，技术创新也加强了各个方面的交流与合作，从而吸引更多观众，扩大各种形式的赞助，增加广告收入。互联网技术也逐渐成为了人们观赏和参与体育赛事的重要方式，成为在市场营销中运用的重要手段。体育赛事在社会中发挥着越来越重要的作用。

从根本上讲，经济的增长及人们收入的提高可以促进体育产业的发展。体育赛事相关产业的发展和体育市场的繁荣要依靠经济的快速增长和人民收入。因此两者之间是相互促进的，但经济是前提，是基础。若要分析体育赛事产业的发展前景，首先要分析国民经济的增长和居民收入的变化。根据国务院经济发展研究中心战略部课题组的报告，中国经济在 2000～2020 年的平均潜在增长速度为 7.3%左右，按不变价计算，到 2020 年我国的经济将比 2000 年增长 4 倍多。按汇率计算，2020 年中国人均 GDP 将相当于 1997 年世界人均 GDP 的平均水平，达到 5000 美元。GDP 总量仅次于美国，超过日本。因此，中国体育产业的巨大发展有着坚实的经济基础。加强体育产业的创新活动，将会使无形资产大幅增加，创新成为维持体育赛事变革的手段，因而体育赛事的无形资产显得越来越重要。

随着我国经济的迅速发展，产业结构势必需要重新构建。体育赛事无形资产运营环境的改善，逐步成为我国体育产业发展中一个新的经济增长点。我国各个项目运动管理中心和单项协会体育无形资产的开发已经启动，各职业俱乐部围绕电视转播权、特许权、广告发布权等无形资产的商业开发也已经初有成效。加大开发及推广赛事力度，依法开展各级体育赛事，加强对体育赛事名称、赛事标志的保护，面向市场，提升市场价值，提高品牌效应，提高整体开发效益和水平。通过改变体育各项目的裁判规则，增强体育赛事娱乐性和观赏性，在满足观众观赏需求的前提下，最大限度地满足赞助商的需求并维护其利益，不断提升体育赛事的自身价值。体育赛事组织要协调好与媒体的合作和开发，形成互惠双赢、互相依存的利益关系。积极探索体育赛事无形资产运营的新型模式，推动体育赛事无形资产的开发创新，培育有中国特色的体育赛事品牌。积极探索体育赛事无形资产运营的管理体制及运行机制的改革，整合无形资产资源，实现赛事无形资产的可持续性发展。

## 2.1　体育赛事无形资产的相关理论

早在人类文明起源之时，人们将新想法应用到家庭生活、生产和田间劳作，无形资产也就随即产生。随着经济的发展，无形资产在生活、生产等过程中，发挥着越来越重要的作用。国外许多国家都把体育赛事作为一种最大的特殊事件，不仅能够提供工作机会并产生经济利益，而且事件提升价值超越了可见的物质与经济利益，极其受到重视。相应的学科设置体现事件的重要地位，学科设置的目的是为从事事件产业的职业者提供训练的机会，学科的相关课程覆盖事件管理及市场营销运作。从事件产业这一角度看，开发体育赛事能带来经济利益，特别强调的是体育赛事对承办赛事地域的政治经济、社会文化、城市提升力、旅游等都有正面影响。国内有关学者普遍认为，体育运动竞赛能产生经济效益、社会效益和事业效益，地位非常重要，效益的大小与体育竞赛项目，赛事的级别、对象、水平等有密切的关系。尽管我们越来越强调体育赛事的市场化程度，经济效益也日益提高，但与目前国际社会对体育赛事，特别是大型体育赛事对各方面影响的重视程度及研究状况相比有较大的差距。2008 年北京奥运会的成功举办产生了巨大影响，但对体育赛事的影响尚缺乏较为深入系统的认识，还没有完全上升到理论层次。在学科设置上，国内除运动竞赛学涉及体育赛事外，还尚未见到涉及体育赛事的课程。体育赛事是一个适应不同参与者的需求的特殊事件，可以提供竞赛产品及相关服务产品。传统习俗、项目、级别等多因素制约体育赛事的发展规模和形式，具有项目管理、消费、组织文化背景及市场潜力等特征。

体育赛事具有竞赛性、文化性、目标多样性、复杂性、市场产品性等特征。从商业角度来看，体育赛事的收入源于多个方面。赛事拥有者与组织者决定了赛事活动的参与者和包含的各种要素，有些体育赛事是以观众为主导，有些是以选手为主导。很多赛事活动属于娱乐范畴。大型赛事涉及许多娱乐休闲活动，体育活动只是其中的一个组成要素。赛事的开幕式和闭幕式等都涉及了音乐、美术、传媒等其他综合要素，如奥运会、全运会等大型综合性赛事中，体育竞赛通常作为赛事活动的重点，在赛事前后要举办一些其他的活动来作为补充。体育赛事可以是一次性的赛事，也可以是重复性的赛事。赛事的结构与形式由主办者的类型决定，主办者可以分为当地政府、体育部门、教育部门、比赛机构、慈善机构、企业组织、志愿团体等。除概念外，图 2-1 也可以很好地表达体育赛事的概念。

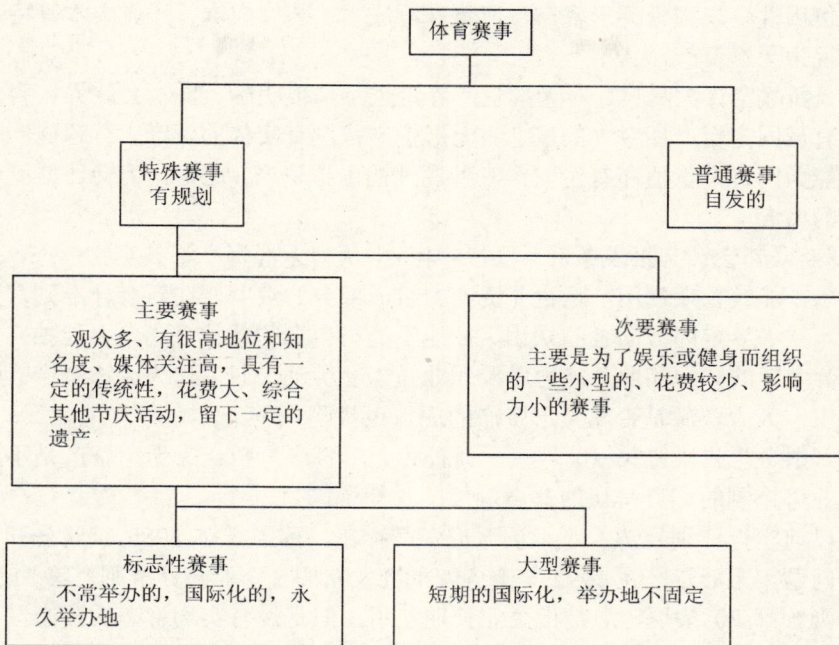

图 2-1　体育赛事的概念

## 2.1.1　无形资产的含义

给无形资产下一个令人满意且公认的定义，是一项相当困难的工作。有些会计学著作直接回避无形资产定义，而是用无形资产的特征来表述无形资产。美国的 E.基索（E.Kieso）和 J.韦安特（J.Weygant）编著的《中级会计学》描述无形资产的特征是缺乏实体存在，未来收益具有高度不确定性。这种描述的标准显然是不够明确与鲜明的。1927年出版的《会计学：它的原理与问题》指出无形资产的含义为专利权、专营权、版权、秘密制作法和配方、商誉及其他类似的财产。这种表述尽管不十分恰当，但除了列举其内容之外，的确不容易把有形资产和无形资产划分清楚。虽然无形资产没有词源学的意义，但它仍被用作一个集合名词，通常包括上面引用的定义中所列举的那些项目。到如今，各国会计准则中都有一个无形资产的定义，但要说在全世界范围内确定一个公认的定义，还为时过早。直到现在，关于无形资产的含义都还没有一个共同的认识。A.尼古拉（A.Nikolai）和 D.贝兹利（D.Bazley）在 1991 年编写的《中级会计学》中认为有形资产是可以看到和触摸到的物质实体，而无形资产一般是从法定或合同权利中形成的资产，不具物质实体。无论无形资产还是有形资产均是因为使用而拥有，而不是为了投资而拥有，其寿命都大于一年，并为拥有者带来收益而确定其价值，它们都将在其收益获得期内被消耗掉。但这也不能判断某一财产是否具有无形属性的标准。

西德尼·戴维森（Sidney Davidson）的《现代会计手册》中多用实例来解释无形资产，认为没有公认的无形资产定义。美国会计界认为无形资产是非实物的经济资源，其价值确定主要依据被授予的权益和其他将得到的预期收益来确定。没有把现金、应收款和投资等货币性资产视为无形资产，但将开办成本、装修成本、开业成本等特殊种类的递延费用视为无形资产。

日本《新版会计大辞典》对无形资产界定也不是很明确。日本会计界认为无形固定资产是与有形固定资产相对立的概念。无形资产是没有实体的资产、有超过一般同行业企业收益能力的资产价值和有偿取得三种属性的虚拟资产，这是作为会计惯例所承认的无形资产的概念。

《俄罗斯联邦会计与报表条例》（1994 年）中认为无形资产不具实物形态，有价值且能带来收入，能较长期使用，是企业资产的组成部分。俄罗斯在新会计准则《无形资产核算》第 4 款中界定因劳动者的知识、技能不能与自身的载体分离，不能独立使用，因此不把"劳动者的知识和业务能力以及职业技能和劳动专长"作为无形资产。因这项条款单独列出，人力资源是否属无形资产的观点也将陷入争论。

英国《财务报告准则第 10 号——商誉和无形资产》中认为无形资产是不具有实物形态、企业可控制的、可辨认的非金融性的长期资产。

我国以前实行计划经济，不承认无形资产存在。蔡吉祥在 1985 年就公开呼吁重视无形资产问题。无形资产在 1992 年国务院批准发布的《企业会计准则》第 31 条和《企业财务通则》第 20 条规定中是指企业长期使用，但是没有实物形态的资产，包括专利权、非专利技术、商标权、土地使用权、著作权、商誉等。《资产评估学》认为无形资产是以某种特殊权利和技术知识等经济资源存在并且发挥作用的资产，没有物质实体。

我国财政部 2000 年颁布的《企业会计准则》定义无形资产为企业生产商品或提供劳务、出租给他人或者为管理目的而持有的、非货币性的、没有实物形态的长期资产。无形资产分可辨认和不可辨认两种。可辨认无形资产有商标权、专利权、土地使用权、非专利技术、著作权等；不可辨认无形资产主要是指商誉。其中商誉不包括企业自创的商誉及不满足无形资产确认条件的其他项目。2001 年财政部颁布的《无形资产评估准则》表述无形资产为特定主体所控制，不具实物形态，长期对生产经营发挥作用，并能带来经济利益的资源。2006 年财政部颁布的《企业会计准则第 6 号——无形资产》把无形资产表述为没有实物形态的，为企业拥有或控制的，可辨认的非货币性资产。无形资产的基本内容参照国际惯例，依照我国现行法律和政策规定，包括专利权、商标权、专有技术、版权、网络、计算机软件、经营秘密、专营权、土地使用权、优惠融资、商誉等。

### 2.1.2　界定无形资产的相关观点

科学、合理地界定无形资产，不仅可以促进经济健康发展，保护无形资产拥有者的合法权益，也可以进一步拓展无形资产的领域。目前，各国都已形成了有关无形资产的法律体系，人们认识到无形资产是能够为所有拥有者带来"未来经济利益"的资产，因此纳入会计体系加以界定。无形资产是随社会发展而不断涌现并不断被人们认识的，因此界定无形资产具有动态性。同时由于在认识无形资产上存在差异，各自界定的内容和范围有一定的差异，怎样定义无形资产尚没有统一的认识。

通过阅读大量文献，对无形资产的界定大致可归纳为七种，如表 2-1 所示。

表 2-1　无形资产的界定

| 界定观点 | 界定内容 |
| --- | --- |
| 无实体观 | 抓住无形资产的显著特征，指明无形资产的资本性属性。是否存在物质形态是无形资产区别于其他资产的特征，但无形资产不包括没有物质实体的资产，如某些没有物质实体的长期投资就不属于无形资产。由此可见，"无物质实体"只是较广泛的会计对象的特征，并不是无形资产独特的特征。无实体观只是按照字面含义简单理解和划分的无形资产，没有说明无形资产与其他资产之间的根本区别，其内涵是不精确的 |
| 固定资产观 | 认为无形资产是有形固定资产的对称，又称无形固定资产。无形资产和固定资产在有效的经济寿命期间，均由企业所控制和使用，为企业生产和经营服务。与流动资产相比，两者都能为持有人带来预期的经济效益，其预期使用寿命多于一年，且有较高的单位价值。它们的价值在其受益期间内逐渐损耗，部分地加入成本，转移也不是一次性的，通过产品价值的补偿，实现逐步回收 |
| 知识形态观 | 以知识形态存在的经济资源的重要观点，它认为无形资产是指不具有实物形态，而以知识形态存在的经济资源，为企业生产经营提供某种权利、特权的固定资产。但无形资产不一定都是权利，如商业信誉不是权力机关授予的，因而不是权利。而是企业获取超额收益的能力，这种能力依赖于销售网络、企业内部管理诀窍等多种因素。这种观点无法涵盖特许权、商誉等无形资产，涵盖范围太窄，因此会计界一般不会广泛接受这种概念 |
| 资本性资产观 | 表述无形资产是价值依附于资产所有者所持有的权利，它所带来的收益超过一个营业周期，是无实体存在的资本性资产 |
| 非货币性资产观 | 认为无形资产是一种没有物质实体的经济资源，价值由其占有权及未来利益所决定，但不包括货币性资产（如现金、应收账款和投资等）。无形资产是指那些企业用于生产商品、出租给他人、没有实体形态，提供劳务或者为行政管理的需要而拥有的，使用年限超过一年的非货币性资产 |
| 经济资源观 | 认为无形资产为特定主体控制，没有独立实体，持续对生产经营与服务发挥作用，并且能带来经济利益的经济资源。所谓的经济资源是指人类社会生产所需要的所有生产资料及生产要素。生产要素包括物质要素和人力要素。物质要素包括资本、土地、原材料、劳动工具、厂房、机器设备等。人力要素有劳动力、信息、技术等。各种经济资源的结构和地位随着社会、经济与科技的发展进步也发生着变化，人力资源相对物力和财力资源日益受到重视，同时随着人力资源的深入开发，智力资源成为越来越重要的经济资源 |
| 超收益能力观 | 认为无形资产不具有物质实体，但价值却很大，有利于企业取得高收益。此观点指出了无形资产的无实体和高效益的本质属性，作用是获取超额利润，而不仅仅是帮企业获取一般水平的利润。这一概念比较准确、完备地概括了无形资产的全部特征及本质属性 |

　　表中所述观点出发点不同，自然得出的结论也就不同，各有优势，也各存在不足，应该说无形资产是一个综合的观念，应该从综合角度来对其进行概括。综合以上观点，无形资产是指企业长期拥有或控制，并为企业带来长期的、不稳定的超额收益能力的用货币计量的经济资源。

### 2.1.3　我国体育赛事无形资产的界定

　　体育赛事无形资产是近年来我国体育界兴起使用的一个新概念，尽管无形资产已经存在了很长时间。1995 年，《体育产业发展纲要》正式表述体育无形资产，认为体育无形资产是体育组织所有，以知识的形态存在，通过体育运动实践形成和市场运营，为其所有者和使用者产生一定的经济效益的经济资源。其后，体育经济和体育管理等理论界学者深入研究体育无形资产的相关理论。有学者认为"体育无形资产是体育运动中所有的不具有实物形态的、非货币的资产集合，经过其所有者和使用者在体育市场中的开发利用，能在一定范围内、一定时间带来一定程度的经济效益"。鲍明晓认为"体育无形资产是存在于体育运动中，受特定主体控制，具有体育特质，不具实物形态但能为所有者和经营者带来持续经济效益的资产"。整体看来，学者一般都认定体育赛事无形资产和体育赛事有关，受特定主体控制，能持续带来经济效益，没有实物形态。体育赛事无形资产的具体特点有以下几个方面。

### 1. 体育赛事无形资产是能增值的非实物知识性财产

体育赛事中非实物财产有两种表现形式：一是非专有知识性体育财产，也就是在体育赛事进行过程中的时间和非专有知识性的一般信息等；二是专有知识性体育财产，也就是凝聚了一定专门知识含量的体育财产或称体育知识财产，如各体育赛事开幕式等创作作品、商标、标志、专利、专有技术、运动员声誉形象及所产生的财产权利和特许经营的权利、许可使用等。体育知识财产一般不直接表现为实物形态，而是依附于一定的物质实体而存在。随着体育赛事形式内容的逐渐扩展与日益广泛的结合，体育赛事无形资产渗透到人类生活中的各个方面，作为一种财产存在。体育非实物财产不具体占用空间，形态上是无形的，只反映在思维和观念上的，没有独立的实体。

### 2. 体育赛事无形资产是智力创新性成果的结晶

体育赛事无形资产跟其他商品一样，也具有使用价值和价值。它的使用价值被作为一个增值因素，是满足其所有者和使用者提高工作成效并获得经济收益需要的有用性，是体育产业开发中所产生的独特功效。体育无形资产的使用者可以借以扩大其企业的社会影响，增强其商品知名度，提高企业经济效益。体育组织可以通过它获得许可使用费的经济收入。体育无形资产的价值是创新性的劳动，是在市场经营中通过交换价值所表现的。体育赛事无形资产作为创新性劳动成果，所耗费和支出的主要是人们的智力创造性劳动，是各种体育组织和众多的体育工作者，在长期体育实践中，经过持续努力奋斗和艰辛创造，逐渐积累而成的智力创造成果。各种体育标志文字图画形式，既可使人感受到它所代表的体育组织或者活动所造成的巨大影响及社会亲和力，也可使人领悟到现代社会的各种体育组织与体育活动模式，无一不是体育实践中智慧创造的结果。电视转播体育竞赛表演所形成的强大吸引力及凝聚力，深刻地反映出人们对所展现的科学与技艺内涵和自我挑战精神的高度认可。体育赛事无形资产是具有鲜明体育文化特质的智力劳动成果，是大量文化信息展现和折射人类在广阔的时空中，所积淀的具有精神性、知识性的体育创造力。

### 3. 体育赛事无形资产是稀缺的经济资源

随着经济的发展，人们的余暇时间比较多，可以更多地观赏体育赛事。在经济、社会和科技的发展中，经济资源的结构和地位也发生着变化。相对于物力资源及财力资源而言，人力资源日益受到重视，同时随着人力资源的深入开发，人的智力资源成为越来越重要的经济资源。体育赛事的无形资产是体育发展的重要经济资源，是价值增值的资产。体育赛事无形资产的专有性或独占性，表现了体育赛事无形资产的资源稀缺性。由于各种体育赛事无形资产只能为各种体育组织所专有或者独占,不容他人侵犯而形成了体育赛事无形资产的垄断经营局面。体育组织从国际到各国的高度一体化,而具有较大影响与效益预期的体育赛事无形资产非常集中,从而使得体育赛事无形资产的稀缺性远胜于其他的一般无形资产。

不能仅从经济上认识体育赛事无形资产,还要将无形资产经济特性与体育特性的结合起来,因此要处理好以下关系:

1)体育赛事无形资产源于体育竞赛,是在长期的体育赛事运动实践中产生和发展的,与赛事密不可分,有不同于其他无形资产的特殊性。

2)体育赛事组织是体育赛事无形资产的产权主体,不同的体育赛事无形资产被各种不同的体育赛事组织所拥有,只有极少量的体育赛事无形资产归体育工作者或者相关人员所有。

3)体育赛事无形资产是一种特定形式的生产要素与经济资源的资产,是能产生一定超额收益的资产。

4)体育赛事无形资产主要是某些特许经营权的表现形态,以及凝结各种智力创造成果的知识形态,不具实物形态。

5)体育赛事无形资产的运营对象是体育市场,因而体育赛事无形资产的运营具有市场属性,且与其发生交换关系而形成体育市场。体育赛事无形资产运营的获利主体是体育赛事无形资产的所有者和使用者,但体育赛事无形资产的市场运营的所有者大多与使用者相分离。

从上面的表述可以看出,无形资产是发生在体育赛事的过程中,不具有实物形态的,能实现所有者与运营者经济效益的双赢目标。体育赛事无形资产拥有或者控制的主体为体育组织,主要是以知识形态为存在形式,赛事的主体范围更加灵活。部分专家认为体育赛事无形资产没有实物形态,在运营时所有者和使用者是分开的,只有双赢才能实现可持续发展。尽管存在一定差异,但是它们也有共同点,即都以体育赛事为依托。研究体育赛事无形资产开发最基本的问题是"体育赛事无形资产开发是什么"。从以上学者的研究中看出,对体育赛事无形资产的界定存在一定的分歧。

综合以上观点,体育赛事无形资产是体育赛事组织所拥有的或者控制的,在赛事运营实践中形成的以知识形态存在独占的,不具有实物形态的,能为其所有者与使用者产生超收益、可持续发展的经济资源。

### 2.1.4 体育赛事无形资产的积极影响和消极影响

按照无形资产对赛事价值创造的影响可分为两种类型,一类为积极影响型,如非竞争性与规模效应、网络效应;另一类为消极影响型,如部分独占性与外溢、内在风险性及非交易性。

**1. 体育赛事无形资产的积极影响**

（1）非竞争性与规模效应

资产竞争性就是某一资产配置给定后,就不再用于其他方面,用途具有排他性。有形资产和金融资产都是竞争性资产，其结果直接导致了资产的机会成本和稀缺性。但是，除去人力资本外，绝大多数的无形资产可以重复使用，可以同时配置于不同的场合，并不影响其效用，是非竞争性的。

赛事组织用非竞争性的无形资产代替竞争性资产来增加收益或降低成本，从而构成其价值创造的重要来源。一方面，顾客期望赛事提供有力、持续的售后技术支持，这要求赛事组织加强服务网点和技术人员队伍的建设，满足顾客的要求与期望；另一方面，赛事组织很难聘请到解决全方位技术问题的足量的工程师。无形资产可以在同一时间里为不同目的的使用者带来收益。因此，绝大多数的无形资产的投资具有可忽略的变动或增量成本、较高的固定或沉淀成本的特征，即这些无形资产除了初始投资外，往往其机会成本可以忽略不计。在资产的用途方面，因每台机器每天的运转极限是 24 小时，所以有形资产和金融资产都同时受到来自生产能力的限制。然而，无形资产的用途不受其本身已被使用程度的影响，只受体育赛事市场规模大小的限制，因此品牌的有效性主要来自赛事所生产的产品数量的限制。随着体育赛事的成功举办和收益的不断增加，可以增加无形资产的用途。一些国际著名公司有着许多品牌、技术秘诀等无形资产，使得它们具有比其他企业更强的盈利能力。

（2）网络效应

美国伯克利大学著名的价格理论专家瓦里安（Varian）教授和经济系夏皮罗（Shapiro）教授编著的《信息规则》对网络经济有一个精辟的描述"一个网络的价值由其已连线人员的数量决定"。有些网络具有实物形态，如电网等点和点之间相连；另一些网络则是无形的，以虚拟的方式连接，如互联网。在网络效应中"正反馈"这一概念是非常重要的。正反馈引发了强者越强、弱者更弱的一种趋势。一个庞大的网络必须借助或者依靠标准来维持其正常运转。要想在网络型的市场里取得成功，必须做到兼容公众普遍接受的标准。网络效应是正反馈效应，即成功会导致新的更大的成功。这种正反馈效应进一步加强了非竞争性导致的无形资产投资的规模效应，成为价值创造的一个重要来源。网络很容易实现市场化，并具有两个特征：一是其核心部分，是产品、控制和思想三位一体的无形资产，即以某一创新思想为起点，开发出相应的产品或服务，最终形成由专利、商标或强大品牌保护的知识产权或所有权。体育赛事的信息处理系统、开幕式、闭幕式等均第一时间发送到网络上。二是推动网络核心部分的技术作用的外围部分，是若干企业的联盟和合作所构成的无形资产，其作用在于维护相应的知识产权或保持该项技术的不断进化。

**2. 体育赛事无形资产的消极影响**

无形资产对体育赛事具有积极的一面，可以为赛事增加收益和降低成本，产生网络效应，但对赛事价值也有消极的一面。

（1）部分独占性与溢出效应

体育赛事组织者可有效地保护有形资产和金融资产所带来的相应利益，防止他人分享，这就是所谓的排他性。虽然法律上规定了保护专利权，但保护期过了以后，其他比赛就可以使用这一专利技术。或者由于有关技术人员的跳槽，一场在人员培训方面曾进行大量投资的体育赛事，其收益极有可能被其他后来赛事分享了，这一现象称之为溢出效应。无形资产的控制在法律意识缺失的情况下，披露无形资产的报表将遇到严峻的挑战。无形资产的部分独占性引发了产权的模糊性，要求管理者既要确保从自己的发明和专利中获得最大的收益。在法律允许的范围内，从他人的创造中获得尽可能多的收益，分享无形资产的溢出效应。

（2）内在风险性

无形资产的风险性势必造成无形资产的不确定性。研究开发、人力资本及结构组织资本在改革和创新的初期，投入具有高风险，一项创新活动的演化过程是以探索阶段为起点，以创新成果的商业化为终点，中间经过新产品和服务的技术开发阶段。与创新的未来产出有关的风险，往往随着上述演化过程的进展而呈递减的趋势。在创新阶段，组织者还不清楚项目是否能取得成功，所以这一阶段形成的可能是沉淀隐没成本，因为如果失败将没有任何补偿。无形资产内在风险导致其不确定性，阻碍其会计确认。

（3）非交易性

无形资产的非交易性主要来源于其投资结果不能完全契约化，更强的规模效应表现在投资效率上。无论是全新的还是使用过的有形资产都有各自的交易市场。市场一直履行着重要的经济与社会功能，更重要的是市场价格对实现最优资源配置起到十分关键的作用。无形资产的非交易性给经营决策与管理带来不利影响。首先，非交易性因缺乏相应的参照物，无法直接测量无形资产的市场价值，使得无形资产投资评价包含许多不确定性和随机因素。其次，大多数无形资产因它的非交易性无法在财务报表中作为资产确认。再次，非交易性致使无形资产缺乏流动性，限制了风险分担的机会。无形资产事先不能完全规定合同双方的行动及分享相应的结果。随着互联网的日益普及，这样的状况可能会逐渐改变。现在已经可以通过互联网购买数据产品，但对于如何评估无形资产的价值仍缺少必要信息。

## 2.2　体育赛事无形资产确认概述

要区分一种资源是有形还是无形，不能用是否看得见、摸得着为标准，而是要从存在的性质、形态、作用等实质内容去区分。知识经济时代环境的不断变化，使体育赛事无形资产产生了新内涵。现行会计理论中对无形资产确认、计量的规定，已不能满足体育赛事的需求。现在需要迫切解决的关键问题是如何确认无形资产及其价值。对体育赛事无形资产开发的内涵和外延进行更深入的剖析，需要具体的确认标准，也成为仍需突破的环节。

### 2.2.1　体育赛事无形资产的内涵与外延

体育赛事无形资产的概念表明了无形资产的内涵、性质和特征。体育赛事组织的拥有或控制表明了无形资产的排他性，反映了无形资产作为一项资产所具有的共同特征。"不具独立实物形态"强调了与实物资产的区别，体现体育赛事无形资产的无形性；"可持续性"表明了无形资产具有的长期资产的性质；"非货币性"说明银行存款、债券、预付费用、应收账款等均不属于无形资产；知识权利是具有知识特性的无形资产，如知识产权等，知识形态的存在体现了知识经济时代中无形资产的形态内涵，"关系"指与体育赛事生存与发展存在重要联系的体育赛事与客户、人力资源等的关系。体育赛事无形资产最主要的特征是无实物形态，但不能说不具有实物形态的资产均是无形资产。可以确定的是，无形资产价值不能一次全部转移到产品的成本中去。体育赛事无形资产的内涵应该体现时代特征，这已经以定义的形式给出了，会计作为国际通用的商业语言，在全球化过程中发挥着日益重要的作用。为了减少贸易往来和资本流动中"语言"的障碍和成本，各国或国际机构都在努力地推进会计及会计准则的国际化。

为了满足全球化的需要，消除无形资产会计核算的国际差异，应制定出无形资产会计准则。无形资产概念上的混乱导致了各国在无形资产会计处理上的差别。统一无形资产的概念，对制定无形资产会计准则非常重要。体育赛事无形资产的外延，也就是它具体包括的内容和范围，各国不尽相同而且是边界不清的，这将随着市场经济发展对评估行业的需求，以及人们观念的变化而不断扩展与明确。世界各国对无形资产外延包括的具体内容和范围界定均有所不同。美国一家评估公司认为企业的无形资产应包括商号、商标、专利、非专利技术、包装、订单、促销型资产、广告资料、经销网、特许权、许可证、制造型专有技术、资产、配方、图纸、经营秘密、供应合同、新产品开发、版权、商誉，其中，土地使用权不应属于体育赛事无形资产。虽然土地使用权与商标权、著作权、专利权等知识产权从法律角度来讲，均是赛事场馆获得的权益，也有人统称它们为"权益类无形资产"，但土地使用权和知识产权类无形资产是性质不同的两类资源。土地是自然资源，原始取得几乎不需要付出劳动。但知识产权类的专利权、商标权等智力资源的无形资产却是智力劳动的成果。人类对土地资源的开发所付出的多是体力劳动，而智力资源的无形资产的取得则是人类智慧的结晶，是高智能的成果。所以，专利权、商标权在一定程度上显示了技术水平与市场竞争力，表明了资产中的技术含量。我国土地归国家所有，场馆等获得的土地使用权只是代表其拥有使用权而不是所有权。但在国外就不同，土地可以为私人财产，归为固定资产。知识经济时代，也是全球化的过程。为适应知识经济和国际化的需要，应将土地使用权剔除出无形资产的行列，它已不适应时代发展。

### 2.2.2　体育赛事无形资产标准确认的必要性

知识经济条件下，赛事所拥有的无形资产在生产经营、参与市场竞争中的作用日益重要，它的价值在赛事总资产中的比例也不断增大，尤其是智力资产和商誉，是最重要的无形资产资源。赛事中拥有特殊技能的人成为重要财富，其他资源均需通过高质量的人来实现其价值，他们可能是以其技术作为对企业的投入资本，而成为企业利润分配的参与者。但传统会计对此不能有效地加以计量，《中华人民共和国公司法》认可的无形资产只有几种，自创商誉、人力资源等都没有被包括在内，这必定会对体育赛事的无形资产经营造成不利的影响。根据有关资料统计，经济学领域中涉及无形资产多达29项，但能纳入会计报表计量核算的仅6项，占20%左右。我国无形资产的界定偏窄，企业会计准则规定的无形资产范围很小。如果说赛事在日常经营中与无形资产界定的宽窄关系不大，但涉及变迁、资本营运，尤其是与外商合资经营时，情况就很不一样了。由于我国无形资产的界定偏窄而造成无形资产流失，这令人十分痛心。另外，我国赛事的无形资产包括西方国家所没有的特许性经营权及其他自然资源的使用权。对这些资产的计量比较困难，相当于我们舍弃了部分资源。

根据体育产业的相关理论，体育赛事的竞赛是竞赛表演市场里的产品。杰伊·海泽（Jay Heizer）和巴里·伦德（Barry Rende）认为服务是典型的生产无形产品的经济活动，与商品的区别在于服务一般是无形的，生产和消费同时发生，而服务是独特的，服务有消费者的高度参与，服务与消费者的知识导致对产品的不同描述。商品与服务的界限很难分清，服务是多样的，几乎所有的服务在现实中都是一种服务和一种有形产品的混合物。同样地，绝大多数的商品销售都包括或者要求一种服务。另外，许多服务活动都是在对研究商品的购买中发生的。按照杰伊·海泽和巴里·伦德关于任何产品都具备有形性及无形性的特征，以及无形产品表现为服务形式的理论，体育赛事服务已成为最不可忽视的重要部分。在体育赛事的举办中，政府有关人员、赛事主办者的工作人员、裁判员及志愿者等均为服务工作，服务工作质量在很大程度上影响赛事举办的质量，因此服务也是需要确认的无形资产。

以上种种实例都从反面说明了确认无形资产的必要性。由于我国体育市场不够完善，主办方的意识不到位及原准则的影响等因素，对拥有的无形资产视而不见。即使有些人意识到无形资产资源的价值，实际确认时也无法衡量。因此，在明确规定无形资产确认标准的同时，应列举无形资产的具体内容和类别，以便进行实务操作。确认标准不明确会给体育赛事带来很大的损失。通过不同时期无形资产的比较，更能体现无形资产的特点，满足决策者的要求，推动社会经济的发展，也预示了我国和国际接轨的趋势。努力完善会计处理方法，这有利于境外融资及减少对外损失，满足时代要求，推动我国经济的繁荣发展。因此，探讨体育赛事无形资产的构成要素之前，首先需要确定无形资产的确认标准。

### 2.2.3　无形资产的相关确认标准

无形资产的确认和计量是在体育赛事中必须解决的重大问题。1984 年美国财务会计准则委员会第 5 号公告指出，无形资产作为企业的一项资产，应符合资产的可定义性、可计量性、相关性及可靠性等一般确认标准。我国会计准则与其相似，也将商誉视为无形资产，企业明确规定了内部研发、维护和为恢复无形资产（包括商誉）的不可辨认的及使用期限不明确的，或是与企业整体相关的企业的正常运营所必须发生的成本费用支出，应在发生时就确认为费用。同时，应针对无形资产的特殊性，充分考虑其取得收益的可能性及稳定性，及时补充确认标准。国际会计准则委员会在《无形资产原则公告（草案）》认为需要附加以下两个确认标准：第一，无形资产在促进未来经济利益预期流入企业方面起的作用及无形资产有效发挥这种作用的能力被证实；第二，存在充足的资源或其有用性能被证实，使企业能获得预期流入企业的未来经济利益。

《国际会计准则第 38 号——无形资产》中规定应同时满足以下条件：一是该资产的经济利益可能流入企业；二是该资产成本能够可靠计量。对内部产生的无形资产设立追加确认标准。《国际会计准则》确认的三个标准是：可辨认性、可控性和获得未来经济利益。凡是不同时符合上述标准的，发生的费用在发生时都作为费用处理。自创无形资产是否满足确认标准，《国际会计准则》把资产的形成过程分为研究与开发两个阶段，并要求研究阶段的支出"应在其发生时确认为费用"。当企业可以证明以下所有各项时，开发（或内部项目的开发阶段）产生的无形资产应予以确认："无形资产能够使用或者销售，并已完成，在技术上可行；有意完成该无形资产并且使用或者销售；有能力使用或者销售；该无形资产如何产生可能的未来经费利益，其中，企业应该证明存在着无形资产的自身市场或无形资产的产出市场；如该无形资产将在内部使用，那么应证明该无形资产的有用性；有足够的技术、财物资源以及其他资源支持来完成该无形资产的开发，并且使用或者销售该无形资产；对归于该无形资产开发阶段的支出能可靠计量。"《国际会计准则第 38 号——无形资产》的第 51 款及第 62 款指明（企业）内部产生的报刊名、刊头、商标、客户名单及实质上类似的项目不应该确认为无形资产；其发生的相应支出只确认为费用，以避免确认为自创商誉。《国际会计准则》还规定了获得无形资产后的相应后续支出，如同时满足：一是该支出可能使资产产生超过原预定绩效水平的经济利益；二是该支出能可靠地计量并分摊至该资产，则应计入相应的无形资产成本。另外，为保持资产原预定绩效水平的其他后续支出都应该确认费用。

2001 年《企业会计准则》对无形资产的确认条件有了明确的规定，也就是无形资产满足该资产产生的经济利益很可能流入企业、可靠地计量该资产的成本这两个条件时，企业才能加以确认。因无形资产的经济效益具有不确定性，因此确认无形资产时应持谨慎态度，在预计无形资产使用年限内存在的各种因素需做出最准确的估计。

2006 年出台的《企业会计准则》仍执行 2001 年的无形资产确认条件，只是更加谨慎，并在此基础上增加了可辨认性的确认标准。新会计准则在无形资产方面，比旧的准则更科学、更合理、更全面，与《国际会计准则》中的相关规定更加一致。这说明日益重视无形资产的会计处理，无形资产的重要性也更加明显，但也对无形资产的处理提出了更高的要求。我国长期工业经济时代的特点决定了有形资产比无形资产占有更大的比例。无形资产得不到充分的重视，在会计处理上比较简化。

我国行业会计制度没有明确规定确认无形资产的条件，满足什么条件的无形资产项目才能确认赛事无形资产，入账是无形资产确认要解决的问题。因体育赛事发展相对较晚，行业会计制度对此并未予明确，但旧准则明确指出，无形资产在确认后发生的支出，应该在发生时确认为当期费用。因为在无形资产入账后，可能要发生一些为确保该无形资产能给企业产生预定经济利益的支出，这些支出需要在发生当期确认为费用。新准则相比较而言更复杂一些，要求企业取得的并已经作为无形资产确认的，而又在进行中的研究开发项目，在取得后发生的支出，应再对研究阶段支出和开发阶段支出进行区分，并且按照研发费用的处理方法进行确认，充分体现了统一性和客观性。但再次区分研究阶段支出和开发阶段支出就比较复杂，可操作性差，可按该支出是否使资产产生超过原预定绩效水平的未来经济利益，该支出是否能可靠计量及分摊至该资产确认资本化的范围，这样不仅符合确认资产的一般条件，也便于操作。

### 2.2.4　体育赛事无形资产的确认

会计上的确认是将赛事项目载入赛事报告的程序，确认赛事无形资产就显得复杂而困难。体育赛事无形资产的未来效益价值具有高度不确定性，形成过程不像有形资产那样易于判断，很多无形资产是追加识别。大多数赛事无形资产不易和有形资产分离，只是专有能力或者利益。大多数无形资产即使有法律保护，经济寿命也容易受侵犯。从理论上看，创建无形资产有一定风险，难以确定体育赛事资产的收入哪些来自无形资产，哪些来自其他资产。如果赛事运营活动失败，这些开支应在其发生年度的收益中冲销，若成功则组织一项无形资产的建立。在事前和事中难以准确确定运营无形资产是否成功，会计处理在一开始就确认它是费用或是资产。因无形资产收益具有不确定性，应从谨慎原则出发，在无足够的理由确定一项无形资产的费用与未来收入的相关性时，将该费用在发生期内冲销。权责发生制则要求将费用资本化。很多无形资产是没有收益的，很多拥有专利的单位或个人没有派上用场，非专利技术更难衡量。现在国际上通行的做法是都不确认自创无形资产，只确认外购无形资产。

体育赛事某一项目是否应确认为无形资产，会计准则虽存在差异，但进入对外财务报告的核算系统中，首先要看是否符合赛事无形资产的确认标准，即预期会给赛事带来经济利益；由过去事项或交易形成的；体育赛事拥有或控制的；是否是可持续性的。其中最为关键的是"体育赛事拥有或控制"。在无形资产的确认中应该是可辨认原则的引申，必须做到不重不漏。确定无形资产的重要思路就是可辨认的、外部获得的无形资产应单独确认入账，凡与赛事整体相关而又不能具体确指某已知项目的赛事无形资产均做赛事商誉处理，这样避免了赛事无形资产的过于随意和重复记账，实际上也是支持自创商誉应予确认的观点。因此，在涉及确认问题时，我国的会计准则强调可定义性、可计量性、可靠性、相关性和超额收益等可证实性的基本要点。

**1. 体育赛事无形资产的确认标准**

体育赛事无形资产指通过体育赛事的实践形成并主要为体育赛事组织所有，没有实物形态而主要以知识形态存在，并通过各种体育市场进行运营，能为其所有者及使用者产生超收益、可持续的经济资源。因而，符合无形资产定义中的可辨认性标准的资产需满足下列条件之一：一是能够从体育赛事组织中分离或者划分出来，并能单独或者与相关合同、资产或者负债一起，用于出售、租赁、授予许可、转移或者交换；二是来源于合同性权利或者其他法定权利，不管这些权利是否能从体育赛事或者其他权利及义务中转移或者分离。

**2. 体育赛事无形资产的确认条件**

确认体育赛事无形资产需同时满足下列条件：一是与该赛事无形资产有关的经济利益很可能流入体育赛事，在判断赛事无形资产产生的经济利益是否很可能流入体育赛事时，对赛事无形资产在预计使用寿命内可能存在的各种经济因素应当做出合理估计，并且应当有明确的证据支持；二是该无形资产的成本能够可靠地计量。

### 3. 体育赛事无形资产的支出

除下列情形外，体育赛事无形资产项目的支出均应于发生时计入当期损益：一是符合本准则规定的确认条件，构成体育赛事无形资产成本的部分；二是非控制下体育赛事合并中取得的、不能单独确认为赛事无形资产、构成购买日确认的赛事商誉部分。

体育赛事内部研究开发项目的支出，应区分研究阶段支出和开发阶段支出。研究是指为了获取并理解新的科学或技术知识而进行的独创性的、有计划的调查。开发是指在进行商业性生产或者使用前，将研究成果或其他知识应用于某项计划或设计，以生产出新的或者具有实质性改进的材料、产品和装置等。

体育赛事内部研究开发项目在研究阶段的支出，应当在发生时计入当期损益。确认为赛事无形资产的内部研究开发项目在开发阶段的支出，需同时满足以下条件：①具有完成该无形资产并且使用或者出售的意图；②无形资产产生经济利益的方式，包括能够证明运用该无形资产生产的产品存在市场或者无形资产自身存在市场，无形资产将在内部使用的，应证明其有用性；③有足够的技术资源、财务资源及其他资源支持，以完成该无形资产的开发，并且有能力使用或者出售该无形资产，具有出售的可行性；④归于该无形资产开发阶段的支出能够可靠地计量。

体育赛事取得的已作为无形资产确认的，并在进行中的研究开发项目，在取得后发生的支出应按体育赛事无形资产上面的支出规定处理。体育赛事自创商誉和内部产生的品牌、报刊名等，不应确认为赛事无形资产。

## 2.2.5 体育赛事无形资产的共性特征

如果要界定某项经济资源为体育赛事无形资产，首先要满足资产的基本性质。资产的基本性质表现为稀缺的经济资源。从性质上讲，体育赛事无形资产进入知识经济时代，所包含的内容急剧扩大，包含的类别也有所增多。不同类别的无形资产除具有一般无形资产的共性外，还具有该类无形资产自身的个性特征。总结起来，体育赛事无形资产的共性特征如下。

### 1. 无形性

体育赛事无形资产没有可感触的比较明显的实物形态，主要表现为一种形象设计，或者以某种特许权形式表现的社会关系，它在使用过程中没有像固定资产一样的有形损耗和折旧，摊销后没有残值。体育赛事无形资产以不具实物形态而得名，但无形性不等于非物质性，无形资产是有物质载体，如特许权的物质载体是"特别许可协议"；专利权的物质载体是"专利证书"；商标权的物质载体是"商标权证书"等。赛事无形资产的无形性表现为以下方面：①存在形式的无形性。体育赛事无形资产是一种特殊的经济资源，大多数以知识形态存在于体育赛事中，具体表现为体育赛事经营过程中形成的制度、技巧、诀窍、经验等。这些资源有时"看不见"，也"摸不着"，人们不易感觉到它的存在，往往被人们所忽视。②作用的无形性。在体育赛事的经营中，无形资产并不直接作用于劳动对象而发挥作用，而是用特殊的方式将其作用体现在有形资产与经营过程中，如商标权、特许经营权、计算机软件等，从而降低产品成本，增大体育赛事的利润。

2. 非货币性

货币性资产直接表现为固定的货币数额，主要以现金、应收票据、银行存款、应收账款、短期有价证券等形式存在，或者在将来收到一定货币的要求权。货币与票据本身只是支付能力和要求权的表现形式，一般认为货币性资产没有实物形态。无形资产与货币性资产有显著的区别，是一种非货币性资产。无形资产由于没有发达的交易市场，一般情况下不容易转化为现金，即使可转化为现金，可以取得的现金也难以估计。货币性资产与无形资产在生产经营过程中所起的作用也有明显差别。货币性资产通常是赢利活动的结果，是一个经营周期的终点，也是另一个经营周期的起点，时常处于"闲置"状态。它只有在用于支付费用或购买生产要素作为支付手段时，才参与生产经营活动，而无形资产则是作为必不可少的生产要素直接参与经营活动的。根据这一特征，可以把货币性资产排除在无形资产之外。

3. 法律或契约受保护性

体育赛事无形资产的法律或契约受保护性是指在相关法律、法规或者契约的保护下，体育赛事组织享有某些特殊权利，这些权利能够促成或者保障体育赛事具有一定的获利能力或者获得超额利润的优势，从而形成一种独享权益。因而无形资产是受法律保护的特种资产。这些法律、法规对无形资产的取得直至法定有效年限终止的各个阶段或环节都有具体的法律保护措施。主要的无形资产（不包括商誉）除技术秘方外，基本上都有专门的法律、法规保护。例如，著作权，各国都有著作权法来保护；专利权，各国均有专利法实施保护；商标权，各国都有商标法来保护。除了已有的相关法律外，国际上还有专门的组织和相关的公约对"知识产权"类无形资产进行保护。知识产权类无形资产是人类智力的成果，是在一定的物质技术基础和生理的、社会的基础上产生的精神成果，必须借助一定的物质载体形式才能被社会所认识、评价、使用和交换。无形资产具有法律或者契约保护性的原因，主要是因为无形资产具有经济学上典型的"外部性"，即外部效应。"外部性"是理解无形资产的关键。无形资产的无形性直接导致了它的外部性。外部性使无形资产在消费或者使用上具有公共资产或公共物品的部分特征。实物资产、金融资产的产权明晰，在消费上或使用上具有竞争性和排斥性，有效地排除了其他非所有者享受这些利益的机会。但无形资产就很难阻止他人享受这些投资收益，可以无偿使用从而出现"搭便车"行为。

4. 独占性

体育赛事无形资产不是一种公共资源，一般来讲均具有明确的产权主体，是被特定主体所拥有或者控制的、能够带来经济利益流入的资源，在使用或者收益过程中具有明显的排他性。主要体现在以下几个方面：首先，大部分无形资产（如商标权、专利权等）一经注册，在有效时期内，受到相关法律、法规的保护，如赛事吉祥物标志使用权，任何他人要想取得该项无形资产的使用权或所有权，都必须通过正常的合法性渠道进行有偿支付后才能取得，禁止他人非法无偿性占用。无形资产的垄断性或独占性主要体现为无形资产与特定的经济主体有关，在法律、契约或政府特许的保护下，禁止非所有权人无偿占有及取得。无形资产的独占性表现在一个地区或一个国家甚至全世界范围内均无同型号、同名称、同性质、同功能的无形资产存在。对于重复开发的无形资产，法律不仅不会授予其专利权，而且还将禁止。一项无形资产的所有权只能由单一主体独享。

### 5. 未来收益的不确定性

资产是指过去的交易或者事项形成的，被赛事组织所拥有或者控制，可以用货币进行计量并且能够为赛事带来经济利益的资源，按形态可分为有形资产和无形资产。无形资产的特点与一般资产的特点是相通的，这就要求体育赛事无形资产的形成也必须能够带来可计量的经济利益的流入，形成相关的经济收益。不同的体育赛事，由于赛事等级不同，参赛的运动员水平差异，不同项目的群众基础不同，以及中介机构的素质高低等因素，导致了体育赛事无形资产价值的不稳定性。从体育赛事无形资产的价值形成来看，在很大程度上取决于某一体育项目所取得的业绩或者成效、群众普及程度及市场开发力度等。无形资产作用的发挥依赖于其他资产的共同作用。体育赛事组织在相关条件具备的情况下可以凭借无形资产所提供的某些特殊优势而获得巨额利益，如果有关条件不具备或者不完全具备，无形资产的收益能力将会受到影响。在激烈的市场竞争中，无形资产获利能力往往受到新技术的应用竞争、替代品的出现等多方面因素的影响。尤其是在知识经济时代，人类的创新能力提高，使知识转化为技术、技术转化为现实生产力的进程大大缩短，进而导致原有无形资产发生无形损耗，获利能力受到影响。无形资产收益的不稳定性，为其价值计量带来了困难。

### 6. 期限性和时效性

体育赛事无形资产具有时效性的原因主要有以下两方面。一方面，一般不会在一个城市连续举办两次以上的同类比赛，尤其是大型比赛，不会长期存在。体育赛事的举办都有一定的期限，因此它的举办权、冠名权、电视转播和特许经营权等都有期限，这一期限一般就是从体育赛事举办到结束的时段。超过了这一时段，其商业价值即使不是零也是微乎其微。体育场馆的租赁及邀请的体育明星等都有合同规定的期限，体育赛事的举办期限决定了其无形资产具有有限的期限和时效，这就要求赛事组织者抓住机遇，充分做好交易前的各项准备工作。另一方面，由于受到市场变化、技术进步、替代产品增加等因素的影响，导致了无形资产的贬值，无形资产收益期间具有时效性，实际运营中，必要时需要提取相关的无形资产减值准备，用来核算无形资产的减值情况。还有就是大部分体育赛事无形资产受法律保护的有效期限是一定的。

### 7. 地域性

体育赛事均是在某一地区举行的。在重大体育赛事的承办过程中，依托深厚的地方文化底蕴资源，将改革精神、创新意识贯穿其中，在积极探索中前进，在改革创新中发展。承办城市要利用体育赛事的影响，创造良好的发展机遇，使群众对体育赛事的关注度增大，满意度得到提升，体育工作者的自豪感和凝聚力逐步增强，优秀后备人才队伍不断壮大，上级扶持力度逐年加大，为地方体育事业的可持续发展奠定良好的基础。

### 8. 使用过程的共享性

体育赛事无形资产转让以后，可以由多个经营主体同时使用，如在赛事举办期间，取得体育赛事电视转播权的电视台可以共享该项资产，特别是一些较大的赛事，如奥运会等可同时在全球 180 多个国家进行赛况转播，充分体现了体育赛事无形资产使用过程中的共享性特点。

### 2.2.6　体育赛事无形资产的识别流程

通过确认无形资产及识别无形资产标的物，建立无形资产识别流程图，如图 2-2 所示。标的是指合同当事人之间存在的权利义务关系。标的物指当事人双方权利义务指向的对象，是买卖合同中所提到的物体或者商品，是合同中出现的特定名词。例如，在设备租赁中，标的是设备租赁关系，标的物是所租赁的设备。标的和标的物并不是永远共存的，一个合同必须有标的，但不一定有标的物。例如，在提供劳务合同中，标的是当事人之间的劳务关系，但劳务合同中没有标的物。标的物的识别过程分两步：第一步是辨析无形资产的本质特征，只有全部满足其特征，才可视其为无形资产，但并不是所有无形资产都是无形资产评估的标的物。第二步是识别，排除不可界定产权与非法标的物，才能视其为无形资产评估标的物。

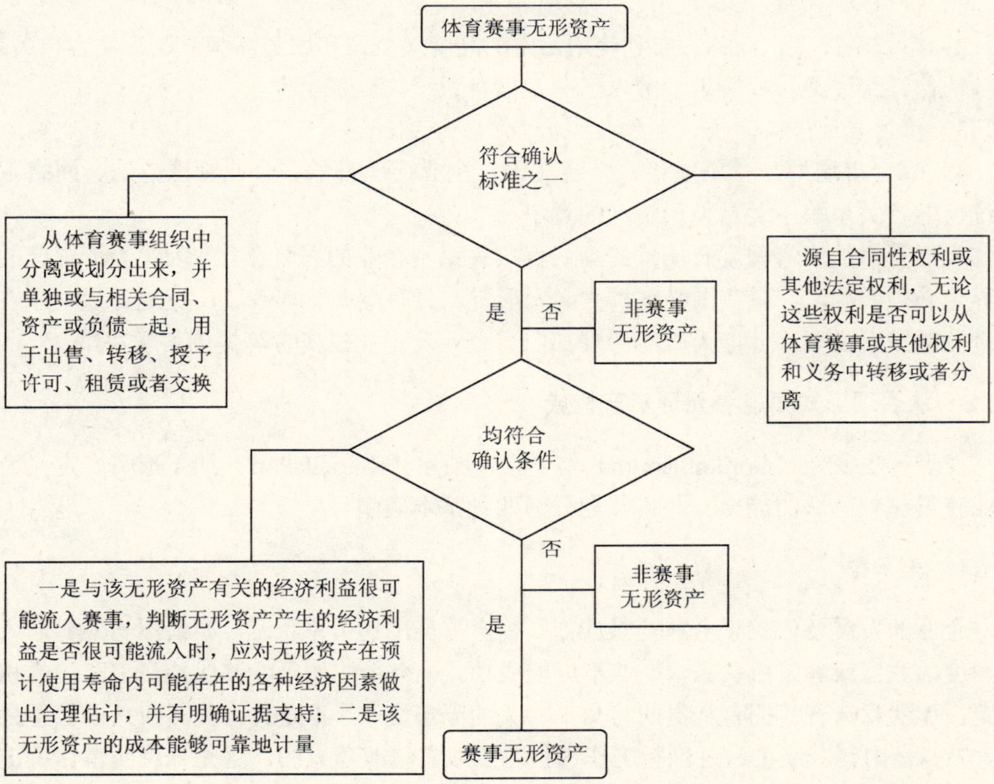

图 2-2　体育赛事无形资产的识别流程

# 2.3　体育赛事无形资产的构成

一般来说，对体育赛事无形资产的确定有了明确的确认条件，应预计体育赛事的无形资产使用寿命的经济因素，再就是可靠计量其成本。因此，确认体育赛事中的无形资产就有了依据。不同的无形资产观念表明具体构成项目不同。国内外有诸多的研究者按照不同的确认标准对无形资产构成要素进行分类，内容很多。既有权利，如商业秘密、版权等，又有组织资本、市场占有率等特殊经济资源；不仅有品牌信誉与顾客，也有管理制度和管理方法；以及人力资本、结构性资本和信息资本。多数研究者都认为用财务指标度量无形资产很难，如客户资本、结构性资本、组织风气等。从传统的版权、专利、商誉到研发、技术秘诀及人力资源等，越来越多的项目被归入无形资产的核算范围。无形资产的分类研究受到极大关注，尤其是近几年进行的大量理论探索。

## 2.3.1　从管理会计角度看无形资产构成

派克（Parker）等认为无形资产是帮助企业或公司在市场中创造竞争优势的特殊事项。按会计角度和无形资产市场的投入、产出顺序将无形资产划分为四种类型。

1）价值创造型：市场推广、产品更新及广告。

2）市场资产型：商标、专利使用协定、品牌（公司和服务品牌）、长期客户关系、业务伙伴、特许经营权协定、准入壁垒及信息系统。

3）价值表现型：名誉、形象及溢价。

4）综合市场型：竞争优势、企业文化、企业管理哲学、企业管理方法、网络工程系统、融资关系等主要是无形资产的竞争。

无形资产的丰富程度及质量的高低直接关系到企业的兴衰存亡，因此无形资产的概念界定必须明确，计量范围必须扩大。无形资产只有准确、客观、广泛地计量，才能满足企业的发展需要，才能为政府管理部门、企业及企业投资者等提供科学决策。

## 2.3.2　从表现形式角度看无形资产构成

戈登·史密斯（Gordon Smith）与罗素·帕尔（Russell Parr）把无形资产定义为使企业获得超额利润的能力，并将其划分为四种基本类型。

### 1. 关系型

企业的发展要依赖于企业与供应商、客户与员工的关系状况。如果不与外界形成某种程度的联盟或者发生关系，企业不可能成功。一个企业如果能够保持员工队伍的相对稳定，那就意味着其拥有宝贵的与员工相关的无形资产。据统计，美国新兴成长型公司中，71%是由其原雇主通过创新工作进行复制或者修改建立的，这充分说明留住关键员工，就拥有了其创造的价值。

## 2. 权利型

权利型无形资产契约主要有特许经营权与许可证，是通过与其他公司签订契约的方式享有使用权，可以帮助公司获取高额利润。

## 3. 不可辨认型

全部报表资产的简单相加并不等于其公司的价值。戈登·史密斯和罗素·帕尔将其分为持续经营价值和商誉。持续经营价值是指基于公司的持续经营，而附着于各项资产中的价值。而商誉是公司的整体转让价值与可计量的各项资产价值的差额部分。

## 4. 智力型

智力型无形资产主要是受法律保护的专利、商标、版权、交易诀窍或者技术秘诀等，其价值受到直接或者间接的市场影响。

### 2.3.3　从不同地域角度看无形资产构成

#### 1. 国际会计准则委员会的相关规定

《国际会计准则第 38 号——无形资产》规定无形资产主要包括：专利、版权、配方、企业拥有的客户名单、许可证和特许权、商标名称、金融资产、计算机载体、报刊刊头、行业性的财产权、抵押服务权、手稿、矿产权、外延所得税资产、雇员福利所形成的资产、企业合并中形成的商誉、一组熟练员工等。国际会计师公会将无形资产定义为"专利权、版权、秘密工艺和配方、商誉、商标权、品牌、特许经营权及其他各类财产"。

#### 2. 国外对无形资产构成要素的界定

国外对无形资产的描述没有统一的标准，通过表 2-2 可以大体了解各个国家对无形资产的描述。

表 2-2　国外对无形资产的描述

| 国　别 | 无形资产的描述 |
| --- | --- |
| 美国 | 哈特菲尔德（Hatfield）在 1927 年就曾指出，无形资产的含义是指专利权、著作权、秘密制作法和配方、商标、商誉、专营权及其他类似的资产。美国是经济最发达、科技水平最高、交易最活跃的国家，西德尼·戴维森在 1982 年将无形资产的种类进行研究，主要包括"商标/商号、专营权、包装设计、订单、特许协议、广告资料、顾客名单销售网络、专利、专有技术、秘方、制造秘决、新产品开发、供应合同、图纸、经营秘密、软件、信息数据库、动力组合、版权、租赁权、雇佣合同、优惠融资、不竞争契约、解雇率、用水权、市场地位、推销机构、商誉等"多达 29 项 |
| 俄罗斯 | 《俄罗斯联邦会计与报表条例》第 48 款规定，在经营活动中较长时间使用并给企业带来收入的以下权利属于无形资产：著作权和其他科学著作、文学、学术和合作权合同、计算机软件、数据库、发明专利、工业设计、育种成果、商号、商号许可证权和其他许可合同，以及土地使用权和自然资源使用权 |
| 荷兰 | 财务报表上揭示的无形资产包括：股份发行费、研究开发费、特许权和许可权、商誉、著作权、暂付款 |
| 英国 | 财务报表上揭示的无形资产包括：开发成本、特许权、专利权许可证、商标权，以及诸如此类的权利和资产、商誉、暂付款 |

续表

| 国　　别 | 无形资产的描述 |
|---|---|
| 日本 | 无形资产一直被叫作无形固定资产。无形资产包括"商誉、特许权、租地权、商标权、实用新方案权、设计权、矿产权、渔产权，其他无形资产"。日本大藏省企业会计审议会 1982 年发布的《企业会计原则》界定的无形资产包括营业权、特许权、土地权、商标权等，而把创立费、开办费、开发费、试验研究费等界定为递延资产 |

3．国内对无形资产的有关规定

1992 年，我国很多企业已开始核算无形资产。我国《企业财务通则》第二条指出：无形资产是指企业长期使用但没有实物形态的资产，包括专利权、商标权、著作权、土地使用权、非专利技术、商誉等。我国《企业会计准则（2001 年）》规定："无形资产包括专利权、非专利技术、商标权、著作权、土地使用权、商誉等。"我国当前在会计上应当加以界定的无形资产是专利权、版权（计算机软件）、商标权、土地使用权、非专利技术、特许权（含生产许可证、特许经营权、矿藏资源勘探权、开采权等）、商誉。

为了划分无形资产的类别，人们尽管已经做了大量的努力，但目前还没形成广为接受的分类办法。理论界仍需要继续探索无形资产的经济规律与特征，不断地推动无形资产的价值挖掘，为经济业务提供正确的财务决策依据。

### 2.3.4　从不同研究者角度看无形资产构成

不同的研究者对无形资产要素的界定也有所不同，如表 2-3 所示。他们从不同的角度对无形资产进行研究，内容也有所不同。

表 2-3　不同研究者对无形资产要素的研究

| 研　究　者 | 内　　容 |
|---|---|
| 西德尼·戴维森 | 专利权、版权、商标权及商号、秘密配方和公式、商誉 |
| 伊丹敬之 | 情报资源、市场占有率、组织风气 |
| 卡尔·埃里克·斯威比（Karl Erik Sveiby） | 内部结构、外部结构、人才的竞争能力 |
| 罗伯特·卡普兰（Robert Kaplan）戴维·诺顿（David Norton） | 人力资本、信息资本、结构性资本（包括顾客资本和组织资本，其中组织资本含创新资本和流程资本） |
| 安妮·布鲁金 | 市场资产、知识产权资产、人才资产、基础结构资产 |
| 陈佳贵，黄慧群 | 知识产权类（计算机软件类，商标权）、契约权利类（优惠合同，土地使用权）、关系类（良好的公共关系，高素质员工队伍的凝聚力）、综合类（商誉，企业整体形象） |
| 帕特里克·沙利文（Patric Sullivan） | 专利权、版权、商标、商业机密、人力资本、客户资本、结构性资本（企业文化、组织流程） |
| 傅元略 | 知识产权资产、人才资源资产、品牌信誉和顾客、网络资产、信息系统资产、管理方法和管理制度 |
| 巴鲁·列弗 | 发明创造（创新活动）型无形资产、组织资本型无形资产、人力资本型无形资产 |
| 苑泽明 | 专利权、非专利技术、商标、著作、土地使用权、特许权、商誉 |

| 研　究　者 | 内　　容 |
| --- | --- |
| 吴申元 | 知识产权（商标权、专利权、著作权）、权力性无形资产（土地使用权、租赁权、特许经营权）、商誉、其他类型无形资产（商业秘密、域名） |
| 蔡吉祥 | 知识产权、秘密信息、特许经营权、商誉等 |
| 秦江萍，段兴民 | 市场型无形资产、智力成果型无形资产、应用型无形资产、基础型无形资产、商誉和其他无形资产 |

### 2.3.5　体育赛事无形资产的构成拓展

随着经济和社会的飞速发展，体育赛事的无形资产构成要素也发生了很大的变化，为适应新形势的发展，在新的经济环境下，无形资产的内容将得到拓展。因此在体育赛事上需进一步拓展无形资产确认的范围，拓展后的无形资产一般包括以下内容。

#### 1.　知识资本无形资产

在体育赛事运作的经营实践和各体育项目科学试验等创新过程中，发明创造和购入的技术及技术窍门，使知识逐渐变成产品的形式。包括专利、版权、设计权、商业秘密、专有技术、特许权、商标等。其中专利权、版权、专有技术可以自创或外购，在会计核算上一般反映为其开发成本或外购成本，但不是知识产权资产本身的实际价值。其余项目无法计算其成本，如商业秘密、设计技术、非外购专有技术等。体育赛事知识资产是指人的智力发明创造成果在一定条件下形成的体育赛事无形资产，由于这一类资产多是经体育赛事组织高投入和长期努力才得以形成，并能给体育赛事带来较高收益，赛事组织对其享有在一定期限、一定地域内的占有、使用、收益和处置的权利，真正成为体育赛事的知识产权。因专利技术和专有技术是体育赛事技术创新的成果，也是知识产权中的最主要构成部分。对这类技术创新成果可以申请专利，也可以不申请。而专利权作为一种专有权，一般受时间、地域的限制，在规定时间和地域范围内，未经许可使用是违法的。但因对鼓励技术扩散、提高技术对社会发展的考虑，专利超过时间限制后就成为公开技术。而专有技术主要通过内部保密措施维护其专有权，与专利权相比，只要内部保密工作不出问题，这种专有权是没有时间、地域限制的。具体内容如下：①对赛事开幕式、闭幕式等过程中出现的艺术表演活动及录音制品及广播享有的权利；②在体育赛事创造活动领域的发明享有的权利；③对赛事中科学发现享有的权利；④对赛事产品外观设计的权利；⑤对赛事商品商标、服务商标、厂商名称及标志享有的权利；⑥对反对不正当竞争享有的权利；⑦其他与赛事相关领域智力活动创造的一切权利。

#### 2.　人力资本无形资产

人力资本就是体现在赛事劳动者身上的知识、技能、创造力、领导力等智力资源，即人力资源中的智力部分，包括获取成本和学习成本。赛事组织不能占有其员工，但是为了赛事顺利进行，赛事组织要对工作人员和志愿者等劳动者投入大量的资源。例如，培训、从精神和物质上适当补偿，提高工作人员的积极性和减少赛事期间人员的流动。赛事组织建立的体系可以使工作人员之间分享信息，并且在工作人员大脑中植入默契的知识和经验。人力资源是体育赛事最重要的资源，可分为劳力和智力两部分，劳力是体力的消耗，而智力则是人类知识和技能的综合，是长期教育、培训等人力投资的结果，因而是比体力更重要的资源。智力涵盖的内容包括：①赛事工作人员（管理人员、运动员、裁判员、志愿者、赛事服务人员等）的专业知识和技术能力，包括赛事经验、受教育的程度与技能、培训方式、管理教育；②学习能力，如知识的共享、与团体的协调一致、解决问题的能力；③组织管理能力，本是指赛事管理层在组织、协调、管理、沟通交流等方面存在的优势，可能获得的潜在利益。赛事管理的文化观、价值观、管理制度、权责管理、激励制度、业绩评价、团队合作、现代管理方法的应用程度等项目在现行的会计核算上均不做计量、确认和披露，但它们是赛事无形资产经营成败的关键基础资产。

　　对人力资本内涵的理解，主要还是集中在智力资源部分上，舒尔茨虽说过人力资本包括数量的含义，但他紧接着又指出提高质量更为重要。与市场资产、知识资产等无形资产不同的是，人力资本并不为组织者所有，而是属于员工个人所有，即人力资本具有与其所有者的不可分离性。一方面，体育赛事组织者只有了解一个人的知识、技能和专业素质，才能知道如何安排合适的岗位更适合其才能的发挥；另一方面，人力资本与其所有者的不可分离性，意味着人力资本所有者容易懈怠。如何激励员工更努力地工作，成为赛事经营者要解决的重要问题。运动员在比赛中展现的精湛的运动技术、精彩的战术配合、坚定的意志品质和百折不屈的精神，共同构成文化精神产品。在市场经济条件下，人们须以支付费用的方式来享受层次更高、内涵更丰富、内容更精彩的体育赛事。这部分资产主要表现为门票销售、电视转播权和媒体报道权的出售等。体育名人的声望和名誉，体育赛事往往是名人齐聚、明星登场，吸引媒体和观众，带来不可估量的广告效应和门票销售。在市场经济环境中，体育赛事可以用独有的荣誉和他人分享来换取经济收益，实践中主要表现为赛事名称、徽章、吉祥物的冠名权和共享颁奖等荣誉时刻。人力资本的形成过程如图 2-3 所示。

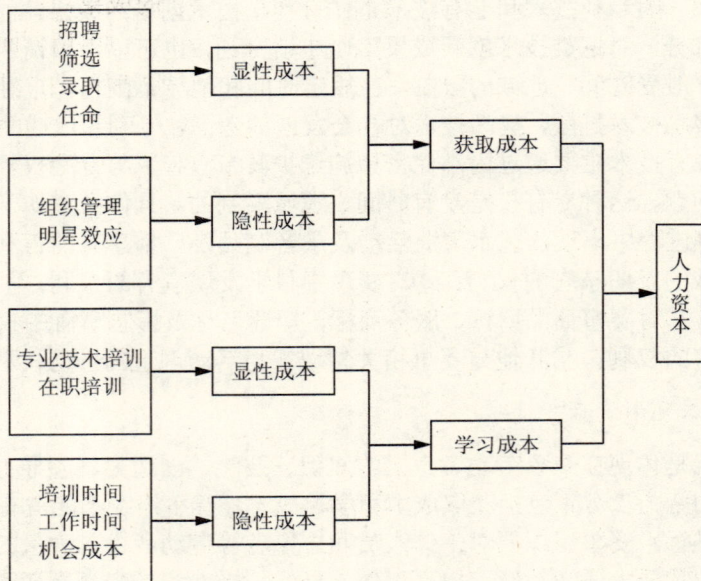

图 2-3　人力资本的形成过程

### 3. 结构资本无形资产

结构资本是使赛事得以有效运行的制度、程序、工作方式和技术等，包括顾客资本和组织资本，其中组织资本含创新资本和流程资本，具体表现为赛事文化、赛事信息技术系统、赛事管理制度、网络信息资本等。结构资本无形资产的重要性在于为赛事工作人员的交流提供了一个大的信息环境，使赛事得以安全、高效、有序地运转。赛事文化作为赛事的精神纽带在赛事活动中起了重要的作用，对内可以增强赛事人员的归属感、凝聚力，激发赛事人员的工作积极性和创造性，对外则有助于树立赛事的良好形象。先进的管理制度和管理模式，则是赛事各组织机构高效、优化组合，赛事顺利完成的前提和保证。它包含了赛事信息化的程度、内联网、数据库和数据应用分析软件、外联网的信息。信息系统的硬件设备一般作为固定资产记账，这里考虑的是那些未入账而更能发挥作用的信息资产。品牌信誉和顾客网络资产是通过长期积累和经常性的维护及补充而形成的。赛事的信息资产已成为信息时代的一种重要资源，若体育赛事不能很好地利用信息资源，就不可能发挥赛事的运营效果，就不能在市场竞争中获胜。计算机网络技术拓宽了信息资本，一方面体育赛事越来越多地利用内联网进行内部工作协调与信息管理；另一方面赛事组织更多地通过互联网、内联网与业务伙伴进行经济信息的交换和从事各种商业活动。所以各种交易事项的信息越来越以电子形式直接存在于计算机网络中。

另外，会计系统与其他业务系统实现联结，赛事各部门发生的经济事项信息可存储于同一数据库中，从而互联网下的信息系统以各类经济活动事项为中心来组织数据，提供与各种决策模型相关的信息。体育赛事还可将内联网上的内部数据库内容通过防火墙传递到互联网上，经授权的使用者可访问赛事在互联网上的网站，阅读赛事经济事项报告，获取有关信息。远程通信技术使使用者在任何时间、地点都能按赛事需要，根据授权阅读赛事经济事项报告，直接从系统中取得所需信息，冲破了人们获取信息的时间、空间的束缚。

### 4. 市场资本无形资产

市场资本无形资产是指在市场营销过程中赛事所创造和拥有的与市场和客户相关联的无形资产，也就是获得潜在利益的总和，包括：①赛事品牌的信誉，如服务品牌、产品品牌；②赛事与客户的关系，如销售渠道、进货渠道、营销渠道；③合同，如专利使用权协定、特许经营权协定、经常性合同和使赛事有竞争优势的其他合同。市场资产之所以重要是因为它们能使赛事提供的服务在市场上获得竞争优势。赛事品牌表明了产品和服务的提供者是谁，并保证客户对赛事的认知和忠诚；客户信赖能保证对赛事的支持力度，有效的营销网络则保证所有可能的客户都能及时得到产品和服务，并最大限度地提高了无形资产的业绩，所有这些方面对于赛事的顺利开展是非常重要的。此外，更重要的一点是，市场资产是体育赛事实现技术创新成果价值和价值增值的重要途径，如果没有合适的市场资产提供支持，创新成果就难以实现市场化、商业化。当然赛事中的创新成果也要根据实际情况，努力研发。

此外，应增加一些新的无形资产项目，如信息资源、人力资源、租赁权、开办费、自创商誉、ISO 9000 质量体系认证、赛事绿色食品标志使用权、环境管理体系认证、品牌、供销网络等也应作为赛事的无形资产。1991 年我国在《计算机软件保护条例》中规定计算机软件是有载体的技术知识产品，无论是自行开发还是外部购置，计算机软件著作权的保护期限为 25 年，只要是赛事专用的，一次性开支费用较大的，能为赛事带来效益的计算机软件都应资本化。供销网络是赛事在长期供应与销售中逐渐形成与客户的合作关系，它也是商业秘密，有时由于赛事的运营人员流动而造成无形资产的流失，在市场竞争激烈的行业中，供销网络这一无形资产在赛事中发挥着越来越重要的作用，客户名单也是一项宝贵的无形资产。例如，北京一家汽车制造业，没有把客户名单看成无形资产，与外商合资后仍利用原来的客户资源，利润被外商分去大半，大大减少了中方的合资份额。据调查，近年来现已有 20 多家海外公司将 1000 多个组成我国企业名称或注册商标的字符抢先注册为一级域名，如 zhonghua（中华）、huanghe（黄河），在有些域名抢注者中，有的已与我国有关企业联系，以高价转让这些域名，这不仅造成企业的经济损失，还严重妨碍了企业以其为公众熟悉的名称进入国际市场。

### 2.3.6　体育赛事各无形资产要素间的关系

首先，人力资本是体育赛事中最具活力和创造性的部分。人力资本的创新活动是赛事举办成功和获取价值的重要源泉，也是产生其他无形资产的基础。如果把体育赛事无形资产构成看成一个同心圆，人力资本就处于这个同心圆的核心。但人力资本创新活动，离不开其他资产为它提供的支持和配合。

其次，知识资本是人力资本的创新结果，人力资本创新活动可促进知识资产的积累。知识资产价值的实现，离不开市场资产和基础结构性资产的支持，因此它处于同心圆的第二层。

再次，市场资本和结构资本都是显性的知识资产，是知识资产获得市场价值、实现价值增值的重要途径，是促成人力资本创新活动的重要条件。如果没有合适的市场资产和基础结构性资产所提供的技术环境支持，人力资本将失去创新的动力，就不能顺利转化为竞争方面的优势，知识资产的市场价值就难以实现和发挥，因此，市场资产和基础结构性资产也是赛事价值的重要源泉之一。

最后，市场资本和结构资本都是无形资产构成中的基础部分，它们的区别在于，前者为知识资产市场价值的实现提供支持，类似"经营性资产"；后者则为整个赛事的有效运营提供支持和保障，是无形资产中的基础。体育赛事各无形资产要素间的关系如图 2-4 所示。

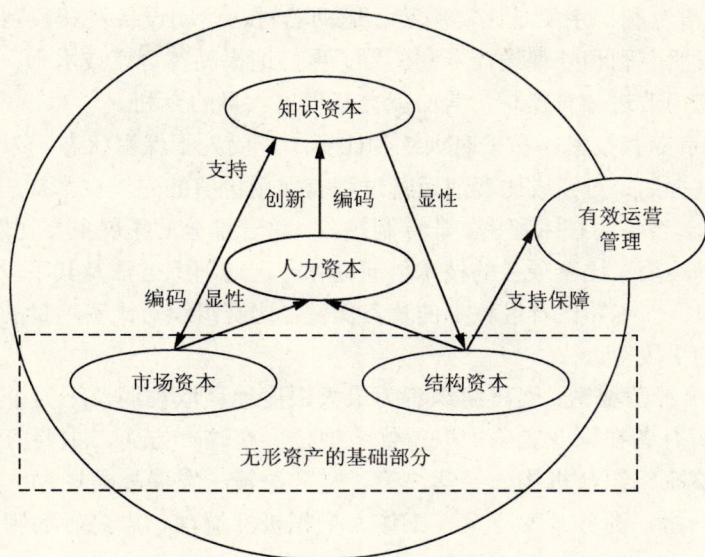

图 2-4  体育赛事无形资产构成要素间关系

# 2.4  体育赛事无形资产的拓展领域

根据体育赛事自身特点和相关理论,把体育赛事无形资产分为知识资本、结构资本、人力资本、市场资本等四类无形资产。结合体育赛事的牵涉部门多、筹办周期长、收益不确定性等特点,在四类无形资产内对体育赛事无形资产作进一步拓展。

### 2.4.1  知识资本无形资产的拓展

在体育赛事准备和进行过程中,每一项重大的体育科技创新都会带来一场体育技术的革命和进步。体育科研者充分发挥自己的聪明才智,进行广泛的科学研究,将仿生学、物理学、美学等知识,充分运用到田径、游泳、体操、滑冰等比赛项目的技术动作创新;把运动生理学、运动解剖学、遗传学等知识运用到运动员的选材、训练与恢复中;将材料学、仪表仪器、器械制造等知识充分运用到运动器械和裁判仪器的改进上,这些创造性成果在每一次比赛中都有着不同程度的体现。计算机软件也被广泛应用到体育赛事中,媒体传播的交互能力也越来越先进。

1)体育赛事作品及传播媒介:在开幕式及闭幕式中,体育赛事作品及其传播媒介方面,每一次比赛都有着不同的文化体现,并具有体育原创性的智力成果(著作权客体)。在传播过程中产生的与原创体育赛事相关联的各种产品或传播媒介(邻接权客体)等,都是赛事文化领域中的知识创造性成果,都是创造者思想结晶的客观表现形式,包括文字或符号形式、形象形式、音像形式及有关运动技术表现形式。正如对体育无形财产权的特征分析,体育无形财产权以权利型无形财产权为主体,无形财产权的主体权利——知识产权在体育无形财产权中占的份额并不大。

2）体育赛事专利：主要是比赛服装、运动器材、运动设备及其裁判方面的实用新型专利、各项发明专利和外观设计专利。为了更好地提高体育竞技水平，在竞赛规则允许的条件下，努力改进体育器材，势必就会涌现出大量的专利。

3）体育赛事专有技术：在平时训练和比赛中，尚处于保密状态、未获得专利权、为部分人员所掌握的，对完成比赛或运营过程有实用价值的先进技术知识、特有经验和技能。专有技术，也称为技术秘密、非专利技术。这一部分的拓展主要在以下领域进行：比赛项目的战术运用；比赛项目的技术创新动作；运动训练方法及其手段；运动技战术训练方法及手段；训练和比赛过程中的营养保健；比赛组织对比赛项目的测试方法及手段；疲劳恢复的手段等。

4）体育赛事经营秘密：赛事组织者为最大限度地赢取利润及不为公众所知的信息或资料，能使所有者在同业竞争中取得优势地位。在这一方面，主要应该在赛事组织合作者、精简赛事组织与机构、经营决策、财务决策、发展战略规划、电视媒体、客户名单、营销网络、商务开发方案、工作人员积极性调动、志愿者的聘用等方面加强工作力度。

### 2.4.2　人力资本无形资产的拓展

#### 1. 赛事组织创新

赛事无形资产管理的创新特点是在注重赛事整体规模扩大的同时，更注重无形资产运营方式的自主化和分散化，多种方法、工具和信息技术共同作用于组织创新活动，各组织间要互相激励，互相学习，激活组织创新活动，如图 2-5 所示。赛事内部的整合建立在市场多元化需求基础之上；赛事组织的作业流程、按知识经济的要求进行根本性变革的组织系统；高效率、高弹性的网络系统；由集权制向分权制转变，同时组织职能设置由"橄榄"型向"哑铃"型转变的组织决策；无形资产的界限进一步扩大，拓宽运营面；动态地、快速地提高人的素质，尤其是管理者的素质。

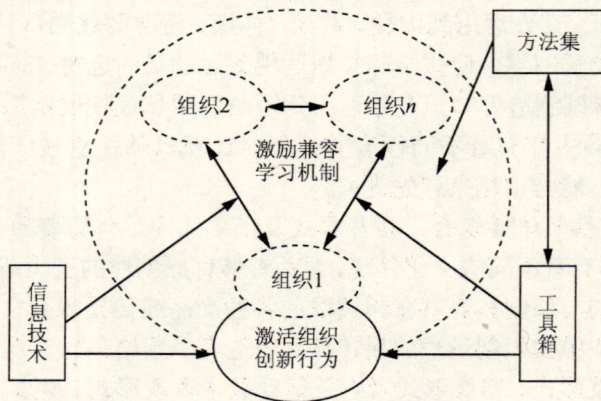

图 2-5　赛事组织创新

### 2. 体育人格标识

体育人格标识可以是任何自然人的形象标识，只要这种人格标识被用于与体育相关的服务或商品中，并不局限于体育明星。如果涉及知名体育人的人格标识时，适用范围也不仅仅局限于体育产品，还涵盖其他相关产业。姓名、肖像等人格标识应该是属于相应人格权的客体，在我国更侧重对这些人格标识的非财产性人格利益保护。但在商品经济条件下，人格标识的某些特征具有"第二次开发利用"的价值，其与特定商品的结合能够给消费者带来良好的影响。这种商事人格权已不再是一般人格意义上的形象权，而是具有财产价值的商品化的形象权。体育人格标识就是极具代表的一部分。

## 2.4.3　结构资本无形资产的拓展

### 1. 体育赛事域名

域名指连接到国际互联网上的计算机的地址，最主要的作用是标识功能，即可以在互联网上标识计算机的地址，其设计目的是便于收发邮件或访问网站。包括体育赛事组织机构、赞助企业、赞助团体的网址、体育赛事相关组织和体育明星介绍的网址等。随着国际互联网络的日益普及，体育域名注册的数量飞速增长，因注册和使用域名引发的官司频频发生，域名保护之间的冲突也愈演愈烈。因此，对于体育赛事及其相关组织的域名注册也是很重要的，域名应归属于识别性标志之列，是结构资本无形资产的一部分。

### 2. 信息资本

信息资本指由体育赛事运营商或体育主管部门所掌握，不对外公开相关商业性信息和资料。信息资源的获得者预计可以实现竞争市场上的信息优势，获取高于本行业一般收益水平的超额收益。

### 3. 管理方式创新

赛事无形资产管理要求赛事组织更重视智力、知识的投入，满足消费形式多样化。要把工作人员的职业教育作为赛事管理的基础，把拥有各方面知识的高素质人才作为管理问题的核心；将赛事中的管理培训及各种教育作为提高赛事管理水平的关键，从根本上全面提高工作人员素质，为其提供学习的机会和保障；以信息和知识共享为基础，促进赛事知识的运用、交流和更新；赛事组织必须根据知识经济带来的挑战和机遇，更新决策观念、程序、方法，把提高效率和效益作为管理的根本目的。

## 2.4.4　市场资本无形资产的拓展

### 1. 体育经营性资信

体育经营性资信是指体育相关主体在经营活动中所具有的经营资格、经营优势，以及在社会上所获得的商业信誉，是体育相关主体具有一种能使其获得高于同行业一般获利水平的超额盈利的经营能力，包括体育商誉、体育特许交易资格、体育特许专营资格及体育信用等。从其本质来讲，其来源有两个方面，一是来自于赛事组织或主管部门授予的资格，如赛事的主办权均由体育主管部门或政府主管部门许可承办；二是来自于社会公众对赛事的评价和信赖。

## 2. 特许经营

特许经营一词对应的英文是"Franchise"，词源为法语，原意为"免于奴隶、苦役的身份"。特许经营常常表现为政府特许的专营，如我国古代的铁、盐专卖制度。现代意义的特许经营制度发源于19世纪的美国，而后风行世界，如《大趋势》的作者约翰·拉斯比（John Lasby）所言，"特许经营是至今最为成功的营销观念"。体育赛事特许经营是由赛事组织者授予个人或法人主体的一项特权，是特许人和受许人之间的一种契约关系。这种关系包含两方面：一是政府授予的特许经营权，这在体育赛事特许经营资格里占有很重要的地位，包括各级各类体育竞赛表演活动的主办权和承办权、体育彩票的特许经营资格、职业俱乐部的特许经营资格等，一个城市或机构在拥有一项赛事举办权的同时，也便拥有了诸多无形资产的特许经营权；二是体育赛事本身所享有或允许其他产业享有的特许经营权，这主要指已享有办赛资格的体育主体方能授权给他人的一些特殊经营资格，主要是在广告、电视转播等方面进行拓展，对体育赛事来讲主要表现为赛事举办特许经营权（体育专业人员选拔权、专项资金获得权）、场馆广告开发权、体育赛事冠名权、运动场地使用权、户外广告开发权等。另外，体育组织还可利用特许经营权间接实现其他的相关经济利益，如转让电视转播权、赛事图书出版权、赛事音像制品发行权、人才转会权、选秀权、运动场地出租出借权等。

## 3. 赛事吉祥物标志使用权及衍生产品开发权

吉祥物开发是体育赛事无形资产开发的重要内容。另外，可以申请发行如信封、纪念币、纪念邮票、明信片等，这也可以扩大体育赛事的宣传力度。另外，转让体育赛事吉祥物标志使用权，进行衍生产品开发，在获得转让收入的同时也增加了体育赛事无形资产的横向产业化开发力度，带动相关产业如吉祥物玩具生产、运动休闲服饰、金属徽章纪念品、体育比赛用品等的发展。

## 4. 体育品牌

体育品牌是体育名称、符号、设计或者它们的组合，是可以给持有者带来产生溢价、增值的无形资产，区别于竞争对手的产品。品牌是经营主体进行的以文化、经营理念、资本、信用、创新等的持续性经营投入形成的，为消费者所认同、信赖的一种无形资产，预计会为经营主体带来经济利益的流入。体育运动品牌对体育赛事的发展有重要的促进作用，可以借助体育赛事发展自己。

## 5. 体育标识

体育标识是体育经营性标记中最重要的一部分，包括体育专用标识和体育商标两大类。体育专用标识是和体育竞技运动紧密相关的标志，包括各项体育赛事的会徽、会标、吉祥物、组委会名称等标志。由于我国体育产业发展比较缓慢，对大型赛事的商业运作不是很成熟，可以借助 2008 年北京奥运会这一体育赛事标志的范围，但不可侵权。2008 年北京奥运会的体育专用标识主要有：①奥林匹克五环标志、奥林匹克旗、奥林匹克格言、奥林匹克徽记、奥林匹克会歌；②奥林匹克、奥林匹亚、奥林匹克运动会及其简称等专有名称；③中华人民共和国奥林匹克委员会的名称、徽记、标志；④奥林匹克运动会申办委员会的徽记、名称、标志；⑤奥林匹克运动会组织委员会的名称、徽记，奥林匹克运动会的吉祥物、会歌、口号，奥林匹克运动会及其简称等标志；⑥《奥林匹克宪章》和《第 29 届奥林匹克运动会主办城市合同》中规定的其他与第 29 届奥林匹克运动会有关的标志。根据这些标识，在国内承办或举办其他赛事时，便可以充分借鉴《奥林匹克标志条例保护》范围，在不侵权的情况下尽力发挥赛事标识的作用。体育商标是在体育商品或体育服务上使用的，区别不同体育商品生产经营者和服务提供者所生产经营的体育商品或所提供的体育服务的一种标志。

### 6. 品牌效应

品牌是市场的边界，也是市场竞争的制高点，能给体育赛事和赞助企业带来巨大的无形收益。我国的体育用品制造业虽然起步较晚，但已成为世界上最大的体育用品生产基地，拥有全球 65%的体育用品生产能力。品牌蕴藏着巨大的无形财富，世界上不足3%的名牌产品占据了全球 50%的市场份额。目前我国真正有国际知名度的体育用品为数极少，没有一个国内品牌进入世界体育用品产值前十名，因此在品牌建设上应该努力开拓。在体育赛事无形资产的开发过程中，不断提高无形资产的附加值，高度重视体育用品的品牌效应。

### 7. 体育商号

商号是经营主体特定化的标志之一，可区分不同经营主体的名称，包括体育组织机构、体育中介机构、体育企业、体育团体（包括体育俱乐部、运动队）的名称等。商号作为企业特定化的标志，是企业具有法律人格的表现。经相关部门核准登记后，商号可以在合同、牌匾及商品包装等方面使用，其专有使用权不具有时间性的特点，随依附的厂商消亡才终止。对大多数体育生产厂家来说，商号与商标是不同的。一般而言，商标必须与其所依附的特定商品相联系而存在，而商号则必须与生产或经营该商品的特定厂商相联系而存在。体育赛事经营主体须经过登记才可使用体育商号，才具有排他专用权。体育商号是体育商事主体存续期间所创造的商誉载体，体育商誉的无形财产属性决定了体育商号的无形财产属性。财产的本质在于能带来一定的经济利益，可以通过转让等形式实现其价值，而不在于其是否有形。体育商号在使用中能为体育商事主体带来经济利益，并通过转让或授权使用为体育商事主体带来交换上的价值。

## 8. 体育赛事商誉

商誉即商业信誉与声誉，是商品经济发展到一定阶段的产物，是特定主体商业文化的一种特殊价值形态。在经济学中，商誉是指企业高于其他同行业的企业获利水平的一种超额盈利能力。在无形资产的评估实践中，商誉甚至被作为被评估对象的全部无形资产的代名词，将企业产权变更中资产账面数与实际交易数之差额作为"商誉"。商誉在20世纪引起人们的普遍关注，1901年在英国国内税收专员诉穆勒一案中，法院将商誉定义为"形成习惯的吸引人的力量"，"企业的良好名声、声誉和往来关系带来的惠益和优势"。商誉是体育赛事一项不可确指的、为赛事组织所拥有的，可预期未来利益的、由超额收益构成的软资产。体育赛事商誉是指体育组织者（包括体育俱乐部、体育赛事的主办方、体育用品经营商等）因经营活动（信誉、生产效率、管理水平和服务质量等）中具有的经济能力而在社会上获得的积极评价。赛事的信誉、名望、生产效率（由运动员表现出来的一种生产能力）、营销能力、管理水平和服务质量等方面胜人一筹，在同行业中处于优越地位而形成。它是公司整体形象的象征，不能像商标权、专利权等单项财产一样转让或出售，因此不能脱离公司整体而独立存在，属于一种综合性的无形财产。一般商誉能为赛事提供高于同行业平均资产利润率的超额利润，是赛事组织者在比赛、经营中逐步积累起来的荣誉，这不是来自国家、运动员各项综合素质和管理者自身素质或投入的物质财产因素，而是管理者本身努力和运动员自身创造性的劳动所带来的价值。体育赛事商誉不同于体育人的名誉，前者是针对法人，后者是针对自然人而言；前者属于商事领域，后者属于民事领域；前者是一种财产，后者只是一种人格。体育商誉也不同于体育商号。体育商誉的体现需要很多载体，包括其所依附的体育相关企业或体育人、体育企业名称、体育产品名称和包装、建筑物的风格，体育商号就是其中之一。

## 9. 体育赛事信用

信用指对一个人（自然人和法人）履行义务的能力，尤其是偿债能力的一种社会评价。从本质上讲，体育赛事信用也是体育商誉中的一种，主要是指某一个体育赛事组织机构、经营场馆、体育用品等体育相关主体生产体育用品、提供体育服务的能力。随着商品生产与交换活动的高度发达，信用的地位也越来越重要。风险是直接来自商品交换双方的给付行为与对待给付行为之间的时间差，信用的作用就在于减少或规避市场风险。

通过对体育赛事和无形资产等方面的论述，确定了体育赛事无形资产的确认标准和条件，进一步对体育赛事无形资产的分类借鉴前研究者的理论，结合体育赛事无形资产的特点和特殊性，用理论和举例相结合的办法对体育赛事无形资产的构成要素及其拓展领域进行详尽的研究，详见图2-6。

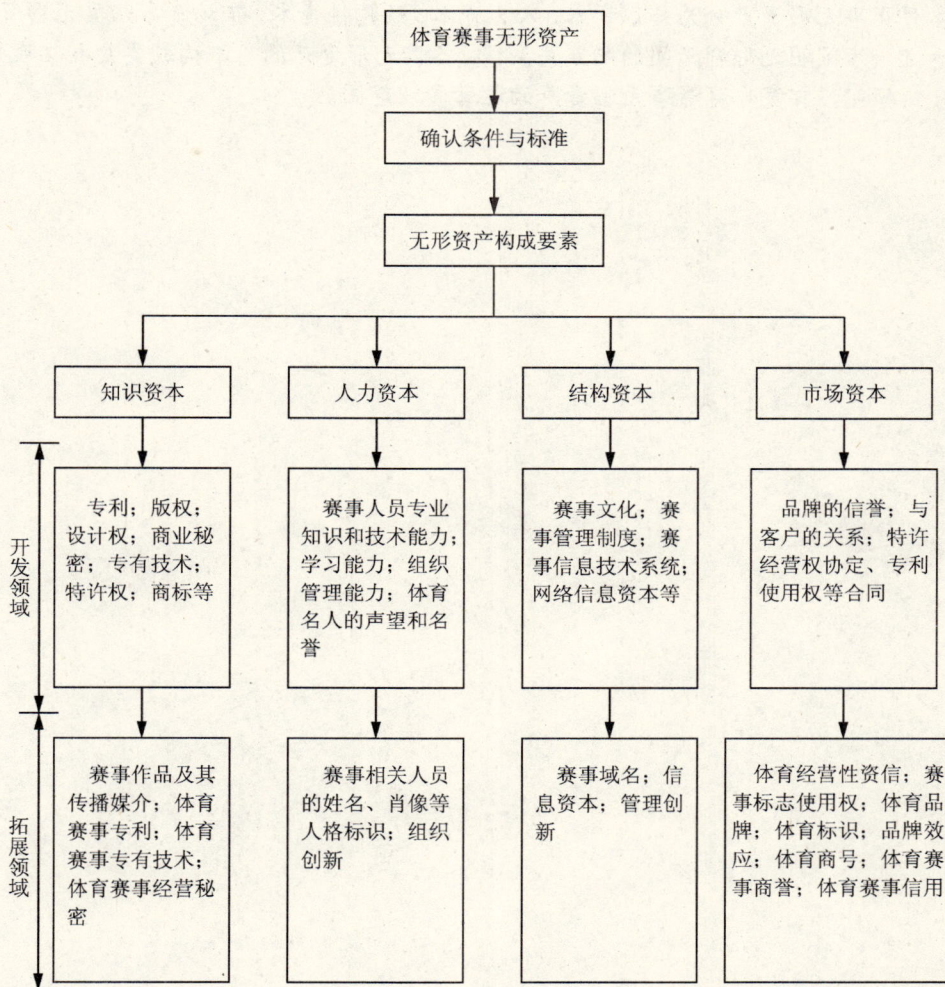

图 2-6　体育赛事无形资产的构成要素与拓展领域

~~~ 小　　结 ~~~

　　体育赛事无形资产是通过体育赛事实践形成并且主要为体育赛事组织拥有或者控制的，不具有实物形态的而主要以知识形态存在独占的，并且通过各种体育市场进行运营，能为其所有者与使用者产生超收益、可持续发展的经济资源。

　　体育赛事无形资产的确认标准：一是能够从体育赛事组织中分离或者划分出来，并能单独或者与相关合同、资产或者负债一起，用于出售、租赁、授予许可、转移或者交换；二是来源于合同性权利或者其他法定权利，不管这些权利是否可以从体育赛事或者其他权利及义务中转移或者分离。但只有满足了下列条件，即一是与该赛事无形资产有关的经济利益很可能流入体育赛事，二是该无形资产的成本能够可靠地计量，才能确认为无形资产。

　　体育赛事无形资产分为知识资本、人力资本、结构性资本、市场资本四类无形资产，用图示进一步阐明无形资产间的相互关系，对各类无形资产的基本构成要素和拓展领域进行分析研究，拓宽体育赛事无形资产的运营管理范围。

# 第 3 章　WSR 指导下的体育赛事无形资产运营管理

　　体育经济已经形成一个巨大的经济市场，体育赛事作为体育经济的载体，它的成功运营是关系到体育经济是否能取得最大经济效益与社会效益的关键因素。目前体育产业在发达国家已逐步成为国民经济的支柱产业之一，其提供的就业机会已超过农业、铁路、保险、电力等主要行业。美国体育产业年增加值占 GDP 总量的 2%，澳大利亚体育产业增加值占 GDP 的 2%。在美国和澳大利亚，体育产业既是朝阳产业，又是绿色产业。2008年北京奥运会拉动北京经济增长 1%～2%，拉动全国经济 3%～4%。有数据显示，美国体育产业对美国经济的贡献率占 11%，而我国体育产业的贡献率仅有 0.7%，可见差距比较大，但这也显示出我国体育产业的运营空间潜力巨大。大型的体育赛事需要维护和建设体育场馆、交通、通信、环保等设施，需要投入大量的人、财、物等均涉及无形资产。体育赛事不仅可以拉动经济增长，而且能带动产业结构的调整和升级，受益最直接的是第三产业，特别是旅游、商业、餐饮业、社会服务业、体育会展业、文化产业等。本章利用 WSR 系统方法论，采用整合运营的观点和方法对体育赛事无形资产运营进行分析。

　　体育赛事无形资产的运营是一项比较复杂的系统工程。所谓系统工程就是组织管理系统的规划、研究、设计、制造、实验和使用的科学方法，是一种对所有系统都具有普遍意义的科学方法，简单讲就是组织管理系统的技术。系统工程是一大类新的工程技术，它不同于其他传统的工程技术，研究问题和解决问题时注重整体优化，注重定性与定量研究相结合。钱学森院士提出现代科学技术和人类知识两个系统体系，详细论述了系统工程的地位。徐国志院士也认为系统工程区别于经典的工程技术，强调方法论是一项工程由概念到实体的具体过程，包括规范的确立，方案的产生与优化、实现、运行和反馈。信息时代的飞速发展，为体育赛事无形资产赋予了更加广阔的空间，发挥其作用关键是要看赛事组织者如何在系统方法论的基础上对无形资产进行运营管理。在 WSR 系统方法论指导下的运营管理恰当会起到事半功倍的效果。

## 3.1　体育赛事运营管理的相关理论

### 3.1.1　经营与运营的区别

　　经营是集体劳动和分工协作的产物，萌芽于商品经济，形成于市场经济，是市场经济的产物。整个国民经济在计划经济年代由国家经营，基本没有个人经营，但部分企业也有运营；市场经济初期的短缺经济时代，因产品供不应求和供求基本平衡，市场运营的重要性并不显著；唯具有买方市场的真正市场经济时代，市场对资源的配置发挥着更为基础的作用，丰富和发展了企业经营的内涵和外延。管理是对内而言的，强调对内部资源的整合和建立良好的工作秩序。一个人不需要管理，只有在集体劳动和分工协作时才会产生管理。运营是对外的，追求的是效益和效率，即控制内部成本和获取利益，追求从赛事外部获取资本、项目建立自身的影响，从而获取利润。经营是扩张性的，要抓住机会，积极进取；运营是收敛性的，要谨慎稳妥，要评估和控制风险，因此对无形资产的运营进行管理，就是要追求效益和效率，对赛事进行评估，控制风险。

### 3.1.2　体育赛事运营管理的概念

管理就是了解情况后做出决策，有着丰富的内涵和外延。管理过程包含发现问题、拟定方案和制定决策三个步骤，是决策的过程。发现问题就是管理者依靠经验或有关标准，通过收集系统运行中的相关信息，发现现行组织中存在的问题。拟定方案就是针对具体的问题找出多种解决的方法，并估计出每一方案将花费的人力、费用及其收益。制定决策就是经过综合考虑，实施最为合理的方案，并随时监督和控制实施情况。因为生产过程是生产力和生产关系组成的统一体，这决定着管理具有组织生产力与协调生产关系双重功能，由此管理具有双重性，其关系如图 3-1 所示。

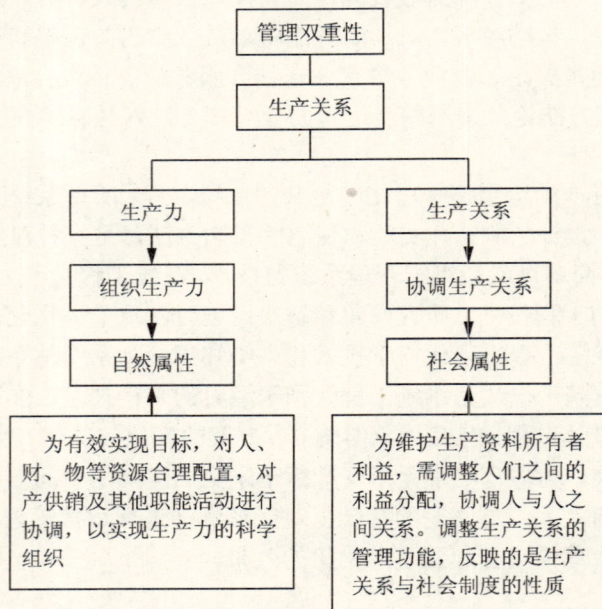

图 3-1　管理双重性示意图

管理既是科学又是艺术，是科学与艺术的完美结合。管理的科学性指发现、探索、总结和遵循客观规律，建立系统化的理论体系，建立在逻辑基础上，并在实践中运用管理原理与原则，使其成为规范化理性行为。管理的艺术性就是管理者面对复杂的管理对象，因人、因时、因事而灵活多变、因地制宜，创造性地运用管理技术与方法，在实践与经验基础上解决实际问题，创造管理的艺术与技巧。管理是科学与艺术的结合。说管理是科学，是因为它要遵循客观规律；说管理是艺术，是因为管理讲究灵活性与创造性。科学性与艺术性相互作用，共同发挥功能，从而实现目标。三者的进一步关系如图 3-2 所示。

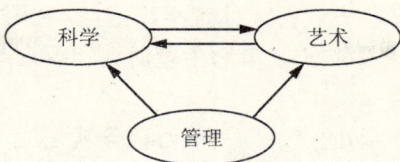

图 3-2　科学、管理与艺术之间的关系

运营管理（operations management）与生产管理、制造管理、生产与运作管理、运作管理、作业管理等概念相近，研究对象因主体有所不同，所以名称也就不同，实际上都反映了这一学科的发展过程。生产管理（production management）的主体是指产业革命以来的工业企业，其中制造业是典型代表；生产与运作管理（production and operations management）表明从第二产业向第三产业的过渡；运营管理主要面对的是服务性企业或行业。运营管理强调以经营为中心，体现时代发展的要求。简单地说，生产、运作、运营管理是一切组织的最基本职能之一，是按照特定要求把生产要素（投入的资源）转换为产品和服务的过程。

体育赛事运营管理就是对赛事运营过程的组织、计划、实施与控制，是与赛事产品生产和服务创造密切关系的各项管理工作的总称。体育赛事的举办，会促进承办城市的旅游、交通、金融通信、保险等生产要素的发展，原来的有形产品的生产已经不能全部概括服务业所表现出来的生产形式。服务业的兴起使生产的概念进一步扩展，逐步容纳了非制造的服务业领域，不仅包括有形产品的制造，而且包括无形服务的提供。因此实施有效的运营管理尤为重要。对体育赛事亦是如此，体育赛事主要就是服务，作为赛事组织者和管理者，面对多方面的竞争压力，对运营管理也应深刻理解，运用这一知识最大程度地提高质量和生产率。现代管理理论认为运营管理按职能分为财务会计、技术、生产运营、市场营销和人力资源管理最基本的、最主要的五项职能。它们既相互独立又相互依赖，只有相互依赖和配合才能实现赛事的运营目标。赛事运营活动是这五大职能有机联系的、循环往复的过程，缺一不可。

### 3.1.3　体育赛事无形资产运营管理的对象

体育赛事运营管理的对象主要是体育赛事无形资产本身，借助商务合作来运营赛事自身无形资产及其产品。通过赛事无形资产运营进一步促进城市发展的是赛事运营过程和赛事运营系统。赛事无形资产运营过程是一个投入、转换、产出的过程，是一个劳动过程或价值增值的过程，它是赛事运营的第一大对象，赛事运营必须考虑对生产运营活动的计划、组织和控制。赛事运营系统是上述变换过程得以实现的手段。它的构成与变换过程中的物质转换过程和管理过程相对应，包括一个物质系统和一个管理系统。

赛事无形资产运营主要是为广大观众提供高质量的竞赛表演服务，为企业、个体、新闻和网络媒体等提供竞赛表演及其衍生产品服务，使赞助商获得良好的宣传效果及经济利润。在筹资及传媒功能等方面形成体育组织与赞助商之间互动互利的良性循环态势。因此，赛事运营的根本策略就是努力打造精品赛事，在不违背赛事项目规则要求等情况下，根据观众的欣赏水平和需要来设计和包装体育赛事，并进行合理的价格定位。

在促销策略方面，可以通过多种方式传递体育组织信息，利用观众对赛事的喜爱和期盼，运动员和教练员的个人形象和影响力，策划主题活动和观众参与赛事等方式，使体育组织与消费者相互融合和沟通。

体育赛事作为市场运营活动的产品，其核心任务就是通过对体育赛事的策划、包装与市场运营，提升体育赛事的商业价值，使赛事的组织者、经营者和赞助商共同获取尽量大的利润。因此，赛事运营需要专业的体育经纪公司或推广公司进行合作。在体育赛事产业链中的主要作用首先体现在它的增值性，即通过经纪公司的运作，使赛事产品更受消费者喜爱，进而带动赛事产品的增值；其次通过经纪公司的运作，实现各方利益共享，使赛事营销链上的各合作环节都能得到利润，各合作方都获得经济效益；最后通过经纪公司的运作，实现价值最大化，使赛事资源得到优化配置，提高整体竞争优势。

体育赛事运营管理就其运营对象而言，是对体育、企业和承办城市的运营。

1）运营体育。就是体育赛事组织者和经营者通过一系列经济活动和商业行为，将体育赛事本身作为产品和服务进行相应的包装、设计和策划，提升体育赛事的观赏价值和市场价值，将其进行市场化运作，获取相应的经济效益，获得一定的社会影响。运营体育赛事本身是体育赛事这一产品拥有者的最重要营销活动。

2）运营企业。企业通过赞助、冠名体育赛事等策略，借助体育赛事树立企业及其产品在公众中的品牌形象。借助企业及其产品不同于商业企业的传统营销及媒体广告等市场手段，是一种极具亲和力的市场运营策略。将体育赛事与赞助商的品牌推广紧密结合，属软性推销，其最大特点是功利性潜藏在公益性之下，易获得社会和市场的认同，从而达到赞助商品牌的推广和市场营销的目的。

3）运营城市。这是赛事运营最具社会价值、抽象概念和开发潜力的营销模式。赛事运营促进城市发展已得到普遍认可，并受到政府和社会的高度关注。体育赛事的承办可以从最直接的产业拉动相关产业，促进与经济关系密切的各行业的增长，提升举办城市的认知度。在体育赛事举办期间，将会吸引政府、民间和海外的投资，能够拉动举办城市经济的快速发展。体育赛事运营最重要的策略就是充分利用和挖掘体育赛事的品牌资源，并通过市场机制优化配置资源，达到经济效益和社会效益的最大化。此外，体育赛事还有提供精神产品和欣赏服务的功能，这是精神文化类非物质产品市场运营的特殊功能。

### 3.1.4　体育赛事无形资产运营管理的目标

赛事的规模不断扩大，其产品生产和服务过程日趋复杂，市场需求日益多样化、多变化，赛事之间的竞争日益激烈，这些因素使运营管理本身也不断发生变化。运营管理在赛事经营中作用越来越重要。信息技术突飞猛进的发展，为运营增添了新的有力手段，也使赛事运营的研究进入一个新阶段，使运营内容更丰富，范围更宽广，体系也更完整。赛事运营管理要控制的主要目标是赛事质量、成本、时间和柔性（灵活性/弹性/敏捷性）。

### 3.1.5　体育赛事无形资产运营管理的范围

无形资产在体育赛事运营中占有非常重要的位置，同有形资产相比，无形资产是体育赛事运营管理的主要范围。信息技术是运营管理的重要手段，由信息技术引起的管理模式和管理方法的变化，成为赛事运营的重要研究内容。现代运营管理涵盖的范围已不仅仅限于计划、组织与控制，而是扩大到包括赛事运营战略的制定、运营系统设计与运行等多个层次的内容。在赛事运营多样化前提下，努力搞好赛事运营，实现多样化和专业化的有机统一是现代赛事运营追求的目标。

体育赛事无形资产运营管理的内容较多，在此可以从不同角度出发，对体育赛事无形资产运营管理的内容进行分类研究。

1）从资产运动过程来看，体育赛事无形资产运营管理可以分为筹集资本、资本投入、资源配置，以及无形资产的形成与分配等发展阶段过程。

2）从资产运用的状态来看，体育赛事无形资产运营管理包括资产增量运营、资产存量运营两种。

无形资产增量运营是对新增的无形资产进行规划和运营管理活动，包括投资的管理、方案、决策、数量等。

无形资产存量运营是对运营主体过去的交易或事项，拥有或控制的无形资产所进行的规划和运营管理活动。

良好的运营状态要求经营主体通过资产合理投入、优化组合、分配增量资产、盘活存量资产，促进资产的合理流动和优化配置，提高运营效益。

3）从资产运营的方式来看，体育赛事无形资产运营管理包括外部交易型无形资产的运营管理和内部运用型无形资产的运营管理。

外部交易型无形资产运营是指对融资、联合、兼并、出售、承包及其他非货币性交易等方式植入的无形资产的运营管理，实现资本增值的方式。

内部运用型无形资产运营是对无形资产使用价值的深度开发和有效运用，实现资本增值的方式。

这就要求在体育赛事无形资产运营管理过程中应该有效地配置资源，不断地创新产品，加速资产周转，降低耗费，做好各阶段的管理与控制工作，实现资本投入质的提高和量的可持续增长，提高资本的产出效益，实现资本增值。

### 3.1.6　体育赛事无形资产运营管理的情况

近几年来，体育赛事无形资产的开发和运营主要有以下几个方面：一是为体育比赛、活动及体育组织冠名权的开发；二是为体育比赛、组织的标志、专利及使用权的开发；三是体育赛事转播权的转让；四是为体育组织和运动员名誉肖像权的投资经营和广告活动。部分协会在体育比赛和职业俱乐部赛事冠名权开发方面取得一定成绩，其收入占据俱乐部主要收入的很大份额。早在 1998 年，"维达杯全国排球联赛"的冠名权收入是 800 万元；中国篮协将男篮甲 A 联赛冠名权和推广权及 75%的广告场地权整体转让给国际管理集团，每年收入 300 多万美元；全国 12 家甲 A 篮球俱乐部冠名权收入达到 4600 万元，平均每家达到 380 多万元；全国甲 B 篮球俱乐部冠名权转让收入达到 1835 万元；各排球俱乐部冠名权转让收入达 100 万～500 万元；足球甲 A 俱乐部除冠名权收入之外，还进一步开发城市和球队的冠名权。而每逢国际大赛，中国体育代表团在代表称号和标志的特许使用权等方面获得的收入也是非常可观的。无论根据市场经济法则还是根据国际惯例，体育赛事的电视转播权均属于赛事主办者，国外体育赛事的转播权转让收入是一项很大的收入，但我国电视转播权的市场机制还不规范，关系没有理顺。

在"中国体育代表团"名义和标志的特许使用权开发方面，赛事无形资产运营取得了显著的成绩。第 26 届亚特兰大奥运会中国体育代表团名义、标志特许使用权转让和广告赞助总额达 4000 万元，有 60 家企业购买了指定产品称号，李宁公司以 800 万元购得四项唯一指定礼仪装备称号。第 13 届亚运会有 30 家中外企业购买了中国体育代表团专用标志和名义的特许使用权，赞助款、物总额达 3800 多万元，其中赞助资金 2300 万元，物资达到 1500 万元，格威特公司以 900 万元夺得了"唯一指定领奖装备"称号，这充分证明了无形资产的价值，并为今后广泛开拓无形资产开发领域奠定了基础。2003 年中国与巴西足球对抗赛，其中赞助商出资 1100 万元，广州市财政部门出资 150 万元，广州市足协出资 150 万元，广告、门票收入 800 万元，共 2200 万元，税前利润达 800 万元。因此，一场赛事会给企业带来难以估量的经济效益。

在体育赛事电视转播权方面，根据国际惯例理应属于赛事的主办者。国外体育赛事转播权的转让是一项很大的收入，主要用于赛事和有关开支。我国由于市场经济法规不健全和管理体制等方面的原因，赛事转播权转让等运作不佳，但电视转播权的有偿转让有所突破。利用无形资产以股份制的形式兴办俱乐部、兴建的基地受到各运动项目管理中心和运动协会的重视，而且成为比较普遍的一种投资形式，如高尔夫、游泳、棋类、网球、足球、保龄球等协会，但多数情况是以各协会的利益和提供训练条件等作为投资回报。

随着部分项目职业化进程的不断加快，体育中介市场在我国也开始发展起来。一些著名国际体育经纪公司纷纷涉足中国的竞赛市场，开展商业赛事的推广和营销工作。目前美国的国际管理集团、新亚体育股份有限公司、瑞士国际体育娱乐和休闲集团等国际代理商已介入国内体育赛事。在国外体育中介机构的推动下，国内的体育中介代理机构也开始出现。要培育出一个规范的体育中介市场，尽管我们还需要做大量的工作，但体育中介业作为新兴的体育市场，将在我国未来的体育产业发展中发挥越来越重要的作用。

### 3.1.7　我国体育赛事无形资产运营管理存在的问题

无形资产由来已久，体育赛事无形资产的概念一直不清晰。由于对它的定义一直没有非常权威的说法，这就对其界定产生一定的偏差，加之很多无形资产在会计方面不好确认，也不容易评估，所以很多人认为无形资产是无形的，不容易辨别，也不容易定量，因此不要说无形资产的运营，就是确定哪些资产是无形资产都比较困难。

#### 1. 体育赛事无形资产运营的整体规模太小

在国外体育产业发达的国家，无形资产的规模和所占收益的比例占 50%～60%，无形资产成为支撑体育产业发展的源动力。而我国体育产业领域当中的无形资产所占的比例不高，规模太小，严重影响了体育产业的发展和壮大。

### 2. 体育赛事无形资产的内部结构不合理

我国体育赛事无形资产的开发最为普遍的是竞赛活动举办权、特许经营权、竞赛活动冠名权，而体育赛事无形资产中的专利权、专有技术所占收益比例不高，市场开发程度较低的是运动员的明星效益和肖像权。我国体育赛事无形资产的运营重点还停留在较低的层次，而处于高端和核心领域的体育专利、专有技术却在低端徘徊。这种现状影响我国体育赛事无形资产的开发与运营，对提高我国体育产业的核心竞争力没有益处。

### 3. 体育赛事无形资产运营管理不善

我国体育产业起步较晚，衡量体育产业对国家经济的贡献主要看一些有形的、有实物特征的有形产品，忽略了体育赛事无形资产的运营与开发，体育赛事无形资产的运营意识薄弱。人们对体育赛事无形资产的整体认识不足导致了对体育赛事无形资产的运营与管理缺位。这种运营理念不利于无形资产的运营开发和利用，也制约了我国体育产业的发展和壮大。

### 4. 体育赛事资源的垄断性

我国政府部门及所属事业单位垄断了体育赛事、体育人才、体育场馆等重要的体育资源，对这些资源习惯于采取垄断和官办的运作方式，在管理体制方面存在的问题是政企不分、政事不分、管办不分。这种体制容易滋生腐败及官僚主义作风，从而使政府陷入大量的事务性工作，影响政府的工作效率，严重阻塞了企业、中介机构、社会团体等社会力量支持体育的渠道，进而切断了体育资源通过市场进行合理配置的渠道，限制了我国体育资源的效益最大化，结果必然阻碍我国体育产业的发展。

### 5. 缺乏精品赛事

体育产业发展的水平取决于一个国家是否拥有高水平的精品赛事。美国体育产业之所以成为支柱产业，关键是培育了橄榄球、篮球、冰球、棒球等四大职业联盟及美国大学生联赛，为美国公众提供了国际一流水平的精品赛事。我国没有培育符合中国文化特征的、深受人们喜爱的精品赛事，这种状况严重制约了我国体育竞赛表演业的发展。

### 6. 体育赛事缺乏专业中介机构的有力支持

体育竞赛表演业的发展离不开经验丰富的、专业化的、资金充足的大型体育中介机构、咨询公司和策划公司的帮助，如英国德勤公司、美国国际管理集团等，这些机构在体育赛事的组织、策划和包装过程中发挥了重要作用。

### 7. 体育赛事缺乏运营绩效评估

尽管赛事运营是一种较为科学的、先进的运营方式，但由于影响因素多，组委会应建立一个科学的赛事运营绩效评估体系，并加强监督，控制体育运营过程，从体育运营活动中获取一个满意的投资收益。赛事运营绩效系统侧重于对结果的评价，具有数据获取滞后性和忽视非财务业绩的片面性，且易诱导赛事的短期投资行为，使赛事缺乏创新动力。

## 3.2　体育赛事无形资产运营管理的影响因素

通过查阅大量文献，对体育赛事无形资产的运营管理进行归纳分析，其影响因素主要包含以下几个方面。

### 3.2.1　体育赛事组织结构和赛事文化

体育赛事无形资产的运营实施整合运营的战略，必然会打破现有的组织结构。人们规避风险的倾向在一定程度上势必造成组织变革的抵制力量。柔性的组织更加适应环境的变化，富有灵活性，组织变革时受到的抵制较少，更加适合多运营战略的需要。发展赛事文化，代表了体育赛事的精神气质，赛事战略的选择使赛事具有明确的前进方向，赛事文化是赛事运营战略的实施关键，为其提供成功的动力，两者应相互协调和适应。注重变革的赛事文化更加支持赛事运营战略的实施。

### 3.2.2　体育赛事无形资产运营的动力

技术创新是资本运营的动力，是体育赛事在市场竞争中取胜的手段，是无形资产的重要组成部分。技术创新是赛事不断增值的直接推动力，是资本扩张的催化剂。而我国体育赛事在技术创新方面存在许多障碍：研究开发与应用不足；技术创新主体错位；研发资金来源单一；技术创新与体育市场需求脱节，与科技界普遍缺乏联系，技术改进效果欠佳。技术、知识、产品等要素的创新能力较强，可以为赛事无形资产的运营提供强大的智力支持，持续的创新可以为赛事和顾客带来更多的感知价值。

### 3.2.3　体育赛事资本运营的战略规划

实施体育赛事运营战略是开展生产经营与资本运营的必然导向。"战略"一词被引申至经济领域是指全局性的、统领性的、左右胜败的谋略、方案和对策。战略对体育赛事具体的生产经营活动来说或许显得无关紧要，但赛事的资本运营却离不开战略。任何赛事都不可能确定是永远的胜者，瞬息万变的市场，今天的赢家有可能就是明天的败者。而部分弱势赛事在资本运营的方式上还存在着许多误区，主要体现为：缺乏战略管理的思想；贪大求全，重扩张轻收缩；对情况变化无所觉察或反应迟钝，不主动调整资产结构，坐失资本运营的良机，给体育赛事运营造成损失。

### 3.2.4　体育赛事无形资产的运营管理者

赛事运营者是对赛事发展具有远见卓识和捕捉能力，对发明或资源开发高瞻远瞩，对审度经济潜力具有特殊天资，并使其在投入使用后不断臻于完善的人。体育赛事运营者不仅关心生产与营销，更要关心资本运作；不仅善于管理整合内部资源，而且善于通过外部交易吸纳外部资源。

### 3.2.5　体育赛事无形资产的运营机制

市场经济条件下，市场主体的多元化和市场结构的复杂变化，使得市场信息量几十倍、几百倍地增长。由于受经济条件和时间的限制，需求者与供给者不可能花费很多的精力去了解和掌握赛事上大量的信息。在发达国家，他们以专业的、预见性、创造性的思维来发掘体育赛事市场的每一个有开发潜力的经济增值点。通过他们的专业知识和丰富的运作经验，使体育赛事运营获得成功。我国赛事无形资产的创新机制、信息、对外推广机制、战略导向机制等都不完善，在沟通赛事、运动队、传媒公司等方面发挥不出应有的作用。

### 3.2.6　体育赛事无形资产的运营渠道与手段

运营渠道是由促使产品和服务顺利被使用或消费的一些相互依存的组织组成的，而这些组织因共同利益结合在一起，互相依赖。市场竞争日趋激烈，渠道在运营活动中的地位是不可忽视的，要求赛事运营更加深入化和细致化，从而提高赛事资源的利用效率，渠道的凝聚与终端的控制在市场运营中显得日益重要。营销渠道的凝聚和整合为现代赛事进入市场竞争并获得一定的竞争优势提供了一个有力的突破口。现代体育赛事运营能力的培育也有赖于对营销渠道资源的凝聚和整合。渠道力是指体育赛事的运营渠道在市场上整合形成的竞争力。其培育使得赛事组织对于营销渠道的管理和重视也已经提升到了一个新的高度。

我国大多数赛事在复杂的体育市场上，没有把变革作为主要因素来考虑，仍把市场看作静态的和非人际的顾客的思想，运用的还是传统的定位策略，这种做法是以赛事组织为中心，而不是以顾客为中心。没有意识到以顾客为中心的新的体育运营环境中，这种静态的定位策略已不再适用现在的动态市场，赛事运营所需要的是一种新的市场定位模式，即动态定位。所谓动态定位是指体育赛事要随着市场环境的改变做出及时的调整，对自己进行正确定位，根据自身的资源条件，整合运用灵活多样的体育运营手段，向观众宣传推荐自己的产品，建立和发展差异化竞争优势，以适应经济和技术发展的要求。运营手段要灵活多变、鲜明、突出，才能深受欢迎。

### 3.2.7　体育赛事无形资产的协调功能

体育赛事协调力主要体现在赛事处理各利益关系者之间关系的问题上，协调好这些关系不仅为赛事运营活动的进行提供了一个有力的支撑，还为赛事在市场上运营竞争力的提升增加了一条通路。协调好这些关系，需要从以下两个方面来看：第一，与外部公众的协调力。体育赛事无形资产的营销活动不可避免地要与新闻媒体、供应商及政府等外部公众打交道。新闻媒体和政府通常扮演支持者、合作者的角色，体育赛事需要与他们合作，因而做好协调是很必要的。第二，与消费者的沟通。这其中体现的是顾客对赛事运营发展的重要性。顾客的需求是赛事无形资产产品推销的源动力。体育赛事必须要协调好与顾客的关系。这主要体现在创造顾客对赛事无形资产产品的需求，然后使赛事产品满足顾客的产品需求欲望上。

### 3.2.8　体育赛事无形资产运营的绩效评估

尽管赛事运营是一种较为科学的、先进的运营方式，但是由于其影响因素多、机理复杂，为此，赛事组委会应建立一个科学的体育运营绩效评估体系，控制体育运营过程，并加强监督，从其所进行的体育运营中获取一个满意的投资收益。但我国至今尚未形成赛事运营评估的科学方法体系。赛事运营绩效系统侧重于对结果的评价，具有获取数据的滞后性和忽视非财务业绩的片面性，且易诱导赛事的短期投资行为，使赛事缺乏创新动力。

# 3.3　WSR 指导无形资产运营管理的优势

方法和方法论是认识论上的两个不同范畴。方法是为完成一个既定目标的具体技术与工具，而方法论是高于方法而又对方法使用的指导，是进行探索的一般途径。

### 3.3.1　不同方法论的比较

#### 1．霍尔方法论

在操作层次上出现较早、影响最大的方法论是霍尔方法论。霍尔提出系统工程的三维结构模型，即逻辑维、时间维和专业维。逻辑维分提出问题、确立目标、系统分析、系统综合、系统评价、决策和实施等七个工作步骤。时间维的各阶段是按时间顺序排列的，分为设计、规划、研制、生产、安装、更新、运行等七个阶段。专业维形成系统工程的三维结构。人们在用霍尔方法论时做了很多演绎，内容丰富，尤其是它的逻辑维。

#### 2．综合集成方法论

综合集成方法论是从整体上考虑并解决问题的方法论，是在观念、人员、技术、管理方法等集成之上的高度综合，又在组合、合成、合并、复合、覆盖、包容、结合、融合等综合之上的高度集成。实质上是把专家、数据、信息和计算机体系结合起来，构成高度智能化的人机结合系统。综合集成方法论是系统工程方法论的前沿成果，需要进一步丰富和完善。

#### 3．软系统方法论

软系统方法论首先对问题做了界定与区分，问题是任何理论和方法研究的起点与归宿。从心理学观点来看，问题是为达到预定目标所要排除的障碍，包含起始状态、理想状态和环境状态。通常是既定的而且根据环境而变化的，目标是可能根据实际调整的。问题起始状态的模糊、不确定性及价值观念的多元化，造成问题的复杂化。问题具有空间性、层次性、实践性，其复杂程度取决于人们需求的强烈程度和需求得到的满足程度。

软系统方法论旨在提供一套使得在系统内各成员间开展自由的、开放的讨论和辩论的系统方法，使各种观念得到体现，并在此基础上达成对系统改进的方案。

4. WSR 系统方法论

WSR 系统方法论是在处理复杂问题时，既要考虑对象系统物的方面，又要考虑如何更好地使用这些物的方面，即事理，还要考虑认识问题、处理问题、实施管理与决策离不开人理。把三者结合起来，利用理性思维的逻辑性和形象思维的综合性与创造性，组织实践活动，产生最大效益。WSR 系统中的 W（物理），是管理客体，既包括内部的运营管理、生产运作管理、财务管理等领域，又包括外部的运营环境管理、社会责任管理。现代组织是开放的组织，在瞬息万变的经营环境中存在很大的不确定性，需要在运行的制度、机制等方面进行管理创新。WSR 系统中的 S（事理）是做事的道理，是由计划、组织、预测、决策、领导、控制等职能要素通过相互作用构成的。正确的具有成效性的管理应注重充分发挥人的主观能动性，实现运营管理方法、工具的创新发展。WSR 系统中的 R（人理）坚持以人为本，充分考虑人的因素，实现人的思维观念的创新发展。人理具体表现为领导层、管理层和执行层三个层次。领导层负责总体的战略、目标规划；管理层负责传达领导层的信息，进行员工的激励、沟通、协调；执行层则主要负责通过专业的知识技能，执行发展规划，并负责监督其他非管理层的业务操作者。

在四种方法论中，综合集成法和 WSR 方法论是我国创造的，具有东方思维的特点。从出现顺序上依次是霍尔、软系统、综合集成、WSR。

## 3.3.2　WSR 在体育赛事无形资产运营管理中的应用优势

WSR 系统方法论是我国顾基发教授在 20 世纪 90 年代早期提出的一种方法论，是解决复杂问题的工具。在观察和分析问题时，尤其是面对复杂特性系统时，WSR 系统方法论内含中国传统的哲学思辨，体现其独特性，是多种方法的综合统一。WSR 系统方法论将各种方法进行层次化、条理化，起到化繁为简的功效，是定性与定量分析综合集成的东方系统思想。人们在认识和改造复杂对象时，WSR 系统方法论认为要综合多种知识、工具和方法，加强人与人间的沟通和协调，知物理、晓事理、通人理，取得最佳的实践活动。

WSR 系统方法论突出认识和改造客观世界的主体的理念，即人在系统中的地位。其核心哲理和基本理念是在处理复杂问题时既要考虑对象物的一面，又要考虑这些物如何更好地被运用到事的方面。

从 WSR 系统方法论的内容来看，体育赛事无形资产不具备实物形式，但能为体育部门和体育组织使用，是具有使用价值并带来经济效益的无形资产和资源。无形资产的理论、赛事组织者等都需要组织协调，具体内容如表 3-1 所示。

表 3-1　WSR 系统方法论在赛事无形资产上的相关内容

| 要　素 | 物　理 | 事　理 | 人　理 |
|---|---|---|---|
| 道理 | 体育赛事无形资产的规则等理论 | 管理和运营理论 | 体育赛事组织者等相关人员的纪律规范等理论 |
| 对象 | 体育赛事的内部和外部运营的客观世界 | 由目标、计划、组织、预测、决策、领导、控制等职能要素通过相互作用构成的 | 领导层、管理层和执行层的智慧及其人际关系 |
| 着重点 | 赛事无形资产内涵及其功能分析 | 怎样发挥最大效益，怎么做，具有逻辑性 | 以人为本，充分考虑人的因素，实现人的思维观念的创新发展 |
| 原则 | 诚实，坚持真理，尽可能正确 | 协调各方面的关系，有效率，和谐共处，发挥人的主观能动性 | 人性，有效果，尽可能灵活 |
| 需要知识 | 自然科学 | 管理科学、系统科学、运筹学、运营学、营销学 | 人文知识、行为科学 |

WSR 系统方法论在赛事运营方面的主要优势如下：

1）WSR 系统方法论贯通自然科学、技术科学与社会科学，并使它们更深层更复杂地交叉、渗透与综合。以信息网络为核心工具，利用计算机建立无形资产数据信息库、模型库、知识库、方法库，不断吸收新的赛事无形资产数据、模型、方法充实系统本身，并随着时间、环境等条件变化分析调整模型，以更有效地指导赛事无形资产的活动。它将高度综合赛事无形资产的知识，充分运用信息，为更科学、更主动地实践赛事运营，提高人们认识无形资产服务。

2）WSR 系统方法论需要专家合作工作，发挥群体优势，产生的结果是局部之和大于整体。通过决策者、专家群体及赛事相关人员间的联系、沟通和协调，更好地了解决策者的目标、目的、要求、价值观、背景，以及赛事相关人员的个人状况及相互之间的关系、背景、价值取向和所处环境等，它将对实践活动主体的认识提高到与客体的高度，并运用社会学、人际关系学、心理学等多种学科的知识，将其尽最大可能地反映到模型方法的建立选取分析上。

3）WSR 系统方法论所采用的模型方法不是系统工程运筹学中的某一具体的模型方法，而是方法群、模型库，是包含许多方法的一种总体方法。利用的方法均充实到赛事运营的"事理"中去以丰富赛事无形资产的内容，拓宽解决问题的方法范围，提高它的科学性、系统性。在现代科学技术条件下，从认识到实践、再认识、再实践，如此循环，螺旋上升的实践论观点的具体化。

## 3.4　WSR 在体育赛事无形资产运营管理过程的步骤

WSR 系统方法论有一套工作步骤，来指导体育赛事无形资产的运营开展，各步骤的内容如表 3-2 所示。从管理学角度来看，WSR 系统方法论对无形资产的运营管理有很好的指导作用，很顺畅地完成了管理职能。从理解意图、调查分析，获取无形资产的经营信息，结合领导的意图，经过预测，正确地确立决策的目标，对目标进行分解，计算赛事无形资产的人力、物力和财力，拟定实施步骤和方法，制定相应的策略。通过组织和协调保证决策目标的实现和计划有效执行。在无形资产运营过程中采用市场营销信息系统（marketing information system，MKIS），有效地对运营信息收集、整理和分析，根据反馈信息来控制、协调整个无形资产运营管理过程。通过 WSR 系统方法论的六个步骤，对体育赛事无形资产运营进行实施，形成运营管理系统战略、信息系统规划。

表 3-2　WSR 系统方法论在体育赛事无形资产运营管理中的内容

| 步　骤 | WSR 系统方法论 | 运营管理系统 | 工作对象、目的 |
| --- | --- | --- | --- |
| 1 | 理解意图 | 了解体育赛事信息 | 组织范围 |
| 2 | 调查分析 | MKIS 收集数据分析 | 运营环境、战略、信息系统 |
| 3 | 形成目标 | 根据内外部信息提出目标 | 提出运营管理报告 |
| 4 | 建立模型 | 根据运营管理原则、策略方法建立运营管理模型 | 信息需求模式、管理模式和信息系统应用模式 |
| 5 | 协调关系 | 和谐发展观协调人与人之间的关系 | 协调组织部门间、组织部门与信息系统间、系统战略与赛事战略间的关系 |
| 6 | 提出建议 | 根据反馈信息提出建议 | 对运营管理模式做出评价，提出合理化的建议 |

### 3.4.1　理解意图

理解意图不仅仅是理解组委会领导意图，还可能包括管理人员、技术决策人员、一般的用户群。领导的愿望要清晰，这一阶段的工作就是愿望的接受、明确、深化、修改、完善等，体现了我国管理的特色，强调与领导的沟通，而不是一开始就强调个性和民主。体育赛事组委会要规划组织目标与赛事目标，规划必须和组织的整体目标保持一致。当赛事组织无形资产运营时，需要制定具体的分享目标并和整体目标相互一致。在有些情况下有必要成立一个组织机构来测试该项赛事，所以赛事目标和组织目标应该是相同的。但赛事组织者在制定具体运营目标和赛事运营策划前，需要掌握更多的重要信息。

### 3.4.2　调查分析

调查分析是一个物理分析过程，任何结论只有在仔细调查情况后才能得出。这一阶段的工作是分析可能的赛事资源、约束和相关的愿望等。要深入实际，在专家和群众配合下，开展调查分析，出具情况调查报告之类的书面文件，以便管理信息系统的运行。

运营管理需要从各方面收集、整理和分析信息，信息是制定所有规划的基础。对信息需要进行多层次研究分析，获得对赛事组织的状况、赛事运营对象及其企业、顾客的全面了解。因此需要建立和开发运营管理系统，对信息收集和整理，以便形成目标。MKIS 是一个由人员、机器设备和处理程序组成的、相互作用的结构系统。通过对市场信息的搜集与分析处理，满足运营人员的信息需要，并供营销决策者使用，以便使他们的运营计划、执行和控制具有更高的科学性和准确性。信息的收集依赖于 MKIS 的四个子系统。

（1）运营信息搜集子系统

运营信息搜集子系统是 MKIS 运作的首要环节，它搜集一切与体育赛事活动有关的信息。其主要任务是将大量与体育赛事无形资产运营决策有关的重要信息从系统外采集入 MKIS，以便进一步加工处理。这些信息通常来自体育赛事内部和外部两个方面，所以该系统又由内部环境记录系统和外部环境监测系统两部分组成。内部环境记录系统对反映内部环境状况的信息进行搜集，其主要作用是报告体育赛事的费用、现金流量及应收应付款等方面的数据资料。该系统信息来源主要有赛事财务会计部门的各种账目、报表、报告、市场开发部记录等。外部环境监测系统是对反映赛事外部运营环境各要素及发展变化的信息进行搜集，其主要作用是通过对体育赛事外部环境要素的观察跟踪及信息搜集，为体育赛事识别市场机会与环境威胁，进行科学的运营决策提供第一手准确而及时的信息。该系统搜集的信息来源有各种商用数据库、赞助商、客户供应商、竞争对手、政府机关等。

（2）市场运营调研子系统

市场运营调研子系统的主要任务是根据体育赛事运营工作面临的主要问题，对与某项具体的运营决策有关的信息进行有针对性的收集、分析和报告的过程。市场运营调研的信息包括：赛事市场潜量与销售潜量的估量；无形资产运营趋势分析；赛事行为研究；赛事产品的品牌、价格、分销渠道、促销研究等。

（3）运营信息加工整理子系统

运营信息加工整理子系统主要是对搜集子系统所收集到的大量繁杂无序的原始信息进行整理，负责建立、维护和更新信息数据库。具体工作是将原始信息或分析结果信息进行加工整理，对数据进行编码、分类、建立索引，使之有序化，存储追加新信息，修改删除旧信息，使其具有良好的检索功能。

（4）运营分析子系统

运营分析子系统是 MKIS 的核心。主要任务是对搜集子系统新收集到的原始信息数据及数据库中已有的信息数据进行统计，分析各运营信息变量的特性，并试图找出它们之间的相互关系，包括信息分析及建立在信息分析基础上的信息预测。可以帮助赛事管理者了解影响无形资产运营的变数及其影响程度、运营手段和无形资产收入之间的因果变量关系等，也可制成相应的网络决策树、线性规划等模型。

MKIS 收集、整理和分析信息数据，将运营活动的竞争力分析及时传给相关人员，有助于管理者进行决策，为赛事组织者开发一套模型。从模型可以看到，需要收集各种信息以便于进行分析，如图 3-3 所示。

内部数据　　　　　　　　　　　　　　　　外部数据

内部交易系统 → 规划软件系统

・市场情报
・以往赛事信息
・在线数据信息

利益相关群体档案

所有数据收集组织都是根据其与每一利益相关者的关系

・个人知识和经验
・会议备忘录
・赛事活动概要

赛会组织财务金融数据

・政府统计数据
・申办文件

・市场选择
・赛事关系网
・分享MKIS数据
・商业协会
・职业机构

采用数据库、数据挖掘软件、定量分析软件等来管理赛事运营

・运营战略
・目标市场定位
・赛事长期计划

・运营的运作
・短期策略
・决策

・拓展领域
・金融
・相关产品生产

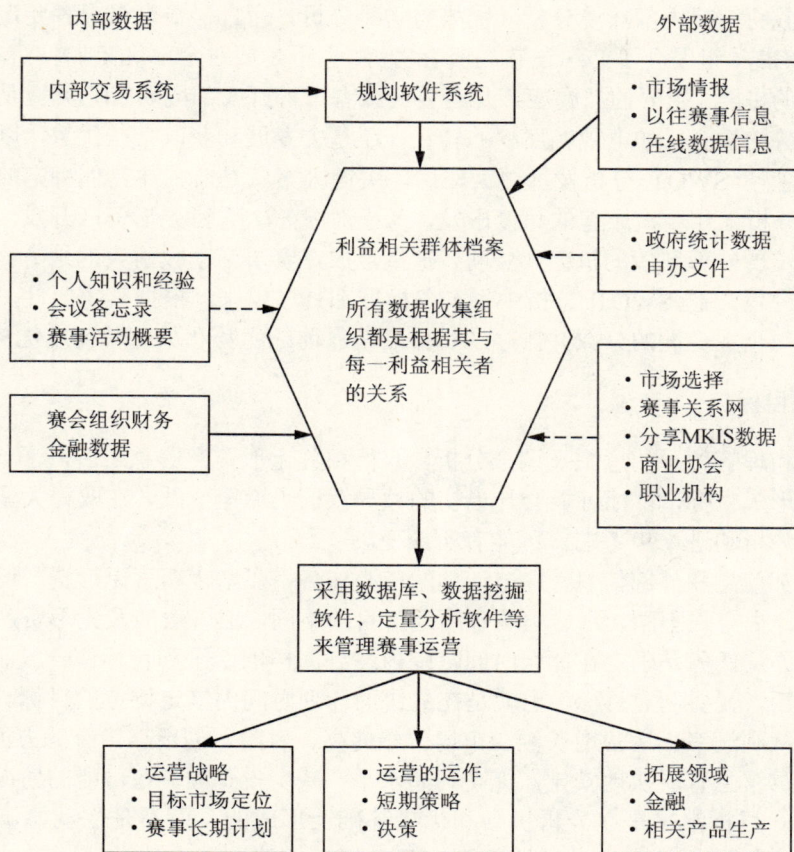

图 3-3　MKIS 模型调查系统示意图

———→　定期和经常获得数据
- - - →　根据需要获得的数据

　　在信息的收集、整理过程中，第一项关键内容涉及组织在运作中对赛事的深入了解和掌握。通过分析赛事无形资产发现，对大多数赛事来说，最大的威胁就是那些可以替代的娱乐活动带来的影响。市场份额和利润方面的信息对无形资产的运营活动的研究同样重要，研究的重点要放在已使用的战略上，特别是根据竞争需要，采取什么样的战略。信息方面的第二项关键内容是组织者对现有和潜在顾客群的深入了解，通过所得的数据进行市场细分和选择目标市场。信息方面的第三项关键内容是分析组委会的当前状况，主要是通过对内容运营活动的考察，了解和掌握运营战略、资源使用和评估结果。就是要发现哪些地方可以改进和完善，重新回顾当前运营活动，从历史角度深入了解当前活动如何开展。对赛事活动的运营环境进行 SWOT 分析，主要是监察外部和内部的运营环境。就外部环境分析（机会与威胁分析）而言，主要是监测影响无形资产运营业务技术的、政治法律的、社会文化环境等主要的宏观环境因素；微观环境因素主要是顾客、竞争者、分销渠道等参与者。了解环境的主要目标就是辨别新机会，辨明其明显的或隐

蔽的机会与威胁。就内部环境分析（优势与劣势分析）而言，赛事组织者要定期检查自己的优势与劣势，组委会不必纠正它的所有劣势，也不是要对全部优势加以获取和发展，以找到更好的机会。主要的问题应该是组委会或者市场开发部应研究它究竟是只局限在已拥有的优势的机会，如电视转播权的转让，还是去发展和获取某些优势，以找到更好的机会。为了使 SWOT 分析发挥更大作用，关键因素就是要关注具体特定的问题、产品和服务；分析工作要从顾客的角度出发，考虑对方怎么看待无形资产开发，应该从管理的角度来发现外部环境的机会和威胁，把重点放在赛事活动吸引人的地方；还有就是比较和匹配过程，把 SWOT 分析中每一条标准都列举出来，根据其重要性，给每一条标准都制定一个主观性的分数并排序。将排名较靠前的劣势和威胁转变成优势和机会。

### 3.4.3　形成目标

在领会和理解领导的意图及调查分析，取得相关无形资产信息之后，这一阶段开展的工作就是形成目标，目标可能会与当初的领导意图不完全一致，在取得大量信息的基础上，加以分析和进一步考虑，可能有所改变。

根据内部信息和外部信息，提出计划的核心任务，要结合赛事无形资产运营目标来考虑。尽管评估方式不同，每一项赛事的运营目的不同，但一般涉及无形资产的运营效益最大化。关键任务是确定在什么时间范围内达到怎样的水平和目标。一般而言，有了足够信息之后，就要制定目标，也就是在最快的计划时间内制定特定的目标。体育赛事运营的目标从利润率、运营增长额、市场份额提高、风险、创新、声誉等方面来描述。目标应按轻重缓急有层次地安排，提高利润水平，减少投资额，在可能的情况下，目标应量化考虑。目标水平是在分析机会和优势基础上形成的，而不是主观愿望的产物，必须具有现实性。另外，多目标情况下，各目标间应该协调一致。要同时达到运营和利润最大化是不可能的。

运营目标确定后，要对无形资产的市场进行选择。体育赛事无形资产的运营包括两种类型的目标市场。所有赛事活动都有参与者。体育赛事的一项特有性质就是参与者和观众都是赛事活动产品的内在部分。赛事组织机构利用消费者行为方面的知识区分具有相似特点的顾客群体，为组织采用有针对性的交流方式，更快接触顾客提供了可能性，这种计划过程叫作细分市场。这种方法把大范围的市场分为可识别的小部分，在每一部分中，顾客群体有相似的需求特性。市场细化的过程主要是找出市场细分的基本原则，而这些原则是建立在以市场为导向的研究成果上；要更深入地了解每一细分市场的关口，描绘出每一市场的特性，最终目标是服务每个细分市场中的特定顾客群体；要预测无形资产的细分市场的潜力和市场份额，并衡量成本和收益状况。

### 3.4.4　建立模型

这里的模型不一定指数学模型，还有可能是物理模型、概念模型、运作步骤、规则等。一般要通过与体育赛事无形资产相关领域的主体讨论、协商，在思考的基础上形成。在形成目标之后，可能开展的工作就是运营的设计，选择相应的运营方法、模型、规则和步骤来对目标进行分析处理，称之为建立模型。这一过程主要是运用物理和事理。

1. 体育赛事无形资产的运营原则

企业要在世界范围内提高自己的品牌认知度，每提高 1%就需要 2000 万美元的广告费，而借助大型的体育赛事，这种认知度可提高 10%。因此，如何搭乘体育营销这辆快车就成为世界众多大型企业的关注要点，中国石油化工集团公司签订了赞助 F1 赛事的合同，联想申办 TOP 计划成功，这都是中国体育营销史上的里程碑。赞助商要具备经营赞助权利的意识，获得赞助的赛事组织也要有效提供资源和进行共同的市场运作，才能实现双赢。如果赞助商的体育赞助费用是 1，那么用于市场推广的配套费用是 3，即赞助商需要花费相当于获得赞助权利 3 倍的资金去实现其赞助权利，这一点大多数赞助商意识不到。赛事运营有一条"二八定律"，即所有的体育运营项目本身最核心的工作占全部工作的 80%，还有 20%的工作是项目之外的辅助工作。因此，将赛事运营项目的资源尽可能利用好，就必须进行相应的辅助工作，这往往是决定赛事营销成功的关键。

（1）经济效益增值原则

增值性是资产的基本特征之一，资产是能够带来经济效益的资源，体育赛事无形资产运营的直接目的就是通过对无形资产本身的深度开发及与其他实体资产的组合等方式，实现资产的增值，这是由体育赛事无形资产的收益性特点决定的，经济效益增值原则是无形资产运营的首要原则。

（2）整体目标一致性原则

整体目标一致性原则要求在进行体育赛事无形资产运营过程中，应注重整体发展目标，从提高整体性效益出发，将经济效益、社会效益、生态效益等相结合，不能片面地追求某一项运营效益。这也要求在体育赛事无形资产运营管理过程中应结合具体赛事特点，准确定位，实现经济效益、社会效益、生态效益与赛事举办整体目标一致性。

（3）效率性原则

无形资产的构建、产业化转化需要一个过程，无形资产运营管理的一个重要内容就是通过增量的投入，加速无形资产的产业化过程，也就是无形资产周转速度提高的过程，所以，无形资产周转率在一定程度上决定了整体资产的增值率，这就要求无形资产运营管理过程中应坚持效率性原则，通过理顺产权关系，集中资本、人力投入，增强无形资产转化为现实生产力的能力，从而提高整体资产的增值率。

（4）互动性原则

无形资产与有形资产是相互依存、相互促进的，共同构成了资产的基本内容。互动性原则要求无形资产和有形资产应协同发展，不可偏废，提高资产整体利用效益，有形资产是生产的基础，是无形资产发挥作用的物质载体，无形资产是有形资产运营效益提高的重要影响因素。

（5）交易公平性原则

交易公平性原则是市场经济行为的一个基本原则，其要求各经营主体应在公平、公正的基础上进行资产评估，进行正常的市场交易。从当前市场交易情况看，由于无形资产自身表现形式的无形性，其价值的评估存在较大的难度，未来收益情况也难以确定，导致国内很多经济主体市场交易过程中一般比较注重实体资产的估价，意识上缺乏关于无形资产交易价值的估量，致使交易价格有非公允性。同时，实际生活中，由于信息不对称等原因，也会出现一些夸大无形资产的作用及其未来收益的情况，虚增无形资产价值，导致无形资产交易有失公平。

（6）整体资产结构优化原则

整体资产结构优化原则要求从提高资产结构优化角度进行无形资产运营评价。由于无形资产具有收益的风险性和不确定性，所以在考虑运营收益的同时，要全面考虑无形资产的运营成本，通过多方案比较，进行盈亏平衡风险性分析和敏感分析，研究各要素对整体资产结构优化提高的影响程度，提高整体资产结构优化程度。

（7）灵活性与谨慎性原则

由于无形资产内容的多样化，无形资产运营有不同的选择方式，应该从具体无形资产的实际特点出发，坚持运营的灵活性与谨慎性，即无形资产运营主体应根据不同的无形资产的实际特点、当时的市场环境、顾客的消费偏好、经营主体的发展目标需要等相关要求，采取灵活多变的运营策略进行谨慎运营，并从动态的角度，密切关注无形资产的运营状况，做好运营策略的修订工作，如专利权，应考虑当前的技术领先优势、替代性产品或技术的发展情况等。

2. 体育赛事无形资产的运营策略

策略是艺术，也是一种科学。一个计划完整的策略，可以在短时间内为体育赛事带来相当重要的竞争优势。一般情况下策略所产生的竞争优势不会维持得太长久，因为大部分好的策略在很短的时间内，就会被其他竞争者所模仿。一个好的竞争策略可以提供短暂的竞争优势，但是如果要建立长期的竞争优势，就要发挥体育赛事的主观能动性，同时整合各部门共同思考出有效而且持久的赛事策略。哈佛大学策略大师迈克尔·波特（Michael Porter）认为策略就是做选择，设定何者可为与不可为，选择赛事，并且根据所属赛事的位置量身制定出一整套活动。体育赛事组织者要经营好无形资产，就要根据赛事条件，抢占市场份额，从而获得超额利润。运作良好的运营策略必须具有现实性、科学性和完整性。策略的现实性就是在进行策略思维时，必须充分考虑体育赛事的实际情况和竞赛项目的发展趋势，谨慎而细致地做好决策可行性论证，时刻注意到决策目标的现实可能性。策略的科学性就是在进行策略论证时，必须运用科学的方法与手段。在实施过程中要遵循循序渐进的原则，随时注意到策略制定与实施的科学性。策略的完整性就是在制定运营策略时，不能只顾及赛事的当前利益，而是要放眼未来，考虑到赛事的长远发展目标。

（1）全面运营策略

全面运营的基础是发展、设计和执行运营计划、过程与活动。全面运营要求无形资产的各个方面要有广阔、统一的事业。主要涉及关系运营、整合运营、内部运营和社会责任运营四个方面。

1）关系运营主要是发展任何组织的牢固关系，将直接或间接影响组委会运营无形资产活动的成败。关系运营需要在合作中建立强有力的经济、技术和社会联系。其最终结果是要建立关系网络。发展牢固的关系需要了解不同群体的能力和资源，包括他们的需要、目标和愿望。同重要的关系成员要建立全方面的关系能使双方获取多样的利益。体育赛事是关系到国家、社会或地区的活动,有效利用关系营销会取得意想不到的效果。体育赛事的利益相关者通常以各种赛事及赛事进展的新闻发布、记者招待会及大型公益活动等形式来进行关系营销。体育赛事承办方可以借助公共利益相关者中影响力最大的政府支持,与大众媒体、社区等利益相关者搞好关系,从而推动关系营销的顺利、良性运转。

2)整合运营是要以体育赛事为核心,把多种运营方式整合在一起,促进不同的运营方式间的沟通且互为补充,更好地发挥协同效应,最大程度地宣传体育赛事,并以获得社会效益和经济效益最大化为目的。体育赛事整合运营模式中,所有运营沟通方式均围绕着体育赛事展开,持续地向广大消费者突出同一主题,重复传递同一理念,最终实现同一目标。不能出现不同部门、不同比赛所表达的内容不相吻合的现象。2008 年北京奥运会的理念是绿色奥运、科技奥运、人文奥运,具有浓厚的中国民族色彩的奥运吉祥物"福娃"表现"人文奥运"的精神,奥运场馆的建设集中强调"绿色奥运",奥运会主场馆的建设集中体现"科技奥运"的精神,三者有效合理地组合。不同整合营销沟通方式间存在着相互作用,体育赛事组委会在配置资源时,应避免在不同沟通方式上的重复投资,应依据沟通方式的投入收益率合理配置资源,使不同的运营方式间互补,充分发挥协同效应。整合运营主要是设计运营活动和整合全部运营计划,为消费者创造、传播和传递价值,运营计划中包括大量通过营销活动增值的决策。传播和传递价值要通过不同的运营活动,以合作利益最大化来调整不同的运营活动。设计与执行运营计划时要考虑全面,应整合需求管理、资源管理和网络管理。

3)内部运营要确保组织中每人均有适当的运营准则,尤其是高层管理人员。内部运营发生在两个方面,一方面各种不同的运营只需协调工作;另一方面运营需其他部门的支持。其任务就是雇用、培养、激励那些服务好、表现好的员工。

4)社会责任运营有助于理解伦理、环境、法律等同社会运营活动和计划的结合作用。社会责任要求运营者正确对待自己在社会中的地位。运营者要把赛事利益、消费者的需要满足和公共利益三者结合起来,运营时需考虑社会与道德问题。

全面运营策略就在于捕捉体育赛事无形资产价值的具有洞察力的计划,全面运营是整合了无形资产价值探索、价值创造和价值的传递过程,与关键的利益方建立长期互动的令人满意的关系。全面运营的框架表明体育赛事相关人员与以价值为基础的活动之间的作用是如何创造、维持无形资产运营的,具体框架如图 3-4 所示。

无形资产价值的探索就是组织者如何发现新的无形资产价值的机会。因为价值是通过市场体现,而市场本身是动态和充满竞争的。组委会要开发好无形资产这一战略就需要了解无形资产认知空间、体育赛事无形资产的能力空间和合作者的资源空间。无形资产的价值创造要求体育赛事相关无形资产开发的人员要从顾客的角度来定义新的顾客利益;利用自身业务领域的核心能力;在协调网络中选择和管理业务伙伴。运营人员要了解客户的所想、所需、所忧。价值传递意味着投资于基础建设和能力培养。客户关系管理就是要求赛事无形资产开发者要发现谁是他们的顾客,顾客的行为表现及需求。无形资产的开发要掌握内部资源，整合主要的业务程序，业务关系管理帮助组织者处理复杂的各方关系。

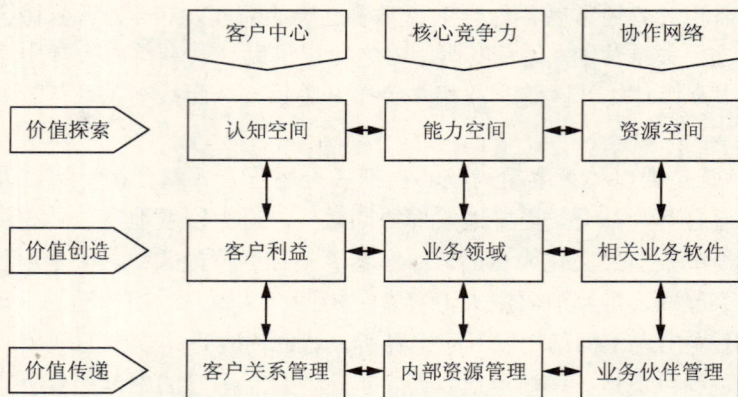

图 3-4　全面运营策略的框架

（2）虚拟一体化运营策略

虚拟一体化是以信息技术为基础，将有限的体育赛事经济资源集中于关键的、高附加值的功能上，而将次要的、低附加值的功能虚拟化，从而发挥自身最大的优势并最大限度地提高体育赛事竞争力。主要的虚拟一体化有合同制造网络和策略联盟。

1）合同制造网络通常是由拥有著名商标、品牌的赛事组织集中优势资源着重发展自身最具竞争力的产业、服务或产品项目，或者专注于业务环节中具有最高附加值功能、最关键构件的设计与运营规划。其他的次要环节甚至整个具体制造加工委托给外部的专业化生产的合同协作单位。在这一协作中，居于核心地位的赛事组织者应当甚至必须在相关业务领域的网络体系中拥有足以将其他协作单位聚合在一起的某种能力，如技术优势、信息优势、产业开发优势、市场网络优势等。合同制造网络的建立不仅极大地降低了赛事不同产品生产或不同作业过程的成本，而且能够迅速捕捉并适应市场需求的变化。

2）策略联盟是为抵御风险或达到互利等目的，而共同投资开发某个项目、产业领域或共享信息及其他资源等所结成的合作关系。具体可以是赛事或原本是同业竞争对手间的联盟，也可以是具有共同客户或消费群的赛事间组成的联合销售网络等。在进行虚拟一体化经营时，必须控制专利权、营销渠道和研究开发能力等关键性的资源。同时为了维护赛事及其品牌形象，保持竞争优势，还必须关注成本及产品生命周期等其他方面的平衡。

（3）控制运营成本策略

无形资产的运营需要建立快捷的信息反馈系统，控制广告成本，降低运营成本，实行"反损耗战"。赛事组委会要实行全面预算管理，积极调动一切可能的要素，围绕无形资产开发系统地展开工作，有效加强内部成本控制，通过交互式的有效沟通和预算管理的预测、协调及控制作用，使赛事无形资产运营预算目标更明确。树立整体价值最大化的观念、资金价值观念、风险观念、节约观念等先进的赛事理财方式，使财务管理实现在整个成本链上各个环节的节约，以更高的财务管理效率来提高体育赛事运营的资金利用效率。通过加强与组委会、传媒行业的合作，加强体育赛事无形资产运作的管理，围绕着赛事周期加强传播，扩大赞助商的种类与数量，创新品牌运营活动，保证赞助商的权益。以运用法律、行政与宣传等手段，扩大体育赛事无形资产在举办地的知名度与美誉度，保障赞助商、运动员的权益，维护赛事无形资产的尊严。

（4）体育赛事无形资产的精品战略

无形资产具有独占性，是体育赛事市场开发的潜力。物以稀为贵，越是稀缺资源，其市场增值的潜力越大，这条市场经济的规律同样适用于无形资产开发。为此，体育赛事要遵循少而精的原则，有计划、有步骤地培育和服务重点客户，如奥运会的 TOP 计划，突出赞助企业在行业中的尊贵地位，切实维护好他们的权益。按照"少即是多"的理念，严格控制合作伙伴、赞助商的征召数额，从企业资质、企业信誉、企业实力等方面来考查和选择招商对象，避免鱼龙混杂而扰乱市场秩序，破坏招商环境。实施精品战略，不仅能较好地完成体育赛事的筹资任务，而且切实保障赞助企业的各项权益，达到让赞助企业满意的效果。

（5）体育赛事无形资产合作的双赢策略

体育赛事筹备和举办过程中，赛事组织和赞助商是相互需求、相互依存的有机整体，赞助商在为赛事活动赞助的同时，也可以借助赛事运营来提高企业声誉、品牌形象，获取经济效益，实现互惠双赢。在体育赛事无形资产运营中，始终强调承办方与赞助商的合作，不能将企业的赞助行为演化为简单的买卖关系，切实维护赞助企业的权益，让赞助企业得到实惠，从而吸引更多的企业赞助体育赛事。在体育赛事运营前，要对市场进行充分调研，立足赞助企业的需求，结合体育赛事资源、媒体资源、行业收益等各项回报进行整理论证，保证赞助招商的回报体系与市场迅速对接。在推进招商工作的进程中，适时根据目标客户的特定需求，合理利用政府资源等策略，切实维护目标客户的实际利益。体育赛事组织要严格按合同约定兑现对赞助企业的承诺，为赞助企业着想，使赞助企业获得赞助效益的最大化。真正从营造双赢出发，使赞助企业通过赛事创造并提升品牌价值，实现与赞助企业的全面接触和深度沟通，促进体育赛事的长远发展。

3. 体育赛事无形资产的运营模式

体育赛事的举办可以提升地方形象，带动地方经济的发展。"体育赛事搭台，经贸交流唱戏"，许多地方都争相参与举办体育赛事，但如果运作不当，地方政府背上沉重债务的也不在少数。

（1）政府主导型的运营模式

政府主导型运营模式主要是由政府投资、主管部门经营、财政补贴亏损，这是我国以往很多大型赛事采用的方式，如北京亚运会。这种模式虽能保证赛事的顺利进行，但政府运作困难，耗资巨大，经济效益比较低，容易因为赛事的举办造成地方财政负担。

（2）市场主导型的运营模式

市场主导型运营模式是体育赛事通过市场化的方式来运作，这种方式经济效益明显，虽减少了政府的资金投入，但由于片面追求经济利益而影响体育赛事的教育功能等其他社会功能的发挥。体育赛事的商业化手段可以确保体育赛事的顺利进行，但过度的商业化会掩盖、削弱甚至损害体育赛事的目的。体育赛事是需要多部门配合的，仅仅靠赞助企业来承办，难以保障体育赛事的顺利进行。

（3）政府主导、市场运作的运营模式

体育赛事市场化是一种大胆的创新，从体育赛事的历史看，大多数体育场馆、交通设施、环境保护等投资主要由政府部门承担，而运动员村的建设、办公楼、商业中心、国际转播中心、私营高速公路等由私人企业投资。北京奥运场馆建设和投融资工作明确提出了"政府主导，市场运作"的指导思想。北京奥运场馆建设总投资 20 多亿美元，除北京奥组委出资 1.84 亿美元用于建设临时场馆和扩建部分场馆的改造，其余资金的筹措都遵循这个指导思想。借鉴历届奥运会成功的筹资经验，利用奥运会的品牌资源，运用政策、法律和经济手段对整个筹资和招标工作进行适当的组织、引导、协调和监督，吸引国内外有实力、信誉高的投资者参与项目建设。

政府投资对赛事的举行虽然有保障，但大量财力、人力的投入，不符合现在市场规则的发展。如果只为了追求经济利益而不顾赛事的社会功能，也不利于赛事的长期发展。因此，体育赛事无形资产的运营需要"政府主导，市场运作"的运营模式。"政府主导，市场运作"的体育赛事运营模式有利于政府转换职能，实行宏观调控；有利于政府从举办体育赛事的财政包袱中解脱出来；还有利于企业充分利用赛事影响营造自己的品牌产业。

**4. 体育赛事无形资产的运营方法**

一般来讲，我们需要采用"政府主导，市场运作"的运营模式，面对如此之多的体育赛事无形资产，对体育赛事运营还要讲究一些方法。下面对运营方法进行一定的补充。

（1）媒体传播

对承办者来说，要积极主动利用新闻媒体，在举办之前通过宣传赛事的主题和理念，引起观众的极大兴趣，增大体育赛事的新闻价值，扩大商机。体育赛事举办前，对赛事筹备的新闻应占据各大报纸、网站、电视的显要位置，有关赛事的重大新闻要在第一时间传到各地，引起人们关注，加强人们观看体育赛事的心理欲望。体育赛事多在露天或室内的体育赛场进行，由于受到体育赛场空间、位置的限制，任何一个体育赛场都无法满足所有体育消费者的需求。大众传媒便成了体育赛事延伸的重要工具，消费者通过大众传媒获得体育赛事的信息，因此与媒体的合作是体育赛事获得成功的关键。通过与世界范围内的电视台、报纸、杂志、广播等进行全方位的合作，保证体育赛事得到有效宣传。

随着 3G 时代的到来，手机与互联网联结更加紧密，以手机为载体的互动营销手段逐渐丰富起来。在体育赛事中，消费者期望更多的参与，更多地体验赛事的激情与魅力，实现与赛事的互动。基于此，体育赛事主办方可以举办摇号、竞猜获奖等活动，鼓励观众参与体育赛事，使观众体验到参与体育赛事的愉悦。

（2）事件运营

事件运营是赛事组织者在不损害公众利益的前提下，进行组织、策划，利用具有真实新闻价值的活动，通过运作有"热点效应"的事件来吸引媒体和社会公众的注意，达到提高社会知名度，塑造赛事良好形象，最终达成产品或服务销售的目的。在体育赛事举办过程中，可以运用该理论进行与赛事有关的、独具匠心的运营活动，获得更多的潜在观众的注意。但应注意的是事件运营的策划方案要与体育赛事的主题和理念相符合。

（3）体验运营

从体育赛事的消费过程来看，体育赛事可以看作是一种体验消费。主要从消费者的感官、情感、思考、行动等方面定义，设计体育赛事的运营方式。消费者参与体育赛事，感受体育挑战极限，追求超越的精深，为喜欢的运动员呐喊、助威，为他们的胜负而悲喜，是一种参与程度很高的活动。而当消费结束的时候，消费者又将体验过程作为记忆保存起来。

（4）网络运营

网络与人们生活息息相关，融为一体，借助网络进行体育赛事的营销便成为一种行之有效的运营方式，如赛事网站、网上直播、网上转播、网络新闻、旗帜广告和链接广告等。借助互联网发布商业信息可以高效率、低成本地满足消费者需求。体育赛事通过网络在线传播与观众形成互动平台，不仅可以提升知名度，还可获得不菲的收入。

（5）创意运营

创意是赛事无形资产运营过程中与其他团队的互动，或受到正在使用的新技术启发而形成的运营模式，部分可以通过知识产权法予以界定的，但也有不少针对体育赛事特点的创意不在知识产权法的保护范围内。其界定应参考另外的法律，以下讨论的就是此类不可能受知识产权法保护，同时又为举办体育赛事所需，使用后具有一定市场价值的创意产权的归属界定和保护。目的是在不影响体育赛事现有行政主导创意活动的条件下，通过明晰创意产权制度赋予创意者收益权，以便激励更多的人关心体育赛事，为体育赛事积极出谋划策，增加创意的供给。创意本质上是一种信息活动，其归属相对有形物较为复杂，根据是否为知识产权法律所保护可分为两大类：一是可被知识产权法保护的信息。包括软件、文字作品、版权作品等版权信息；专利信息、专利法所保护的技术信息；商业秘密和其他机密信息；特殊的标志，如商标、赛事名称等。这类信息有原创性，其信息内容要固定在有形表述工具上，在信息的传播范围内增加一个人消费该信息不会增加成本，但原创信息需要花费大量的成本。为了解决信息（内容）是公共产品，公共产品不具有排他性，从而也无法界定产权，而又要对它进行保护的矛盾，因此知识产权法的基本思路是作品思想与表述方式方面的两分原则。这意味着版权不保护情节的创意或主题思想，也不保护设计。版权保护的是著作未经许可的翻印或复制。二是许多知识产权法无法保护的创意：没有直接的商业目的，却又被社会所必需的理论和概念；没有固定在有形物上的原创性信息，如通过谈话表达出来好主意；原创性不具有较广阔的价值，而是针对某一局部，如针对体育赛事的点子，它是建立在特殊条件下的好主意、好点子，其他情况未必能；原创性仅适用一个较短的时期，这个时期以后就不再具有商业价值。

### 3.4.5　协调关系

和合的观念源于中国上古的风俗、仪式，中国上古时代的礼乐典仪融礼、仪、典、歌、舞、诗、乐、巫为一体，是与古代希腊奥林匹克运动和仪式相仿的，其宗旨在于追求一种人与神（天道、自然）、人与人之间的和合。中国古代的儒家文化和道家文化的主张各自不同，但都追求人天和合。儒家文化关注社会的治理，追求由自我到天地自然的和谐，强调积极有为，故而以"人道"为核心，推己及人，成己成物，尽心而知天。而道家则畏于乱世，寄情自然，直接与自然合一，鼓吹无为，心斋坐忘，以"天道"为核心，由天道推向人道。人道效法天道，即效法自然。儒、道两家虽然在人与自然、人与社会的和谐进路上有所不同，但互补互济，相得益彰。

体育赛事中的和谐思想具有重要的现实意义。人类面临着巨大的困境与冲突，主要表现为人与自然、人与社会、人与人，以及人的灵魂与体魄之间的冲突。体育赛事就是要在余暇时间推进人与自然、人与社会、人与人，以及人的灵魂与体魄之间的文明、和谐发展。赫拉克利特（Heraclitus）认为和谐是对立物的融合，自然界的一切事物都从对立中产生和谐，相同的东西不会产生和谐，相反的东西结合在一起，不同的音调造成最美的和谐。古希腊哲学家毕达哥拉斯（Pythagoras）则认为和谐便是宇宙秩序，是善，是美，是绝对的。宇宙中一切都存在和谐，和谐无时不有，无所不在。这种古希腊的和谐更多强调个体和谐，人神和谐。中国传统文化中的和合观念，是中华文化的核心理念。中华文明传统为我们提供了深厚而丰富的和谐思想资源。中华传统文化所包含的天人合一、以天合天的和谐自然观与政通人和、和为贵、和气生财的社会观，对协调关系是很有益处的。用和谐的观念来处理领导与属下的关系，可以促进赛事有条不紊地进行。

在处理问题时，由于每个人的价值观、立场、知识、利益、认知等方面的不同，对同一目标、同一问题、同一方案会有不同的看法和感受，往往需要协调。在这一阶段可能会出现一些新的关注点和议题，可能开展的工作就是相关主体的认知、利益协调。这一步骤属于人理的范围。成功源自体育赛事工作人员，荣誉归于赛事这一集体。体育赛事工作人员的上下联动、协调一致是体育赛事运营成功的根本保证。人人参与到体育赛事工作中去，认真负责，各环节密切配合、协调联动，是体育赛事顺利进行的保障。全方位的协同理念是赛事无形资产运营成功的原动力。整个赛事无形资产运营首先要强调协同理念并贯穿赛事全过程。各个层面的工作人员的协调配合、彼此沟通，充分体现赛事运营系统的大局意识，展现赛事运营系统协调配合的优势。协调配合，要处理好以下两方面的关系。

### 1. 协调工作人员与领导的关系

与领导的关系直接影响赛事无形资产的运营效果。领导站在全局的高度，权衡各方面的关系后，对体育赛事无形资产运营进行讨论决定，反映体育赛事的要求和大部分人的意志，所以要服从领导。人各有优缺点，对领导的缺点应采用灵活委婉的方式提出，要尊重领导的人格。为了体育赛事无形资产运营，要尊重领导的作用，应因势利导充分发挥领导的积极性，行之有效地支持体育赛事无形资产运营的工作。作为领导者，各有各的难处，应站在对方的角度进行换位思考，要体谅领导。

但领导要心系工作人员，把赛事规定宣传到位、落实到位、服务到位，尊重工作人员的首创精神，切实帮助工作人员解决问题，构建和谐关系。

2. 协调工作人员与社会的关系

构建有效机制，构建经济社会和谐发展的良好氛围。赛事组织者和工作人员在促进和谐发展的过程中，要切实履行职能。大力激发两方面的活力：一方面要激发工作人员运营无形资产的活力。另一方面，要激发领导的活力。各级领导要努力创造一个人人想干事、人人能干事、人人干成事的和谐的工作环境。

建立维护社会各种利益平衡稳定的协调机制。公平正义是支撑和谐社会的重要支柱。体育赛事组织者要切实履行这一重要职责，在充分发挥经济调控、市场监管职能作用的基础上，采取教育、协商、调解的办法，逐步建立以权利公平、机会公平、规则公平、分配公平为主要内容的社会公共服务和社会保障体系，为体育赛事营造宽松的社会环境。

建立促进体育赛事运营规范有序发展的运行机制。赛事组织者要切实履行依法行政的职责，加强经济制度建设，加强权力监督，规范行为。

建立社会安定协调的安全机制。要把社会安全、稳定作为社会和谐的底线，建立无形资产预警体系，加强公共安全监督管理，努力为赛事与社会协调发展创造安全稳定的环境。

### 3.4.6　提出建议

提出解决无形资产运营的建议，需要综合物理、事理、人理，且提出的建议要可行，尽可能使相关主体满意，最后让领导从更高层次去综合和权衡来决定是否采用。具体步骤如图 3-5 所示。

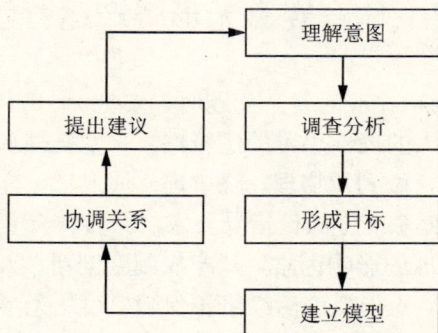

图 3-5　WSR 系统方法论流程

WSR 系统方法论的步骤是一个循环的过程，有时甚至实施结束了也不能算完成，还要进行实施后的反馈和检查。在 WSR 系统方法论运用过程中，需要遵循六个原则。

1）参与：与项目有联系的领导和相关人员要参与整个项目，在实践中吸取经验，改正错误。

2）综合集成：由于赛事无形资产涉及多种知识、信息，经常需要与讨论的专家意见进行综合分析，集各意见之长，摈弃之短，相互弥补。

3）以人为主的人机结合：在执行过程中，充分利用现代化的工具，把人员、信息、计算机、通信手段有机结合起来，提高工作效率。

4）迭代与学习：项目过程中无须一步到位，要实施考虑新信息，对极其复杂的问题要摸着石头过河，考虑要全面。

5）区别对待：尽管物理、事理、人理是有机统一体，彼此不可能分割，但不同的理必须区别对待。

6）开放性：项目的各方面和各环节要开放，增加信息的透明度。

通过以上 WSR 系统方法论的描述与基本步骤的分析，做出 WSR 的三维分析模型图，更清楚地表达 WSR 中的物理、事理、人理三者之间的关系，如图 3-6 所示。

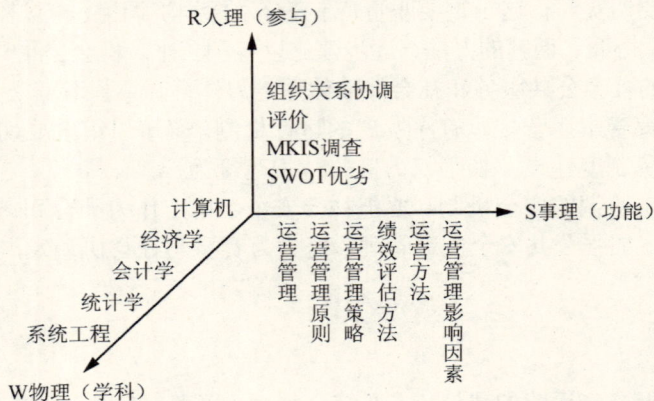

图 3-6　WSR 三维分析模型

## 3.5　WSR 指导下体育赛事无形资产运营管理的创新途径

WSR 系统方法论认为，在应对复杂问题时，要把 W-S-R（物理-事理-人理）这三方面结合起来，充分发挥人的理性思维的逻辑性，深度发掘形象思维的创造性，探知事物发展的规律和内在机理，做到知物理，晓事理，通人理，并以此付诸实践，以创造最大的收益。在此依据 WSR 系统方法论指导要求，结合体育赛事无形资产的特点与当前体育赛事无形资产运营管理的影响因素，从产权制度创新、人力资本的资本化运营、无形资产项目投资管理制度、无形资产后续维护保障制度、无形资产运营管理绩效评估制度等创新角度出发，研究体育赛事无形资产运营管理能力提高的途径。

### 3.5.1　产权制度创新管理

体育赛事是明显的规模经济活动，它在为广大群众提供服务性产品的同时，又是一项高投入、高风险、高产出的系统性活动，涉及举办方、赞助方、消费者等多方面利益关系，所以要使体育赛事无形资产运营达到经济效益、社会效益的最佳组合，必须有明晰的产业制度作保证。从体育赛事组织形式来看，一般由体育行政部门与企业联合，但这样会造成当前产业性质、产权关系不明确的现象，加之当前体育赛事无形资产评估体系的不完善，导致了双方后续的经营过程中在权、责、利的分配问题上冲突不断，这都影响赛事无形资产的持续经营和无形资产的价值增值,所以如果体育赛事无形资产管理过程中没有真正明晰的所有者（获得收益并承担经营风险的主体）,就无法保证赛事经营的长期可持续发展。

从我国体育产业化运行状况来看,当前我国大部分体育赛事的举办都是由政府为主导,政府既是体育赛事的举办者,又是赛事无形资产的运营者,这就导致体育赛事无形资产运营的市场化、产业化程度比较低,运营过程中不注重考虑投入产出关系,进而导致高投入、低产出,经济、社会效益不高的现象,使体育赛事产品边际成本过高,优质的服务市场难以维持,进而导致消费市场的萎缩,影响赛事投入者的生产积极性。因此要建立明晰的产权制度,实现体育赛事的举办→体育赛事无形资产开发→体育赛事无形资产的市场化运营→体育赛事无形资产后续维护→体育赛事无形资产数据库建立与管理→体育赛事无形资产的推广及后期开发等关键性环节的系统化运行。

明晰的产权制度建立包括以下方面。

第一,进行产权制度改革,减少政府的行政性干预行为,取消行业行政性垄断,改变政府作为体育赛事的强势投资主体的状况,鼓励更多的私营、集体经济投资体育事业,走开放式的体育发展模式,实现体育市场化的全面转型,真正体现体育赛事无形资产运营管理的市场效益性。

第二,明晰职能分工。首先,对规模小、区域性、运作经营比较健全的体育赛事,应该以赞助企业为主体负责赛事的具体经营与管理。其次,对于比较重要的国际级、洲际的大型体育赛事的举办,如奥运会、亚运会等,应考虑到当前我国体育产业发展规模小、经验不足、制度不健全的实际情况,由企业、中介组织、政府共同组成项目小组进行分工与协作,逐步形成以企业为经营主体,政府、中介组织为赛事举办提供相关信息辅助决策,社会各界共同参与的经营模式。由国家、中介组织、企业协同编制赛事举办申请计划,利用国家、社会的力量,从社会效益、国际效益提高的角度,避免企业资本单纯的逐利性,并随着我国体育产业的不断发展壮大的动态情况,逐渐实现以政府为主导到以企业为主导的转变。而在赛事运营阶段,坚持以企业为经营主体的同时,政府、中介组织可以向企业提出指导性意见,通过规范相应的规则,有效监督企业的运营,这样可以有效弥补企业自身因为信息化不对称、资本弱小等造成的市场不经济性,对体育赛事无形资产的形成与发展具有重要意义。赛事结束后的无形资产后续维护及后期开发阶段,则应该完全以企业为主体,根据市场化、产业化的要求进行推广与管理。

第三,初步建立以政府监管为主、以赛事组织为主要运营主体的发展模式。从赛事举办的经济效益、社会效益等方面思考,多角度、深层次地进行赛事的举办成本预算、开发及管理,真正实现谁投资就受益,但要担风险,真正实现体育赛事无形资产运营管理的市场化、产业化。

### 3.5.2　人力资本的资本化运营管理

资源和资本尽管表面上比较相近,但存在着本质区别:第一,两者表现形式不同。资源更多体现为未经开发的、自然形成的,资本则体现为经过筹划、创造和加工的,可以为赛事带来经济利益。第二,出发点不同。资源更多考虑的是丰裕度,是尚未开发的资本。而资本则更多地考虑成本投入与物质产出的关系。只有那些资源经过开发后可为赛事带来经济利益的资源才算资本。

人力资源又称劳动力资源，可以推动经济、社会发展，是具有劳动能力的人的总和，包括智力和体力两个基本方面。人力资本是存在于人体之中有价值的知识、技能和体魄等各质量因素的和。最早由美国学者舒尔茨（Schultz）和贝克尔（Becker）在 20 世纪 60 年代提出并初步形成了比较完善的理论体系。该理论认为人力资本的作用大于实体资本的作用，其核心是人口素质提高，并认为教育、智力投资是人力资本提高的主要途径。人力资本可分为专家型、技能型、一般型、管理型四种。一般来说，专家型、技能型的人力资本对体育赛事无形资产的形成具有核心作用，一般型的人力资本主要是对赛事无形资产形成起基础性作用，而在无形资产的管理阶段以管理型人力资本为主。

充分发挥专家型和技能型的人力资本，需建立人力资源到人力资本转化的管理制度。首先进行人才选拔前的规划，包括选拔目的、主要任务、工作要求等，根据工作需要实现"以岗定人"而非"以人设岗"制，以减少因选拔的人才不合适造成的流失性机会成本损失。在人才的开发与使用方面，鼓励创新，要建立对人才各方面的尊重与激励制度，顺利使所选拔的人才实现由人力资源到人力资本转化，并应建立动态的人力资本管理储备制度，对人力资本进行深层次的管理。

另外，技能型、专家型的人力资本对体育赛事无形资产的前期创意、设计、研发、运营等都具有直接促成作用，是无形资产构建的核心。从马斯洛需要层次理论讲，技能型、专家型的人才更多体现为对尊重和自我实现的需求，所以体育赛事无形资产运营的过程必须体现出以人为本，建立健全人力资本机制，鼓励个人发挥聪明才智创造无形资产，服务于体育赛事的开展，尊重个人创造。同时也要建立市场化、产业化的人力资本退出机制。当个人要转让、交易无形资产的产权时，应依据人力资本动态管理的原则，尊重个人选择，保障无形资产转让和交易的正常化，使交易顺利进行，实现人力资本的资本化运营。

### 3.5.3　创新完善体育赛事无形资产的运营管理制度

完善体育赛事无形资产运营管理，应该做好以下三个方面的工作。

#### 1. 无形资产运营目标管理

无形资产运营应结合经济环境、社会环境、技术环境的特点，从实际出发制定无形资产发展目标，在借鉴外来经验的基础上进行创新、吸收，形成自主产权。在无形资产运营时应有意识、有目的地开发一些具有市场价值并能适应文化多元化发展的无形资产，并通过资源整合扩大无形资产关联产品的生产，以确保无形资产开发顺利实现产业化经营，实现赛事无形资产产出效益最大化。

#### 2. 无形资产运营预算管理

在赛事组织前期阶段，可实施盈亏平衡点分析或目标预算、零基预算，对无形资产的构建成本进行运营预算管理。

1）收支预算，以货币为计量基础表示的运营管理收支计划。比较常用的是销售预算法，这是预算控制的基础。

2）时间、空间、投入产出预算，以某一时空范围内投入、产出情况为基础来表示的预算，一般有货币和实物两种方式。

3）投资研发费用、无形资产（专利技术、商标、电视转播权等）注册费用支出的预算管理。

4）流动资金预算是对现金、银行存款、其他货币资金等流动资金的收支预测，可用它来衡量现金使用情况和短期偿债能力的强弱。

5）相关硬件、网络基础建设预算，从现行会计法规看，硬件、网络实体建设不构成无形资产成本，但它们是无形资产价值实现的重要载体，特别是当前科技、信息的不断发展，使体育赛事无形资产价值实现对硬件、网络建设提出了更强的投入性要求，所以需要对相关硬件、网络基础建设预算。

6）资产负债预算，用来预测将来某一特定时期的资产、负债和所有者权益的数量变动和结构变化情况。

**3. 运营决策实施可行性管理**

在运营决策实施可行性管理分析时，可综合运用财务管理对投资回报率、投资回收期、投资利税率、经营安全率等相关知识，结合所制定的无形资产投资目标，用内含报酬率法、净现值法等相关方法进行运营决策。

在知识经济时代，某一项无形资产的运营或生命周期是比较有限的，由于产品开发时间缩短，高科技产品层出不穷，所以赛事组织需要对体育赛事无形资产的开发、运营进行投资决策的可行性分析，实现体育赛事无形资产的利润最大化。

（1）内含报酬率法下的运营方案

$$\text{FIRR} = \sum_{t=0}^{n} [C_t \times (1+R)^{-t}] \tag{3-1}$$

式中：FIRR 为内含报酬率；$C_t$ 为第 $t$ 年的净现金流量；$R$ 为折现率；$n$ 为项目的寿命周期。当投资的报酬率高于折现率 $R$（可用项目期望报酬率、相近行业平均报酬率、贷款利率等作参照）时，证实技术上可行。

（2）净现值法下的运营方案

$$\text{NPV} = \sum_{t=0}^{n} [(I_t - O_t) \times (1+R)^{-t}] \tag{3-2}$$

式中：NPV 为净现值；$I_t$ 为第 $t$ 年的现金流入量；$O_t$ 为第 $t$ 年的现金流出量；$R$ 为折现率；$n$ 为项目的寿命周期。当净现值大于零时，证实技术上可行，净现值最大的方案为最优方案，当净现值小于零时，应该舍弃方案。

（3）动态运营回收期法下的运营方案

动态运营回收期通常要考虑货币的时间价值，以项目净现金流量的现值补偿项目原始投资现值所花费的时间，动态运营回收期是项目从投资开始到累计折现现金流量等于零时所花费的时间，计算公式为

$$\sum_{t=0}^{P_t}(\mathrm{CI}-\mathrm{CO})_t\times(1+i_c)^{-t}=0 \qquad (3\text{-}3)$$

式中：$i_c$ 为基准收益率；$P_t$ 为动态运营回收期，所以

$$P_t=（累计折现值开始出现正值的年数-1）+\frac{上年累计折现值的绝对值}{当年净现金流量的折现值} \qquad (3\text{-}4)$$

假设项目的基准回收期为 $P_C$，经计算后如果 $P_t$ 小于 $P_C$ 则代表项目技术上可行，$P_t$ 越小代表项目投资可行性能力越好，如果 $P_t$ 大于 $P_C$ 代表项目不可行。

（4）运营安全率下的运营方案

通过 WSR 系统方法论可以找出符合我国基本国情的体育赛事无形资产运营方法，对运营情况用运营安全率来判定。运营安全率为

$$\partial=\frac{Q_A-Q_0}{Q_0}\times100\% \qquad (3\text{-}5)$$

式中：$Q_A$ 为实际收益；$Q_0$ 为盈亏平衡收益，$\partial$ 越大越好。当 $Q_A=Q_0$，为盈亏的平衡点；当 $\partial<0$，表示无形资产处于亏损状态；增大实际收益 $Q_A$ 可以增大 $\partial$ 值；若能降低 $Q_0$ 也可以增大 $\partial$，一般可以根据表 3-3 来判定无形资产的经营状况。

表 3-3　运营安全率与经营情况对照

| 经营安全率 | ≥30% | 25%~30% | 15%~25% | 10%~15% | ≤10% |
|---|---|---|---|---|---|
| 经营状况 | 健康 | 较好 | 一般 | 较差 | 危险 |

### 3.5.4　建立健全体育赛事无形资产的后续保障制度

赛事无形资产的后续维护是无形资产管理的重要环节，要求增强无形资产的所有者保护意识，必要时应成立专门的无形资产维护部门，针对不同的无形资产的特点进行分类维护，实现无形资产的后期维护。

1）有限期无形资产的维护保障制度。对于商标权、专利权、土地使用权、版权等在一定期限内受法律保护的有限期无形资产，这些无形资产被研制开发后，应及时申请注册，寻求法律保护。另外应注意专利权、商标权保护具有区域性范围的特点，无形资产持有主体应根据自身经营需要，适当申请国外专利和国外商标注册，以便更大范围地保护无形资产。当无形资产受到侵害时，无形资产持有主体应迅速反应，积极利用法律武器保护自己的合法权益。

2）无限期无形资产的维护保障制度。专有技术等无限期无形资产，对体育赛事经营主体的发展具有非常重要的作用。对无限期无形资产的维护，可以通过与相关技术人员签订技术开发与保密合同，建立起利益双方平等的约束机制，从制度设计上控制无形资产的流失。对泄露无形资产的行为，可通过设立无形资产维护部门依法快速做出反应，给予坚决制止。

3）无形资产价值的市场化、产业化后续发展保障制度。体育赛事无形资产创建后，由于市场环境的改变、顾客需求偏好的变化、运作策略失误等原因，有时会导致体育赛事无形资产的市场化、产业化转化过程具有一定的风险及不确定性，为保证体育赛事无

形资产的收益性及可持续性的后续发展，需要建立后续发展维护保障制度，结合风险识别、风险规避、风险应对与转化等环节，建立相关的数据库控制体系，为体育赛事无形资产的市场化、产业化后续发展提供制度保障。

## 3.6　构建体育赛事无形资产运营管理绩效评估体系

对体育赛事无形资产的运营管理，除了管理好无形资产的运营过程外，还应该建立完善无形资产运营管理绩效评估制度。通过设置适当的运营管理绩效评估指标体系来统一、正确地量化体育赛事无形资产运营管理的成果。

无形资产是一项可以带来经济利益的资源，所以在无形资产运营管理绩效评估制度的指标设置上，应首先体现无形资产收益性的特点，根据体育赛事无形资产开发、运营、后续维护、摊销等各个环节的具体特点，设置合适的评估指标。同时坚持整体性、综合性原则，以克服单项指标评估的局限，并结合各指标对项目整体系统运营中所反映的重要程度大小设置权重，然后在指标内容与权重相互结合的基础上，建立完整的体育赛事无形资产运营管理绩效评估体系。

在考核指标体系的层次设计上，坚持定量指标（财务指标）与定性指标（非财务指标与安全指标）相结合，其中定量指标在形式上包括绝对（数值变化）指标和相对（比率变价）指标，定性指标则主要包括与体育赛事无形资产开发运营有关，但不便于直接计量的指标，包括项目开发投入周期、管理团队创新、组织能力、技术装备更新水平、核心产业市场占有率、行业或区域影响力、目标顾客或市场的认同程度等。

### 3.6.1　体育赛事无形资产的财务指标

1. 无形资产收益率

无形资产收益率反映经营主体在一定时期内通过无形资产运营获得的报酬总额与平均无形资产总额的比率，是考核无形资产综合利用效果和盈利能力的重要指标，是营业主体一定期间的无形资产净收益与平均无形资产总额的比较。无形资产净收益是与无形资产运营相关的所有净收益，包括：与无形资产运营相关的净收益，应该全部计入无形资产净收益；对无形资产与有形资产产生的混合收益，可以按照一定比例（如可以采用无形资产与有形资产的公允价值比）来分摊计量。

$$无形资产收益率 = \frac{无形资产净收益}{平均无形资产总额} \tag{3-6}$$

$$平均无形资产总额 = \frac{期初无形资产总额 + 期末无形资产总额}{2} \tag{3-7}$$

一般来讲该数值越大，表明无形资产的运营效果越好，综合利用效果和盈利能力越强，数值越小，综合利用效果和盈利能力越弱，表示运营效果越差。

2. 无形资产保值增值率

对不同期间无形资产收益状况进行比较，反映无形资产收益率变动程度大小的动态考核指标，可用以下绝对指标和相对指标两种方法表示：

$$无形资产保值增值率（L_1）=\frac{本期（n）无形资产收益率}{上期（n-1）无形资产收益总额} \tag{3-8}$$

$$无形资产保值增值率（L_2）=\frac{本期（n）无形资产收益率}{Max（第m年无形资产收益率，n>m）} \tag{3-9}$$

$L_1$ 从收益总额数量上体现无形资产的增值变化情况；$L_2$ 将本期无形资产收益率与以前年度无形资产收益率最大值进行比较，体现本期无形资产收益率相对于最大收益率的比较差距。当 $L_1$、$L_2$ 均大于 0 时，$L_1$、$L_2$ 越大，说明无形资产增值能力越好，当 $L_1$、$L_2$ 均大于 1 时，说明本期无形资产超过历史比较期，实现了比较增值；当 $L_1$、$L_2$ 小于 0 时，说明无形资产运营效率下降，出现无形资产的流失或经营亏损。

### 3. 无形资产增长速度

反映无形资产的增长快慢的指标，可以用绝对指标和相对指标两种方法表示。当 $P$ 大于 0 或 $R$ 大于 1，说明无形资产实现了增值，$P$、$R$ 越大，说明增值能力越强，预计效益越高。

$$无形资产增长额（P）=期末无形资产总额-期初无形资产总额（绝对指标） \tag{3-10}$$

$$无形资产增长率（R）=\frac{本期无形资产增长额}{期初无形资产总额}（相对指标） \tag{3-11}$$

### 4. 无形资产流失率/减值率

在体育赛事无形资产经营过程中，有时候会由于管理不善、新的更高级的技术出现、替代产品的增加等原因，造成无形资产的市价下降，导致无形资产的可收回利益低于账面价值的情况，无形资产流失率和减值率越小，说明无形资产收益状况越稳定。这可以通过无形资产流失率和无形资产减值率来表示。

$$无形资产流失率=\frac{无形资产流失的价值}{期初无形资产的价值} \tag{3-12}$$

$$无形资产减值率=\frac{无形资产减值}{期初无形资产的价值} \tag{3-13}$$

### 5. 无形资产周转率

无形资产周转率指无形资产营业收入净额与平均无形资产总额的比率，用来衡量无形资产购建、使用等环节运行效率的指标。无形资产周转率越高，反映无形资产的购建、运行的速度越快，经济效益越高，可采用提高销售收入或处理、变现多余的无形资产，以提高无形资产的利用效率。可表示为

$$无形资产周转率=\frac{营业收入}{平均无形资产总额} \tag{3-14}$$

6. 无形资产成本费用利润率

无形资产成本费用利润率用来衡量知识类无形资产创作、研发、形成无形资产的能力，表示每投入一个单位的研发成本费用，可以实现的利润情况。该比率越大，说明无形资产创作、研发能力越强，经济效益越高。

$$\text{无形资产成本费用利润率} = \frac{\text{无形资产净收益}}{\text{营业成本}} \qquad (3\text{-}15)$$

### 3.6.2　体育赛事无形资产的非财务指标

1. 无形资产横向开发深度

无形资产横向开发深度指无形资产开发形成以后，在无形资产价值的市场化、产业化转化过程中实现的多行业、多种类产品横向开发及影响状况。现阶段，关于体育赛事无形资产的后续开发没有得到很好的重视，所以也导致当前体育赛事无形资产横向开发深度不够的实际情况。这直接影响了无形资产运营效率的提高。该指标的设定，能够直接体现体育赛事无形资产后续开发的市场化、产业化转化效率。

2. 管理团队创新、组织能力

管理团队创新、组织能力是指通过制度设计、程序设计和沟通渠道优化，使管理团队的成员协同发挥创造性思维的能力。在信息社会时代，管理团队创新、组织能力的培养是建设核心竞争力的重要内容，是促进人力资本培育和无形资产形成的组织保证。

3. 技术装备更新水平

一定的技术装备水平是无形资产形成的硬件保障，这就要求各经营主体在经营过程中应该关注行业动态，了解行业技术水平发展状况，在体育赛事设备使用上，可以通过改造挖潜老设备、引进和推广新技术新设备，保证赛事和裁判方面的技术装备需求，缩短开发周期，提高生产效率。

4. 核心产品市场竞争力

核心产品市场竞争力代表了赛事无形资产收入的高低、稳定及可持续状况，市场竞争力越强，说明无形资产运营管理的效益越高。

5. 行业或区域影响力

体育赛事无形资产运营的影响力主要体现在对关联行业、周围区域的影响力上，包括对前向关联产业（如体育赛事无形资产产业化后的产品的生产、销售等）、后向关联产业（如影响体育赛事无形资产开发运营的相关硬件设施建设、维护等）的影响带动作用，以及对所在区域经济发展、技术水平提高、产业结构优化的影响作用等。

### 6. 目标顾客或市场的认同程度

任何产品的生产都应该有一定的目标顾客，当前，由于我国体育产业市场经济的不完善，结构性供需关系的不平衡，以及信息不对称造成的市场纷乱，产品鱼龙混杂的现象仍然存在。对体育赛事无形资产的开发运营来讲，这就要求在无形资产开发前期进行市场预测，做好市场定位，准确确定目标顾客，只有这样才能保证无形资产后续运营管理的顺畅性、连续性，做到持续经营。而目标顾客或市场的认同程度正是市场对产品的质量、价格、服务、档次等各方面的综合反应，目标顾客或市场的认同程度越高，说明体育赛事无形资产开发、运营越成功。

## 3.6.3 体育赛事无形资产的安全性指标

### 1. 研发人员离职率指标

研发人员离职率是人力资源离职人员与人力资源人员的比率。人力资源尤其是研发员是无形资产运营的核心，研发人员的离职往往会造成体育赛事部分无形资产的流失，因此研发人员的离职率从一个侧面说明体育赛事无形资产的安全程度。

### 2. 体育赛事无形资产保护性支出比率指标

体育赛事无形资产保护性支出比率是指体育赛事组织者为了保护现有无形资产所付出的代价。

### 3. 体育赛事无形资产成新率指标

体育赛事无形资产成新率是无形资产尚可使用年限与其总寿命年限的比率。体育赛事无形资产运营管理绩效评估体系，如表 3-4 所示。

表 3-4　体育赛事无形资产运营管理绩效评估指标体系

| 评估一级指标 | 评估二级指标 |
| --- | --- |
| 体育赛事财务指标 | 1. 赛事无形资产收益率<br>2. 赛事无形资产保值增值率<br>3. 赛事无形资产增长速度<br>4. 赛事无形资产流失率/减值率<br>5. 赛事无形资产周转率<br>6. 赛事无形资产成本费用利润率 |
| 体育赛事非财务指标 | 7. 无形资产横向开发深度<br>8. 管理团队创新、组织能力<br>9. 技术装备更新水平<br>10. 核心产品市场竞争率<br>11. 行业或区域影响力<br>12. 目标顾客或市场的认同程度 |
| 体育赛事安全性指标 | 13. 研发人员离职率指标<br>14. 保护性支出比率指标<br>15. 成新率指标 |

## 小　结

体育赛事运营管理就是对赛事运营过程的计划、组织、实施与控制，是与赛事产品生产和服务创造密切相关的各项管理工作的总称，是一项比较复杂的系统工程。

本章对体育赛事无形资产运营管理的存在问题进行整合分析，发现在体育赛事无形资产运营管理方面还存在以下问题：体育赛事无形资产运营的整体规模太小；体育赛事无形资产的内部结构不合理；体育赛事无形资产运营管理不善；体育赛事资源的垄断性；缺乏精品赛事；体育赛事缺乏专业中介机构的有力支持；体育赛事缺乏运营绩效评估。

采用 WSR 系统方法论来指导体育赛事无形资产的运营管理。在 WSR 系统方法论中，采用 MKIS 对体育赛事无形资产的情况进行收集整理，为决策做准备。对体育赛事无形资产运营管理的原则和策略进行研究，提出了"政府主导，市场运作"的经营模式。以和谐的观念协调人与人之间的关系。建立体育赛事无形资产 WSR 三维分析模型，对影响体育赛事无形资产的运营管理因素和创新途径进行研究。

# 第4章 体育赛事无形资产评估
## 与预警系统

 我国资产评估是一个新兴的产业,随着知识经济的发展,无形资产运营同市场经济相结合,无形资产的出资及产权的交易成为普遍现象。由于我国资产与资本交易市场还不成熟,加上无形资产评估的特殊性,开展比较晚,市场信息披露不充分,科学而客观的无形资产评估为成功交易提供了很好的参考价值。我国的体育赛事逐年增多,国内承办的国际赛事也逐渐增多,而无形资产在赛事运营中起着很重要的作用,因此对赛事无形资产的评估是非常有必要的。但由于赛事无形资产的形态、价格形成及交易环境的特殊性,评估容易出现偏差,与实际生活中价格相比,其判断随意性大,因此存在提供的评估价值对交易失去参考意义等情况。从体育赛事的角度看,评估体系的形成对进一步规范无形资产运营的市场体系,推动赛事无形资产资本运营的规范与健康发展具有不可替代的重要功能。无形资产的评估为无形资产的运营和监管提供了科学尺度。因此,正确认识和评价无形资产在体育赛事中的地位和作用,建立无形资产评估制度,对推动体育赛事无形资产运营管理规范化改革与发展,防止资产流失,保障赛事资产安全具有重要意义。本章主要是对无形资产评估的意义、价值基础、评估方法、评估指标、危机预警进行研究。

## 4.1 国内外无形资产评估的现状分析

 发达国家的经济在逐步从以钢铁、汽车为基础的工业经济转变为以硅芯片、计算机为基础的知识经济,信息产业将成为全球经济中最为重要的资源和竞争要素。21世纪初期,发达国家从事有形产品生产的人员预计下降到10%,而从事技术创新和信息等无形产品生产的从业人员升高到90%。知识经济投入无形化,使资产投资向高技术产业和服务部门流动,特别是通信和信息技术,以及软件和专门技术的开发、人力资源的培训等研究与开发方面的无形资产投资,这些都是与人力资本和技能投资相联系的。经济全球化加快知识经济时代的步伐,以信息技术为代表的科技革命发展迅猛,国民经济越来越依靠科技进步,无形资产在经济资源中的日益显著。

 英国古典经济学家亚当·斯密(Adam Smith)在《爱尔兰的政治解剖》(1691)一书中,最早明确提出"思维是生产的,因为它节约了劳动"观点,明确提出了技术、发明等具有价值的观点。美国数学家柯布(Cobb)和经济学家道格拉斯(Douglas)提出了柯布-道格拉斯函数以分析生产中的各要素贡献。1926年我国著名学者杨汝梅先生在美国密歇根大学完成其博士论文《无形资产论》,于1933年以书名《商誉与无形资产》在美国出版。美国有影响力的《会计师手册》肯定并引用了该书的观点。1957年美国经济学家索罗(Solow)提出测定科技进步作用的余值法,从而开创了使用生产函数来测定科技进步作用的先河。罗素·帕尔的《知识产权：许可证和合资企业利益战略》和戈登·史密斯的《知识产权的评价与无形资产》对知识型无形资产的评估提出了一个完整的思路和方法。罗伯特·墨顿（Robert Merton）、费雪·布莱克（Fischer Black）和迈伦·舒尔斯（Myron Scholes）因金融期权定价的研究成果而获得诺贝尔经济学奖，他们所创立的定价公式即实物期权方法为高科技企业估值奠定了基础，而鲁宾斯坦（Rubinstein）和考克斯（Cox）、罗斯（Ross）的二项式定价模型关于离散时间的期权做出了简单的估价，这方便了实物期权模型的构造。1979 年联合国出版了《技术转让评价准则》，此书建议在国际技术贸易中将技术分成率的办法应用到技术估价，并将此称之为 LSLP（licensor，share，lieensee，profit）法。传统的计划经济体制下，中国学术界关于无形资产问题不可能进行认真细致的研究，而且对这一概念不予承认。然而改革开放以后，人们开始认同并重视无形资产问题。以上这些学说、理论和方法就是无形资产特别是关于技术型无形资产价值形成的重要理论，也就是评估方法的理论依据。

西方发达国家的产权交易市场起步比较早，市场发育比较成熟，且无形资产评估经历的发展时间较长，所以评估技术很先进，评估经验也很丰富。美国的资产评估业大约有 100 多年的历史，它是世界上评估水平较高的国家之一。就成本法的研究方面，兰德（Rand，1986）对成本法进行了研究，并探讨了其局限性及适用性。罗伯茨和埃里克（Roberts & Eric，1990）也将已有的成本理论应用到实践，并且根据实践对已有理论进行经验性探讨，但是现有的成本法理论应用于实践还存在许多不足，唐纳德（Donald，1988）分析了成本法在应用中的繁杂性，并针对其存在的不足，提出了一些质疑。国外就市场法的应用方面研究也不少，乔纳森（Jonathan）和多布罗（Dombrow）对市场法进行了深入研究，他们的基本思路是在比较成熟的交易市场上寻找与评估对象极为相似的参照物，将比较的指标利用科学方法加以确定，采用一定的方法对参照物的交易价予以差异调整，最后得出评估对象的评估值。多尔蒂和詹姆斯（Doherty & James，1996）根据被评估无形资产在未来能够为其持有者带来的收益高低来确定无形资产的价值，并对收益法的优点进行了深入的探讨。收益法评估其价值的直接对象是无形资产的获利能力，这就更符合无形资产的定义。

所有估值的资产包括有形资产和无形资产，它们作为标的资产价值，其变化过程可以假设为几何布朗运动。后续研究者引入了包含跳跃扩散过程在内的随机过程。虽然并未提出实物期权的确切定义，但是这种方法已经具有无形资产评估准则方面的内容，国外评估行业的规范中包含了无形资产评估。美国的无形资产评估并没有形成单独的评估管理体系，1987 年美国资产评估促进委员会修订并出版了《美国专业评估惯例统一标准》，1989 年美国联邦政府分布《不动产评估改革》法令，规范整个无形资产评估市场。1991 年我国国务院颁布了《国有资产评估管理办法》，于 1992 年颁布《国有资产评估管理办法施行细则》，该细则为国内资产评估业的根本大法。中国资产评估协会于 2001 年针对无形资产评估制定了《无形资产评估准则》。1994 年深圳市人民政府发布了《深圳经济特区无形资产评估管理办法》。

柳思维（2000）阐述了无形资产的概念与评估方法。伊万杰琳（Evangelia，2003）等学者将体育赛事给举办地带来的经济影响分为间接影响、直接影响和引致影响，其中引致影响和间接影响通常也被称为二次影响。雷选沛（2004）分析了无形资产的评估方法和运营策略，他基本上是沿用原来的方法，没有从根本上解决错综复杂的评估情况，但是通过实例对评估运用进行了描述。周武（2004）分析了我国职业篮球俱乐部无形资产，以权利型无形资产为主体，用三级指标对无形资产评估体系进行细化，在一定程度上体现了篮球俱乐部的评估体系。李军（2004）探讨了无形资产评估主体和方法等方面，并对各种无形资产进行了归类，但对体育赛事的无形资产评估缺乏针对性。王霖（2006）认为我国体育用品企业现实所具备的条件与英特品牌（Interbrand）评估法的假设及条件相差很大，而衍生而来的财务评估方法在评估因子的设置，因子与因子间的相互影响，品牌超额利润的确定等方面都改进了 Interbrand 评估法，并通过实证研究表明，在我国体育用品的品牌资产价值计算方面，该衍生方法能更好地反映出品牌的实际价值。曹向峰（2008）通过访谈及调查问卷对体育赛事无形资产的开发、存在问题与成因进行研究。郭敏刚（2008）提出场馆开发无形资产性质，组建专业场馆无形资产开发部门，建立信息交流中心和无形资产评估体系等。利维和费利西娅（Levy & Felicia，2008）认为现在还没有好的方法进行无形资产价值评估，市场为基础的模式、绩效管理模式、经济为基础的模式和实物期权等评估模式都不能为无形资产价值的评估提供一种从无形资产本身经验所得出的方法。知识不能得到信息，而是通过应用经验和发展中的假设获取信息，重视无形资产是试图建立一个价值的过程的一部分。刘可夫（2009）从公众影响力、荣誉象征、技术潜力、项目影响力等指标对运动员的无形资产运用层次分析法进行综合评估。

　　行业内外就什么是无形资产、评估方法、怎么评估和参数选取等分歧众多。由于诸方面的原因，资产评估行业的社会公信度不高，评估行业和协会力量比较薄弱，社会对资产的评估尤其是对无形资产评估的理论和实证研究还不够，评估技术比较落后。甚至就一些基本的概念及原则业内人士的认识也都存在分歧，更谈不上让社会普遍接受的问题。以上研究都从不同方法、不同视角及手段对无形资产进行评估分析，从一定程序上也对评估进行了论述，这对研究无形资产的评估具有一定的借鉴意义，但总的来说缺乏整体性，因为无形资产评估是一个错综复杂的过程，单单靠几种方法进行研究有所偏颇。在体育研究领域中，大多数研究者还是从场馆、品牌领域的视角来研究，因而缺乏全面性，且评估方法也比较单一，缺乏对照。尤其是对于赛事的研究更加少得可怜。

## 4.2　体育赛事无形资产的评估意义及存在问题

### 4.2.1　体育赛事无形资产的评估意义

　　对体育赛事无形资产进行评估，目的有两个方面：一方面是从体育赛事无形资产所涉及的经济行为来看，它能够直接规定并制约体育赛事无形资产评估的价值类型及评估方法的选择；另一方面是从无形资产评估结果的用途看，在合理预见的范围内评估有规避风险的作用，与此同时确定评估目的对于把握好无形资产的评估范围、评估对象及与无形资产评估相关的要素也有很大的作用。

1）体育赛事无形资产评估也有利于赛事科技市场的繁荣。体育赛事的竞争不仅仅是运动员体力的竞争，现在更多的科学技术运用到竞赛中，运动员的每一项技术的改变都是与科技分不开的。通过对无形资产评估，把握科技成果，提供科学的价格尺度，避免交易双方在价格方面上的争议，促进先进科学技术知识的推广和应用，大大增强科技人员的积极性，从而推动科技事业的发展。

2）体育赛事无形资产评估是加强知识产权及保护体育赛事本身合法权益的有力武器。随着市场经济竞争的日趋激烈，盗用赛事的徽标、会徽、吉祥物、广告，以及场地广告牌、名义、秩序册、著作权，侵犯他人专利权等违法行为也越来越多。通过对无形资产评估研究，应用无形资产价值评估方法使人们了解知识产权的真实价值，可以大大提高知识产权保护意识，并为处理侵权案件提供充分的依据。

3）体育赛事无形资产评估是提高赛事形象，扩大赛事影响的有效手段。赛事形象问题越来越受到政府和民众的重视。对赛事的宣传已经成为赛事承办方走向全国乃至全世界的重要途径。赛事主办方可以根据赛事所拥有的无形资产，并尽可能为体育赛事创造超出一般生产资料及生产条件所能创造的利润。

4）体育赛事无形资产评估是为防止赛事资产流失，适应赛事无形资产市场之间竞争的需要。体育赛事无形资产交易的对象是关于权利的转让和使用，并无统一价格标准，这就决定了其交易的特殊性。其使用价值具有安全性弱、流失性强的特点。尤其是在我国体育无形资产管理还不健全的情况下，很有可能出现对我国无形资产未作评估或评价过低，而对外提供的非专利、专利技术、境外营销网络等赛事的无形资产评估过高的情况，从而致使在合作中我国体育无形资产的严重流失。

5）体育赛事无形资产评估是进行投资决策的重要前提。体育赛事组委会已经明确无形资产作为投资主体的地位，为了保证投资行为的合理性，必须对赛事资产现在的价值有一个正确的评估。随着知识经济的来临与市场经济的迅速发展，各种合资、合作中有专有技术、专利技术、特殊经营权、商标权等无形资产折价入股者，在决策中合作者必须对这些无形资产进行量化，并对无形资产进行公正、客观、合法及独立的评估。评估结果既是被投资单位确定其无形资产价值的客观标准，又是投资者与被投资单位谈判的重要依据。

6）体育赛事无形资产评估是建立公平分配制度的保证，是知识产权、社会分配及市场经济的需要。将从深层次上确立按劳分配原则，实现效率优先并兼顾公平的收入分配制度。在分配制度方面，必须改变平均主义，重物质、轻知识，重形式、轻效率的现象。对脑力、知识等劳动成果的价值量化，经过评估才能评出技术成果等知识产权的价值，为解决合理脑力劳动报酬开辟一条既有利于科技进步又符合市场经济规律的渠道。

### 4.2.2　体育赛事无形资产评估存在的问题

在体育赛事评估过程中，主要存在无形资产评估方法和摊销方法不合理，信息披露不充分、不及时等问题。

#### 1. 无形资产评估方法不合理

体育赛事无形资产的评估也是无形资产评估的一部分。在传统农业及工业经济下，以厂房、机器设备为主体的固定资产所占比例较大，在企业发展中起着最重要的作用，而无形资产在企业资产中所占比例甚微。会计在这种情况下以重要性和谨慎性为原则，对于企业自创专有技术等无形资产有的不予确认。有的商标权、专利权虽予以确认，但计价不超过初始成本，仅以依法取得时的聘请律师费、注册费及其他的相关支出确定，却将研究开发费用全部计入当期损益。由于无形资产所占比例比较小，对会计所处理的真实性并不会造成太大的影响。然而在知识经济条件下，无形资产在企业中所占比例日益增加，甚至占据着主导地位，相比之下，固定资产和流动资产在企业资产中所占比例变得越来越小。在这种情况下，会计如果对自创的无形资产不予确认或者仅以不超过初始成本额进行确认，无疑会使企业资产的实际价值与账面价值严重背离，从而导致会计信息严重失真，也违反了客观性和重要性会计原则。体育赛事的无形资产与企业无形资产一样，主要资源是知识资源，它是体育赛事资本的源泉及发展的新动力，由于无形资产具有高收益性的特点，使用的历史成本计价并不能反映其真实经济价值及提供的未来收益。在一定使用期内由于无形资产的价值可能上升，也可能在新技术的冲击下大幅度贬值，如果采用历史成本法，则将产生与实际价值相背离的缺陷，从而影响赛事运营成果的计量，影响赛事运营管理的决策。

2. 无形资产摊销方法不合理

在无形资产所占比例很小的工业经济时代，采用直线摊销法对无形资产摊销，无疑是可行的。但是在知识经济形态下，赛事无形资产已成为中坚资产，无形资产更新换代越来越快，运用直线法对无形资产进行摊销，不利于赛事无形资产的开发，也影响无形资产收回成本，很明显这种摊销方法不适合激烈的市场竞争环境。

3. 无形资产信息披露不充分

体育赛事信息的不对称是指不同体育群体可获得信息的差异，这种差异导致了负面的私人和社会的结果。通常有一部分人会比其他人拥有赛事活动及对未来前景更灵通的信息。这势必造成信息占有者的非正常报酬。非正常报酬产生巨大收益，造成其他投资者对资本市场诚信度信息的丧失。同时增大了买卖差价，也增加了资本的成本。目前资产负债表不能完整地反映无形资产的真实价值，对无形资产的披露过于简单。即使披露也不是对其价值进行量化，只是一种现象的披露。不能详细列出无形资产开发费就不能反映赛事的研发水平；未充分披露的报表附注对无形资产的辅助信息，如无形资产的摊销方法、计量基础、分类状况等，无法给信息使用者提供具体、充分、完整的会计信息，也不能适应赛事运营的需要。

## 4.3    无形资产的价值基础及影响因素

无形资产作为一种商品具有价值和使用价值，并由交换价值来表现价值，最终体现为具体使用价值。由抽象价值到具体的使用价值过渡时就会形成相对数量关系，且这种关系以货币作为参照物便形成价格。无形资产的价值基础，最终是以它的价格计量为依据。无形资产的价值解释主要存在于劳动价值论和边际效用价值论。

### 4.3.1　劳动价值论

以社会必要劳动时间来衡量价值量。具体劳动只有通过商品市场交换才能转化为抽象劳动，只有在发生交换后，商品的价值才能并且只能用其他商品的使用价值表现出来。最终这种商品变成了一般等价物，并具有了货币形态。只有商品的价值作为交换价值，在市场上其本身与其他商品的公约化才能表达出来。价值体现的唯一形式是依赖货币商品及数量尺度，价值的唯一表达是价格。既然价格是交换价值的唯一表达形式，显然也是表达价值的唯一形式。

劳动价值论认为其所包含的社会必要劳动时间决定无形资产价值。但是社会必要劳动时间是以简单劳动为计量基础的，因为创造无形资产的劳动主要是复杂劳动，而复杂劳动是倍加的简单劳动，所以无形资产价值应该由倍加的简单劳动形成。其所包含的社会必要劳动量决定无形资产价值的大小，它的价格是围绕其价值上下波动的，但价格总是趋于其价值。

然而劳动价值论也存在不合理之处：首先，从商品生产的目的是为了交换这方面看，大多数无形资产的生产目的并不是为了交换。例如，商标使用权是依附于特定的商品或者服务出现，而不是首先生产商标，接着再出售特定商品。其次，商品的价值必须有明确的载体，而无形资产的存在只能用各种证明文件及授权书加以确认，并没有独立的可供确指的载体，所以它是不可物化的。若说作为商品进行交易的无形资产技术是指那些授权书和证明文件，那么用劳动价值论是根本无法解释的，因为这些授权书和证明文件之中所凝结的一般无差别人类劳动是极其有限的，是很明显的不等价交换。最后，商品价值是由生产商品的社会必要劳动时间决定的。然而无形资产的生产是单一生产的，绝大多数是独创的，而且只生产一次，无法进行横向比较，不同于实物商品的生产。就像同样进行技术课题的研究，而专利使用权都只授予第一个取得成功研究的企业，其他企业即便是付出再多劳动也不会获得课题的专利权，从而他们的劳动便成为无效劳动，不能和有效劳动一起求平均值，因此无法确定无形资产的社会必要劳动时间。

### 4.3.2　边际效用价值论

价值取决于边际效用，物品所能提供的边际效用就是物品的未来使用。供给与需求之间的关系决定边际效用，有用性及稀缺性是决定物品价值的最终因素，它们具有不稳定性。一件物品所提供的边际效用，常常因为供求关系的不稳定而具有不同程度的有用性，即为边际效用决定的非单独性。

边际效用价值理论通过"边际效用"和"效用"等概念为不同的使用价值找到了统一的度量尺度。因此边际效用也被称为抽象的使用价值。效用的概念从人与物的关系方面考查了经济活动，为进行全面研究价格运动提供一种理论基础。

对无形资产价值的分析，边际效用价值论者是建立在与劳动价值论关于无形资产价值观点争论的基础之上的。因此在分析无形资产价值过程中边际效用价值论有着充足的说服力和广泛的用途。

首先，边际效用价值论认为劳动只能通过减少或增加供给的数量，从而引起商品效用的变化，它只是间接地决定商品价值。无形资产的生产具有首创性或唯一性，无效的劳动不可能增加无形资产供应的数量，也就不会引起效用的变化，从而对无形资产的价值不会产生影响，也就解释了无形资产生产中大量的无效劳动。其次，边际效用价值论认为无形资产是稀缺性商品，无法确定其社会必要劳动时间，它在特定的需求情况下具有较高的效用强度，致使其价值较高。巧妙地解释了无形资产价值偏高的现象。最后，边际效用价值论用价值取决于效用大小来解释"价值背离"现象，但是效用大小取决于满足需要的不同程度。若某项体育赛事无形资产花很少的劳动满足了赛事需要或解决了体育赛事的难题，那么它就能给无形资产的所有者带来巨大的效益。因为它的效用是巨大的，所以无形资产的价值也是极高的。

### 4.3.3　体育赛事无形资产价值的影响因素

**1.　赛事无形资产的收益能力**

体育赛事无形资产价值是在未来收益期限，体育赛事无形资产可实现的收益额折现而成，包括赛事无形资产年收益评估值和无形资产有效寿命期间使用权的转让值。在制度、环境允许的条件下，无形资产获利的能力越强，其评估值越高，反之就越低。若无形资产创造成本很高，但不是市场所需求的，或者收益能力低微，那么评估值就很低。

**2.　赛事无形资产的使用期限**

该无形资产产生收益的使用寿命与体育赛事无形资产价值密切相关，其使用期限的长短，直接影响了无形资产的评估值。每一项体育赛事无形资产都有一定的使用期限。赛事使用期限的长短，一方面取决于该赛事规模的大小；另一方面则取决于无形损耗的大小。

**3.　市场供需状况**

市场供需状况影响着体育赛事的无形资产价值，一般反映无形资产的适用程度和无形资产市场需求情况两个方面。对于可转让、出售的无形资产市场需求越大，其评估值就越高；反之市场需求越小，其评估值就越低。体育赛事无形资产的适用范围越广，其适用程度越高，需求量越大，评估值就越高。

**4.　赛事无形资产的运营成本**

赛事无形资产的运营与有形资产一样，都需要成本。只是其运营成本确定并不明晰和易于计量。对体育赛事无形资产来说，比较容易确定的是外购无形资产成本，计量自创的无形资产成本比较困难。加上无形资产产生的一次性特点，致使它在产生过程中所耗费的劳动不具有横向比较性。一般来说，这些成本项目包括创造发明、法律保护、发行推广等成本。

**5.　赛事无形资产成果使用方式**

无形资产转让分为使用权转让和所有权转让，转让权利的大小直接影响到买卖双方的经济利益。通常买方获得的权利越大，其无形资产的评估值越高。使用权转让的评估值低于所有权转让的无形资产评估值。另外，在技术转让中，虽然同是使用权转让，由于它的许可程度不同，也会影响评估值的高低。

6. 赛事无形资产的科学价值和发展前景

无形资产成果的科学技术含量越高，其使用期限越长，垄断性越强，所获得的超额收益能力越大，其评估价值也就越高；同时运用的科学技术成果越成熟，风险性越小，评估值也就越高。体育赛事无形资产的价值受赛事无形资产的贬值和损耗的影响。目前，科学技术迅猛发展，无形资产的更新换代越快，无形损耗就越大，其评估值也就降低，其价值的损耗和贬值取决于它本身以外的更新换代情况，而不是自身使用的损耗。

# 4.4　体育赛事无形资产的评估方法与参数设定

## 4.4.1　收益法

收益法是通过估算被评估资产的未来预期收益并将其折算成现值，从而确定被评估资产价值的资产评估方法，也是无形资产评估中最为普遍的一种方法。收益法遵循着一定的评估思路，并按照预测论的思维途径对无形资产的价值予以评估。预测是根据实物发展过程的固有规律来对未来事件陈述，根据过去和现在的状况，来揭示将来的状况。无形资产价值属性取决于未来的过程及环境，或者通过未来的过程反映出来。因此它的计量就不能运用核算的方式，因为核算是对已发生过程的追记，所以在无形资产评估中需要应用预测方法，如赛事经营前景、市场供求关系、政策法规等方面的预测。在预测的基础上，综合预测社会收益率、资产收益等，借以评估所需要的无形资产的价值。只要是资产价值属性同未来状况相联系，那么预测就是一种有用的办法。

1. 收益法的计算公式

收益法的基本公式为

$$P = \sum_{i=1}^{n} \frac{R_i}{(1+r)^i} \qquad (4\text{-}1)$$

式中：$P$ 为无形资产的价格；$n$ 为无形资产预期获利年限；$r$ 为折现率；$R_i$ 为使用该无形资产后第 $i$ 年带来的预期收益额。

在考虑出让方的分享比例的条件下，收益法的基本计算公式为

$$P = a \cdot \sum_{i=1}^{n} \frac{R_i}{(1+r)^i} \qquad (4\text{-}2)$$

式中：$a$ 为出让方分享追加收益（利润）的比例，其表现形式有提成率、利润分成率、转让费等。

收益法有折现率、预期收益额、预期获利年限三个经济参数。因为参数取值的大小直接影响评估结果，所以经济参数的精确性直接影响无形资产评估结果的准确性。折现

率的取值就算是 0.1%的偏差，也会引起评估结果的较大变动。体育赛事无形资产评估这一行业的起步较晚，发展的速度也不快，很多理论现在仍处于摸索之中，虽然国外有很多成功的经验可以借鉴，但也不能完全照搬，既要结合中国的国情又要适合现阶段资产评估人员的专业素质。

2. 收益法经济参数的确定

收益额的折算方法是通过销售收入或销售利润进行分成来确定收益额。通过分成使技术的报酬和实施技术后的利益挂钩，比较好地体现了风险共担、利益共享的原则。

$$收益额＝销售收入×销售收入分成率$$
$$＝销售利润×销售利润分成率 \qquad (4\text{-}3)$$

其中，如果分成率按利润额来算一般为 5%～30%；按销售额来算一般为 1%～5%。不同的行业的分成率有所不同，一般情况下技术的分成率约为净销售额的 0.5%～10%，大部分是 2%～6%。

在建设期甚至投产初期，现金流入量会小于现金流出量。这时应以投资型净现金流量作为预期的收益额，这样就更能体现出投资所带来的收益。体育赛事无形资产大多是周期短的高新技术，且只需少量的改建投资，可用营运型净现金流量作为预期收益额。当无形资产和其附着的有形资产已抵偿了无形资产创建及购进与产业化的投资时，可用营运型净现金流量或净利润作为预期收益额。

体育赛事无形资产的获利年限相对比较短，这时净现金流量和净利润两个指标差别不大，都可作为预期收益额。在评估操作中，将第零年作为基期，可直接应用赛事财务决策的数据资料，不必调整，这不仅减少了工作量，而且还提高了评估的准确性。净利润作为在非涉外的无形资产业务评估的预期收益额。这是国内评估界的一般做法，这种方法的优点主要是资料容易取得，净利润比较好预测。以利润总额作为预期收益额更易于找到与其匹配的资产收益率作为折现率。

对于分成率，从国内外的无形资产评估实践中可以看出，分成率为 0～50%。如果觉得差距还很大，可将上限、下限分别再计算一次，然后将结果加权平均，减少评估结果的误差。由评估人员和技术专家共同完成对销售收入、销售利润的预测，切不可独断专行。应听取赛事财务人员、工作人员及相关领导部门的意见，群策群力，共同把这项工作做好。在预测时，可采用统计的方法，如指数平滑法、移动平均法等来计算预期值，也可采用回归分析法。就目前来说，在无形资产评估中，常用的几种方法都有一定的欠缺，很难有一种十分准确的方法，但正是因为这些方法都有欠缺，才可以把各种方法的预测结果进行加权平均，这样结果就趋于准确。

（1）折现率的选取

确定折现率是赛事资产评估比较棘手的问题，因为它的微小变化就会引起数以万计的差异。一般来说折现率要含无风险利率、通货膨胀率和风险报酬率。评估时要根据体育赛事各项无形资产的资产收益水平来综合分析，并在选择折现率时考虑折现率的口径与所选收益额的计算口径保持一致。

　　在评估操作中要注意参数的选取顺序，一般应先选定预期收益额的种类，然后再选相应的折现率。收益额为利润总额，折现率应是相应的资金利润率。收益额为净现金流量，相应的折现率应是综合资本成本或无风险利息率加风险价值率。当预期收益额为税前净现金流量和利润总额时，折现率可选用行业基准内部收益率和现行社会折现率。按照费用时间偏好率原则确定的数值总会低于按照资本机会成本原则确定的社会折现率。

　　一般来说，推荐的社会折现率为 8%。对于永久性工程或者受益期超长的项目，宜采用低于 8%的社会折现率；对于远期收益大的项目，允许对远期收益计算采取较低的折现率，但不可低于 6%；对于稀缺资源开发利用的项目可采取较低的社会折现率；对于超长期项目社会折现率可用按时间分段递减的取值方法。如果体育赛事有涉外业务，则应同时考虑相关国家的社会折现率。当评估高新技术资产时，因为其有高风险，所以还应适当考虑风险报酬率。

　　当预期收益额为净利润和利润总额时，不能选用行业基准内部收益率和社会资金利润率作为折现率，而是用无风险利率与风险报酬之和作为折现率。调整时可以根据评估对象所在行业所得税在利润总额中所占份额的具体情况进行具体分析。

　　选用行业平均资产收益率作为折现率时，应首先弄清其统计口径与选定的收益指标的计算口径是否一致。当收益指标是净利润时，应对公布的行业平均资产收益率进行适当向下调整。调整的办法是根据行业交纳所得税的具体情况进行具体分析。也可以利用修正系数法，即公布的行业平均资产收益率乘以 0.67～0.85。当收益指标为利润总额时，可直接选用行业平均资产利润率作为折现率。

　　（2）预期获利年限的选取

　　无形资产收益和折现年限取决于无形资产寿命的长度，其寿命分为法定寿命和经济寿命。法定寿命只是受法律保护的有效期限，如版权、专利权、特许经营权等。经济寿命是无形资产能有效使用并创造收益的持续时间。因为两者关系密切，所以折现期限必须同时满足有效与获利的双重约束，并遵守经济寿命和法定寿命孰短原则。

　　确定体育赛事无形资产中技术资产的预期获利年限时，需要考虑技术的性质，高精尖技术经济寿命长，普通技术经济寿命短，但最长不要超过其法律（合同）规定的年限。在确定预期获利年限时，应该主要借助德尔菲法，聘请有关行业专家、经验丰富的市场运营方面的专家和赛事运营方面专家进行反复讨论，切不可主观判断，随意确定其数值。国家可以根据无形资产的发展情况，统计出各种无形资产平均更新无形资产评估的收益法的具体研究周期（也可以是一个范围），提供给评估人员一个参考的依据，这样则可减少误差。

　　对部分专利权和专有技术来说，根据无形资产的更新周期评估预期获利年限，是比较简便适用的方法。特别是关于针对体育赛事产品的实用新型设计等，必然要随着产品更新而更新。

　　在对体育赛事无形资产评估时，所选取的参数必须与之相匹配，这是体育赛事无形资产评估的重中之重，只有各参数相匹配，特别是收益额与折现率相匹配，才能使评估结果具有可靠性，否则将会失之毫厘，谬以千里。对于各个评估参数的选用绝对不能孤立地进行，必须遵循统一原则。各个参数在选取过程中，其拥有的数据资料如果能选择两组相互匹配的收益额与折现率，则用其中一组来计算，另一组用来检验，这样就能减少误差。

但值得注意的是，对无形资产评估这一领域来说，不能期望评估的结果百分之百的准确，必须只能从减少误差这方面入手，力求在评估开始到结束这一段时间的每一个环节上要少发生错误，甚至不发生错误，使得评估的结果趋于其真值。然而很多宏观因素的干扰是评估人员左右不了的，即使是评估过程中的细节都正确，评估的结果也会有偏差，只能是在现有条件和环境下，尽力把这一工作做好。

3. 收益法的适用范围

首先，被评估的无形资产与其运营收益之间存在着一个较为稳定的比例关系，预期收益必须能较为合理地被估测。与此同时，影响无形资产预期收益的客观因素和主观因素也是比较明确的，评估人员能据此分析并测算出被评估无形资产的预期收益。其次，被评估的体育赛事无形资产所具有的行业风险、地区风险及赛事风险都是可比较和测算的，这只是测算折现率的一个基本参数。对赛事运营来说，风险大的投资，要求的回报率就高，反之要小一些。再次，被评估的无形资产的寿命，也是影响其评估值的一个重要因素。严格地讲，只有在满足这些条件的情况下，对无形资产的评估才能更加客观地反映无形资产的真正价值。

1）被评估的赛事无形资产的未来预期收益可以预测并且能够用货币来衡量。

2）被评估的赛事无形资产在收益期内，预期收益的风险可预测，亦能用货币衡量。

3）统计资料提供的金额、比率、统计口径要一致，且被评估的无形资产预期获利年限可以预测。

体育赛事无形资产是一种特殊商品，是以无形资产投入使用后连续获利为基础的，它的运营目的不在于无形资产本身，而是其获利能力。如果不是为了获利，运营后不能预期收益或收益很少且又很不稳定，就不能采用收益现值法。

### 4.4.2　成本法

成本价格即无形资产开发、设计、研制、购置过程中发生的全部费用，是准确计量无形资产价值的尺度，也是资产价值补偿的依据。

1. 历史成本法

历史成本法是根据无形资产购置或开发的全部原始价值来评估，是进行无形资产核算和管理的重要标准。用历史成本法计算无形资产成本，能准确反映出赛事各类资产的构成比，是计算赛事无形资产摊销额和利润的真实依据，反映无形资产价值形成的全过程，适用于新购置和开发的无形资产。在历史成本法中，资产按照购置或制造过程所花费的成本计价，负债按照预计要付出的现金或现金等价物的金额加以计价。由于历史成本计价具有客观性和可验证性，在传统的会计事务中被广泛运用。但在现代市场经济环境下，它的缺点暴露无遗：当价格明显变动时，价值量不具可比性，期末的财务报表就不能真实地反映财务状况，收入与费用缺乏配比性。

2. 重置成本法

重置成本法是指在资产评估时从被评资产的现时重置成本中扣减各项损耗来确定被评估资产价值的方法。在计算过程中，充分考虑运营者和持有者的合理收益、功能性贬值及经济性贬值的情况下，计算重新购建和购买相似的全新资产的成本和价格的方法。基本公式为

$$无形资产评估值＝重置成本－实体性贬值－功能性贬值－经济性贬值 \qquad (4\text{-}4)$$

（1）重置成本法经济参数的获取

重置成本的获取一般有两种途径：一是以历史成本为依据，经过调整得到重置成本，评估时要注意无形资产的历史成本不完整性、弱相对性及虚拟性等特征；二是用核算方法以现行价格得到重置成本，即按照无形资产形成实际发生的物化劳动量和劳动消耗量。用市价和费用进行估算。

实体性贬值又叫有形磨损贬值，是因为物理磨损和自然消耗造成的无形资产的贬值，是在资产使用或者是闲置过程中磨损、老化、变形等造成的实体性陈旧而引起的贬值。

功能性贬值也叫无形磨损贬值，是由于技术相对落后造成的贬值。技术的进步会促生性能更优越的新资产，使原资产的部分或者全部失去使用价值而造成贬值。由于无形资产变化快，恰当估计无形资产的功能型贬值更具有意义。通常要通过评估无形资产的运营功能与成本相同的新型无形资产的运营成本相比较，计算两者运营成本差额，并估计被评估资产的剩余寿命，以适当的折现率对被评估无形资产在剩余寿命每年的超额运营成本折现。

经济性贬值是由于外部经济环境变化引起的与新资产相比较而获利能力下降造成的损失，原资产因市场需求减少、通货膨胀、政策变化等因素，不能发挥应有的效能而贬值。

（2）重置成本法的适用范围

重置成本法适用于专门用途的资产，该方法主要源自有形资产评估方法，评估关键在于估算重置成本和贬值的大小。重置成本法充分考虑了资产的重置全价和应计损耗，适用于以资产补偿、重置为目的的无形资产业务，是清产核资中最基本的评估方法。同时也用于租赁、承包、兼并、中外合资合作、经营评价、经济担保、抵押贷款等经济活动的资产评估。

由于无形资产在不同环境、不同时间条件下，币值不稳定，物价波动幅度较大，重置成本法有很强的真实性和公平性。我国资产市场尚待建立和完善，应用现行市价法和收益现值法的客观条件尚不完全具备，对资产未来收益额预测条件的限制等因素的制约下，重置成本法及其派生出的评估法将得到广泛应用。其中主要是软件程序的转让、收益额无法预测的无形资产转让。

成本法很难用在专利技术、员工素质、管理人员能力、商誉等无形资产评估上，主要是因为缺少与之相近的参考对象。在实际操作中要想找相同或相似的资产很困难。无法估计其成本、功能性贬值和经济性贬值。

在重置成本法的使用过程中，要具备可利用的历史资料，形成资产价值的费用也是必需的。

### 4.4.3　现行市价法

现行市价法也称市场比较法、销售比较法，是按市场现行价格作为价格标准，确定无形资产价格的评估方法。现行市价法就是通过市场调查选择一个或几个与评估对象相同或相似的资产为比较对象，分析比较对象的成交价格和交易条件，再进行对比调整，然后估算出无形资产的价格。

应用现行市价法进行无形资产评估时要具备以下条件：一是需要有一个充分发育活跃的资产市场，通过类似资产交易，掌握准确、真实、正常的市场价格信息。二是赛事无形资产的市场参照物与相比较的指标、技术参数、近期交易价格等资料都可以搜集。评估无形资产，公开市场上找不到与其完全相同的资产，但可以找到与之相类似的资产，以其为参照物，根据价格适当调整，确定被评估资产的价值。参照物差异的调整要考虑时间、地域和功能等因素。

现行市价应该算是最能为赛事利害关系人所理解和接受的，因为它反映目前的市场情况也最接近于公允价值。但是，无形资产尤其是其中的非专利技术、商标、商誉等存在垄断性，并不像某些有形资产那样存在着公开的发达市场可以找到众多的市场参照物。因此，现行市价难以适用于无形资产的会计量。在现行市价法评估无形资产上，需要克服两个障碍：一是无形资产信息匮乏，市场狭窄，交易活动有限；二是无形资产的唯一性和非标准性特征，很难确定类似的有形资产评估时参考的调整差异事项。

用现行市价法评估无形资产要确定比较有基础的、合理的、类似的无形资产作为参照物的无形资产；要收集类似无形资产交易信息和以往评估的信息；根据宏观经济、赛事和无形资产情况的变化，考虑时间、空间和条件的变化所产生的差异。

### 4.4.4　分割法

分割法的思路如下：①分离由赛事无形资产创造的总收益，扣除有形资产创造的价值，所剩余的价值都是无形资产创造的。②确定创造总收益的无形资产种类。③综合评定。利用层次分析法分割赛事无形资产创造的经济收益，计算出单个无形资产创造价值。

分割法的特点是采用系统分析方法中的层次分析法。层次分析法简称 AHP 法，是美国著名运筹学家托马斯·萨蒂（Thomas Saaty）在 1980 年出版的 *the Analytical Hierarchy Process* 一书中确立的。其核心是：很多复杂系统可以简化为有序的阶梯层次结构，决策问题表现为一组方案优先顺序的排列问题，而这种排序可以通过简单的两两比较导出。AHP 法可以用来处理一些多目标、多因素、多层次的复杂评估问题。运用 AHP 法对赛事无形资产评估,有以下优点:比较客观地反映了赛事运营的实际情况和特点,其结果比较合理,易于接受。因为该方法是在对被评估赛事历史业绩、现行结构、未来预期综合分析的基础上完成的,与此同时评估中还能与被评估赛事各级管理部门进行对话,具备较强的交互性和实践性;组合分割的无形资产价值总量不会超过赛事超额收益的价值,从而避免了分项评估时体育赛事各类无形资产评估价值之和可能会超过整个赛事超额收益价值的不正常现象;AHP 法拥有一个完整的理论体系及简单的应用形式,有利于提高体育赛事无形资产评估中的可操作性和科学性。

对体育赛事的组合无形资产进行合理、有效的分割,建立相应的数学模型,从而评估出各种体育赛事无形资产的准确价值。但是应用 AHP 法评估无形资产,也存在一些问题。例如,如何保证调查表设计的准确及完整性,怎样对待不同管理人员的经验判断,如何对待专家打分标准性的弹性。

### 4.4.5　实物期权法

在赛事无形资产评估中,传统的成本法、收益法、市场法、分割法等都已经得到了广泛应用,但是这些方法都没有考虑无形资产的一个重要特点,即赛事具有选择权。而要获得这种选择权,无形资产的购买方理所应当地要付出一定的代价,这种代价体现为一种附加的"时间价值"。然而,运用传统的评估方法很难评估这部分价值。针对传统评估方法的弊端,现在人们已经开始利用期权定价理论来评估赛事无形资产的价值并开展研究。当期权应用于实物资产时就称之为实物期权。

赛事无形资产的期权特征主要体现在:赛事购入无形资产就获得了是否进行某项投资的权利,即具有选择权的特征。因为投资要经受各种风险,从而使投资项目的价值具有波动性。利用实物期权法进行评估,可以反映出无形资产在具体市场环境中所做出的灵活决策的价值特性,因此具有更为灵活的可操作性。这种方法对于评估研发阶段的无形资产及不确定性较强的无形资产更为适用。"金融期权"与"实物期权"密切相关。金融期权也被称为选择权,是指其持有者能在规定的期限内或者指定时间内,按交易双方商定的价格购买或者出售一定数量的某种特定的商品的权利。"期权"是指持有者选择是否在购买后出售该项资产的权利。实物期权法将原来应用在金融资产的技术运用到评估非金融(实物)资产上,这克服了传统的净现值分析法的种种缺陷。关于与期权相关的弹性价值的使用,使赛事评估者可以更好地评价外部参数所影响的及存在未来不确定性项目的实际价值。这种方法不是像过去那样把其看作单一的折现现金流,而是作为一系列期权。主要有投资时机期权、放弃期权、增长期权、学习期权四种期权。投资时机期权是在不同的投资时机进行选择;放弃期权是指在市场环境变差时可以提前结束项目的权利;增长期权是赛事组织通过预先投资作为先决条件或者一系列相互关联项目的联结,从而获得未来成长的机会,拥有在未来一段时间进行某项经济活动的权利;学习期权是指延迟投资来获取更多的信息或者技能的权利。

实物期权估值方法适用于对公允市场价值及赛事特定价值两方面。如果实物期权存在于市场中，那么结果应与公允市场价值一致。但是，大多数无形资产具有独特性，应用特定的评价期权价值的方法将会更好地评估无形资产价值。

实物期权理论给赛事无形资产评估提供了一种评估方法，可以把布莱克-舒尔斯（Black-Scholes，BS）模型应用于知识资产评估，即

$$\left.\begin{array}{l} C=SN(d_1)-X_e^{-rt}N(d_2) \\[2mm] d_1=\dfrac{\ln(S/X)+(r+\sigma^2/2)\,t}{\sigma\sqrt{t}} \\[4mm] d_2=\dfrac{\ln(S/X)+(r-\sigma^2/2)\,t}{\sigma\sqrt{t}} \end{array}\right\} \tag{4-5}$$

式中：$C$ 为实物期权的价值；$S$ 为期权标的物的当前价值；$X$ 为期权的约定价格；$r$ 为无风险利率；$\sigma$ 为年收益标准差；$t$ 为期权到期年限。

$C$ 表示第一阶段的投资；$S$ 表示第二阶段的投资的当前价值；$t$ 表示延期第二阶段投资的时间，即为下一阶段带来多长时间的机会；$X$ 表示第二阶段的投资的成本的当前价值；$\sigma$ 表示第二阶段投资价值的波动；$r$ 表示无风险利率。

赛事组织者为了对第二阶段的投资做出决策，从第一阶段投资开始，收集有关技术可行性的信息，从外部收集有关市场潜力、变化规律和产品价格的信息，包括了解赛事对周边环境和适应环境的变化。许多赛事无形资产实质是通过赛事活动和组织投资创造一项实物期权。客户资本包括特许协议、联合经营；人力资本投资包括教育培训、解决问题的能力、专有技术、赛事精神及团队协作能力；结构资本包括赛事管理制度、赛事文化和赛事信息技术系统；文化投资包括柔性管理与组织学习；研发投资；知识产权包括专利权、著作权与商标。无形资产的投资不会即刻产生收益，在会计中常常被作为费用和成本进行处理，但这方面的资本投入一般是试探性的投机性投资。

实物期权方法的优势在于其理论上的完整性，实物期权方法以决策的方式处理赛事无形资产项目中的不确定因素，并认为不确定性能创造价值。投资者可以从市场上获得信息，灵活地选择建设开始的最优时间，根据项目的市场条件变化和运作情况，灵活地对进一步投资做出决策，然而传统方法则认为投资者不会根据市场情况调整决策，忽略了管理灵活性的价值，造成对项目价值的低估。因此，一个项目的真实价值等于传统方法计算出的价值加上实物期权价值，这样才更具有完整性。

实物期权方法的劣势主要有两点，一是缺乏历史数据的支持。在利用实物期权方法评估赛事无形资产的过程中，需要大量的历史数据作为计算的基础。在现实中，有用的数据要么很少，要么很难得到，所以所谓的历史数据很可能缺乏准确和实用性。二是 BS 模型的有效性难以得到检验。在应用实物期权方法的过程中，存在很多主观性的假设与输入，这样会产生与事实不符的偏差，而且由于缺乏数据，对其有效性的检验也就难以进行。BS 模型基于金融期权的许多假设在实物期权中难以找到，既然投资机会无法在市场上进行买卖，许多数据如波动率等难以估计，由于具有试探性的特点，历史数据也是不可靠的；由于金融与实物期权存在差别，实物期权运用 BS 模型受到很大的局限性。

### 4.4.6　模糊评判法

模糊评判法就是应用模糊数学的理论，模拟人评价事物的思维过程，对构成被评估事物的各个相关因素进行综合考虑，把各个因素作用的程度大小数量化，运用模糊评判理论对无形资产做一个总的综合评判。

体育赛事无形资产的评估面临着一个复杂的环境和问题，评估往往是在不分明信息、不完全信息和不确定信息状态下对体育赛事无形资产进行评估活动；体育赛事无形资产的价值目标和因素之间的时空关系是相当复杂的，其中的时滞、弱对应性、非线性给确切评估带来麻烦；模糊性问题广泛存在于体育赛事无形资产评估之中，主要是因为各因素之间的相互关联性及因素本身的非确定性。运用科学的模糊手段会使体育赛事无形资产评估更准确、更真实、更合理。模糊评判法是定量分析和定性分析相结合的一种分析方法。

#### 1. 确立因素及评价等级

对定性数据的处理要比定量数据的处理麻烦一些。评价等级的划分应该充分考虑指标的性质特点，不宜过细，一般以四等或五等为适中，但在教育评价实践过程中，经研究发现，如果分为五等级，则容易出现选项集中到中间的现象，所以以定四等级为宜。这四等级分为很好、较好、一般、较差，或者分为很强、较强、一般、较弱。

#### 2. 建立因素集的模糊矩阵

$$\begin{pmatrix} a_{11} & a_{12} & \cdots & a_{1n} \\ a_{21} & a_{22} & \cdots & a_{2n} \\ \vdots & \vdots & & \vdots \\ a_{m1} & a_{m2} & \cdots & a_{mn} \end{pmatrix}$$

上面的矩阵为 $m \times n$ 阶矩阵。矩阵的每一行为一个模糊子集，而每一列表示一个评价因素的每个等级的隶属度，如果将各个模糊子集组合起来，就构成模糊矩阵。在评价无形资产中，有的现象外延是模糊的，很难用一个准确的量化标准来描述，而是一个模糊的概念。隶属度就是模糊数学中用来描述事物对集合的隶属程度，它可以把模糊的教育现象数量化。

#### 3. 选择评判模型

模糊数学中常用的评判模型有很多，为避免扎德算符（∧，∨）的"全同失效"或者是"二义性失效"。本书采用 $M(\bullet, \oplus)$ 模型，"·"为相乘运算符号；"$\oplus$"为相加运算符号；"$\sum \oplus$"为有界和，这种模型是我国目前最常用的一种模型。

#### 4. 计算综合评判值

假设对一名术科教师教学能力进行评判，影响术科教师教学能力评价因素集 $U=$

[教学效果评价能力、评定学生成绩能力、裁判能力] 三种因素，权数分配依次是 0.4、0.4、0.2。对每个因素的评价分为四个等级，构成 $V=$ [很强、较强、一般、弱]。评价者可以通过调查问卷获得各因素的权重，对"术科教师的教学效果评价"很强占 40%、较强占 30%、一般占 20%，弱占 10%，那么就可以得到一个数列：0.4，0.3，0.2，0.1；同样可以根据"评定学生成绩能力"得到数列：0.3，0.4，0.2，0.1；"裁判能力"为 0.3，0.2，0.3，0.2。这样就可以得到一个矩阵 $R$，即

$$R=\begin{pmatrix} 0.4 & 0.3 & 0.2 & 0.1 \\ 0.3 & 0.4 & 0.2 & 0.1 \\ 0.3 & 0.2 & 0.3 & 0.2 \end{pmatrix}$$

三因素的权重向量为：$W=(0.4，0.4，0.2)$，选用模糊数学评判模型 $M(\cdot, \oplus)$，即

$$b_j = \sum_{i=a}^{n} \oplus (a_i \cdot r_{ij})$$

$$B = W \cdot R = (0.4, 0.4, 0.2) \cdot \begin{pmatrix} 0.4 & 0.3 & 0.2 & 0.1 \\ 0.3 & 0.4 & 0.2 & 0.1 \\ 0.3 & 0.2 & 0.3 & 0.2 \end{pmatrix}$$

可以得出 $B_1 = 0.4 \times 0.4 + 0.4 \times 0.3 + 0.2 \times 0.3 = 0.34$，同理可以得出：$B_2 = 0.32$，$B_3 = 0.22$，$B_4 = 0.12$。根据"最大隶属原则"，对该教师教学评价能力评价为"很强"。

5. 模糊数据转换成普通数据的方法

这种方法是把模糊隶属度转化为分值。该教师教学评价能力评价结论为 $B = (0.34, 0.32, 0.22, 0.12)$，设很强为 100 分，较强为 80 分，一般为 60 分，弱为 40 分，得到矩阵为

$$R = \begin{pmatrix} 100 \\ 80 \\ 60 \\ 40 \end{pmatrix}$$

将模糊数据转换成普通数据，分值为 $S$ 为

$$S = B \cdot R = (0.34, 0.32, 0.22, 0.12) \cdot \begin{pmatrix} 100 \\ 80 \\ 60 \\ 40 \end{pmatrix} = 77.6$$

通过上述计算得到这名术科教师的教学能力评价分数为 77.6 分。

### 4.4.7　无形资产监视器法

斯威比的无形资产监视器（intangible assets monitor，IAM）是一种测度无形资产的方法，在无形资产监视器的相关表格中综合展示了大量的相关指标，如表 4-1 所示，用

来测度体育赛事无形资产的价值，赛事承办者可根据不同的策略选择合适的指标。斯威比（1997）认为无形资产评估的困难是可以克服的，关键因素是要有一个连贯性的概念框架。用包含无形资产新的会计框架来替代传统的会计框架。在新的框架内，金融部分用来评估有形资产的价值，非金融部分用来评估无形资产的价值，这样两者合起来就是市场价值。把无形资产分为三类：外部结构指标包括品牌、供应商与顾客等；内部结构指标包括组织管理、软件及研发实力等；雇员工作能力指标包括教育水平和经验等。对以上三种无形资产进行评估的目的是为了给管理提供一种控制方法。第一步判断谁对无形资产评估感兴趣。外部结构资本评估，给顾客、债权人、股东提供赛事需要的报表，向外部提供赛事知识资产的管理信息。内部结构资本评估实际上是一种信息管理系统。斯威比把无形资产进一步分为增长和更新指标、稳定指标和效率指标三类。第二步，为无形资产设计一个评估系统。无形资产监视器是体现大量相关指标的一种简单的表述形式，指标的选择依赖于赛事的战略，每种无形资产的几个评估指标都覆盖了成长和更新、效率及稳定性等方面。无形资产监视器可以综合成一个管理信息系统。在评价员工能力时，将雇员分为辅助性人员和专业人员，划分的依据是专业人员所创造的利润，而辅助性人员虽不创造利润，但是也为知识资产的增值和实现提供支持。

表 4-1　斯威比无形资产监视器指标

| 指　　标 | 外部结构指标 | 内部结构指标 | 雇员工作能力指标 |
|---|---|---|---|
| 增长和更新指标 | 平均顾客利润<br>赛事形象 | IT 投资<br>组织结构的吸引力 | 专家的工龄<br>教育水平<br>培训与教育成本<br>雇员能力增加 |
| 效率指标 | 顾客满意指数<br>平均顾客销售额<br>输赢指数 | 雇员的支持率<br>价值/态度指数 | 专家的比例<br>平均雇员附加值<br>平均专家附加值<br>平均雇员利润<br>平均专家利润 |
| 稳定指标 | 大顾客比率<br>顾客年龄结构<br>回头顾客比率 | 赛事资历<br>支持员工总数 | 专家总数<br>雇员资历 |

### 4.4.8　平衡计分卡法

1992 年，罗伯特·卡普兰和戴维·诺顿提出了平衡计分卡模型（balanced score card model，BSC），用这个概念来测度企业的业绩及发展潜力。平衡计分卡模型强调企业战略与财务目标，注重无形资产在未来增长的潜力，平衡计分卡模型包括对存量和流量两个方面进行评估，并具有解释赛事战略的功能，对挖掘赛事无形资产的潜力比管理物质资本更具有决定性的意义。平衡计分卡模型从以下四个角度看问题：①顾客资本角度，即顾客如何看待体育赛事。顾客资本主要是测度顾客对体育赛事的满意程度、顾客的保持能力、获得新顾客的能力、市场份额及顾客的收益率等。②人力资本与内部结构角度，即工作人员擅长什么，内部结构特别强调产品和服务并不断满足顾客的需要。③革新学习角度，即如何提高与创造体育赛事的价值。④财务角度，即如何增加股东的权益。平衡记分卡模型特别关注创造长期的经济价值因素和体育赛事战略，也就是说看重赛事的顾客、工序和人力。平衡计分卡把组织的战略和任务转化成一个综合性的赛事业绩测度指标，为衡量体育赛事战略和管理体系提供一个分析框架。赛事无形资产的四个部分相互作用且十分重要。该模型提出的主要前提是假定商业战略具有因果关系，但是实际上许多研究文献却并不支持这种假设。平衡计分卡模型与无形资产监视器模型有些类似之处，两者的分类也有些相似，都包括雇员、内部结构和顾客三个方面，只是名称不一样而已。

## 4.5　体育赛事无形资产最佳评估方法与指标选取

### 4.5.1　体育赛事无形资产的最佳评估方法

只有对评估关键因素进行敏感性测定，才能得到合理的价值范围。因为缺乏将赛事无形资产从整个赛事分离出来的办法，缺乏明确的赛事无形资产产权，缺乏无形资产买卖的活跃市场存在高风险和不确定性。根据上述缺点结合赛事无形资产评估方法，明确评估方法的优缺点。当使用收益法时，需要考虑资产寿命周期，保持无形资产的未来成本、产权自然属性和法律保护，无形资产开发其他法律限制，扩大无形资产使用的机会等特定项目的部分或全部。但这些并不是全部的因素，应在评估具体项目时全面仔细地考虑所有的因素。将未来收益折现的收益法也过分依赖对未来收益的预测和评估者的主观性。对于每个具体的项目，这些因素的风险和不确定性水平是各不相同的。成本法的优势是成本是可见的，但是赛事无形资产的真正价值是很少与其历史成本有关。市场法在有活跃流动市场可以询价时，可能是对无形资产评估最好的方法，但是由于没有相似的市场交易信息，这种方法难以应用到实践。

使用相对可靠的实物期权法，虽然这种方法确实先进一些，并且它克服了净现金流法的一些缺陷。首先，净现金流法从原理上，因为其没有计算弹性价值，所以就低估了一些投资机会。净现金流法假定必须现在完成项目，否则将永远持续下去。其次，体育赛事组织进行投资时，就失去了其他投资机会，但是事实是，赛事在项目开始之前都可以寻求一种更好的投资机会。因此，实物期权法相对更可靠。但是，无论是否决定采用实物期权法，评估赛事无形资产都需要清楚无形资产投资的价值弹性概念。赛事无形资产评估方面的下一步规划是建立在无形资产在许多领域的重要性基础之上的，正确评估赛事无形资产是最重要的，也是一个复杂的主题。然而，尽管很复杂，但因为允许评估弹性价值存在，实物期权法也就是更可靠的选择。

将赛事无形资产案例集结成册以说明不同方法如何应用到实践，这才是最佳的无形资产评估实践。在每个体育赛事无形资产项目中，评估时需要考虑以下几个方面：体育赛事无形资产价值应与赛事整体价值协调一致；体育赛事无形资产评估要进行假设性分析，以检验假设与参数的重要性，以及它们的合理性、一贯性及对评估结果的影响；要特别注意从外部获得数据，应用不同评估方法进行比较分析；需要时咨询相关专家，专家意见可能很关键；因假设和赛事无形资产评估方法的选用对其结果很关键，所以最终评估报告应该阐明选用该方法的原因及关键假定的使用。最终评估报告应帮助使用者全面地掌握评估结论，提供一致、有益的信息框架，成为将来赛事无形资产评估的蓝本。

赛事无形资产评估的定量方法包括重置成本法、收益现值法、分割法、现行市价法、期权定价法；定性方法包括模糊评价法、无形资产监视器法、平衡计分卡法等。体育赛事无形资产的评估指标并没有明确的数量表示，甚至只能靠人或评价人的主观感觉或经验。另外，评估方法各有所长。只要有可能，就要将不同方法互为补充，而不是只择其一。选用多种方法要求体育赛事无形资产评估取得多方面资源，如技术专家和销售专业人士等。虽然操作中数据的数量、质量决定了其可以采用的评估方法，但最终的评估报告应该使用不同的信息资料、不同的角度，总之，我们最后要获取一个价值范围。一般要做到无形资产的各项指标数量化、归一化。在各项指标数量化之后，必须使用量纲一元化。所谓量纲一元化就是无量纲化。将各种评估方法在同一指标下予以比较，然后采用排队打分法，使各种评估方案都得到无量纲的"分"；当各项指标有了得分后，采用加权平均法计算每一方案的总分，根据总分高低来评价各方案的优劣。我们将定量与定性评估进行结合，在体育赛事无形资产构成要素的基础上，将赛事无形资产定量和定性相结合，找出各构成要素最适宜的评估方法。体育赛事的系统评估与系统分析、决策的关系，如图 4-1 所示。

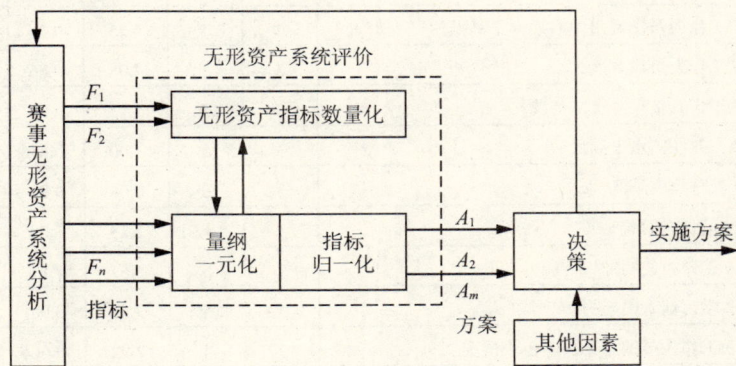

图 4-1 体育赛事无形资产评估与系统分析、决策的关系

当体育赛事系统评估问题解决后，决策便是水到渠成的事情了。要决策首先要评估，评估是决策的准备。评估系统是技术工作，由研究者即体育赛事评估项目组所承担；而决策是一项领导工作，是赛事组委会的权力与责任。但是评估是决策的依据，赛事组委会要充分考虑评估的意义。

## 4.5.2 体育赛事无形资产的评估指标选取

针对体育赛事无形资产的知识资本、结构资本、人力资本、市场资本等四类无形资产，设计了 67 个指标，程度值范围为 0～5。通过调查问卷，对 67 个指标打分，如表 4-2 所示，采用项目分析的方法，将未达显著水平的指标删除，提取 23 个指标，如表 4-3 所示。

表 4-2　体育赛事无形资产各指标体系的项目分析结果

| 分类 | 评估指标 | min | max | mean | S.D. | sig. | 是否保留 |
|---|---|---|---|---|---|---|---|
| 知识资本指标 A | A1 投入人力成本大小程度 | 4 | 5 | 4.25 | 0.42 | 0.018 | 是 |
| | A2 投入物力支出大小 | 2 | 4.5 | 3.75 | 0.88 | 0.548 | 否 |
| | A3 投入财力支出大小 | 2 | 4 | 3.50 | 0.84 | 0.015 | 是 |
| | A4 耗时多少 | 2 | 5 | 3.67 | 1.03 | 0.791 | 否 |
| | A5 技术成熟程度 | 3 | 4.5 | 3.75 | 0.61 | 0.778 | 否 |
| | A6 技术更新周期快慢 | 3 | 4.5 | 3.50 | 0.63 | 0.579 | 否 |
| | A7 可被替代性的可能性大小 | 1 | 3.0 | 2.17 | 0.75 | 0.643 | 否 |
| | A8 转让次数多少 | 0 | 4 | 2.00 | 1.67 | 0.678 | 否 |
| | A9 法律法规的支持保护程度 | 3 | 5 | 4.33 | 0.82 | 0.037 | 是 |
| | A10 受地方保护的程度大小 | 4 | 5 | 4.42 | 0.49 | 0.251 | 否 |
| 人力资本无形资产指标 B | B1 工作人员在团队合作程度 | 4 | 5 | 4.67 | 0.52 | 0.116 | 否 |
| | B2 思想适应时代要求的程度 | 3 | 5 | 4.33 | 0.75 | 0.329 | 否 |
| | B3 独创性程度 | 3 | 4.5 | 4.00 | 0.55 | 0.519 | 否 |
| | B4 工作人员技能发展程度 | 3 | 5 | 4.25 | 0.76 | 0.035 | 是 |
| | B5 工作人员在赛事中素质水平高低 | 3 | 5 | 4.25 | 0.76 | 0.206 | 否 |
| | B6 工作人员满意度大小 | 3 | 5 | 4.08 | 0.86 | 0.091 | 否 |
| | B7 工作人员年龄梯队情况 | 3 | 5 | 3.92 | 0.80 | 0.057 | 否 |
| | B8 专业经验水平高低 | 3 | 5 | 4.00 | 0.89 | 0.047 | 是 |
| | B9 教育程度高低 | 3 | 5 | 4.08 | 0.92 | 0.016 | 是 |
| | B10 培训时间长短 | 2 | 4.5 | 3.25 | 1.08 | 0.008 | 是 |
| | B11 工作相关的知识与能力高低 | 2 | 5 | 3.67 | 1.17 | 0.067 | 否 |
| | B12 学习他人的能力 | 2.5 | 5 | 3.67 | 0.98 | 0.007 | 是 |
| | B13 工作人员的意见反映多少情况 | 2 | 4 | 2.92 | 0.66 | 0.795 | 否 |
| | B14 工作人员构想与建议转达到上级程度 | 2.5 | 5 | 3.67 | 1.08 | 0.034 | 是 |
| | B15 工作人员的执行力强弱 | 3 | 5 | 4.08 | 0.80 | 0.238 | 否 |
| | B16 赛事培训计划合理程度 | 3 | 5 | 3.92 | 0.80 | 0.057 | 否 |
| | B17 体育赛事内部关系和谐程度 | 3 | 5 | 4.08 | 0.92 | 0.016 | 是 |
| | B18 工作人员流动频繁情况 | 2 | 4 | 3.08 | 0.80 | 0.83 | 否 |
| | B19 体育赛事招聘计划完善程度 | 2.5 | 5 | 3.42 | 0.92 | 0.124 | 否 |
| | B20 赛事工作人员离职的影响大小 | 1 | 4 | 2.25 | 1.17 | 0.656 | 否 |
| | B21 维持、吸引关键人才的措施情况 | 2 | 5 | 3.50 | 1.38 | 0.008 | 是 |
| | B22 每年培训与支持计划落实情况 | 4 | 5 | 4.67 | 0.52 | 0.116 | 否 |

| 分　类 | 评 估 指 标 | min | max | mean | S.D. | sig. | 是否保留 |
|---|---|---|---|---|---|---|---|
| 结构资本无形资产指标C | C1 体育赛事运营与流程流畅程度 | 4 | 5 | 4.42 | 0.49 | 0.038 | 是 |
| | C2 体育赛事的管理使用效能的程度 | 3 | 5 | 4.17 | 0.82 | 0.016 | 是 |
| | C3 数据库被查询的次数多少 | 2 | 5 | 3.33 | 1.03 | 0.116 | 否 |
| | C4 数据库的贡献程度大小 | 2.5 | 5 | 3.42 | 0.92 | 0.124 | 否 |
| | C5 流程的文件化与图标化程度大小 | 2.5 | 4.5 | 3.25 | 0.69 | 0.152 | 否 |
| | C6 研究发展能力高低 | 2 | 4 | 3.33 | 0.82 | 0.812 | 否 |
| | C7 需要支持环境的难易 | 3 | 4 | 3.33 | 0.52 | 0.810 | 否 |
| | C8 流程支持创新的程度 | 2 | 4 | 3.17 | 0.75 | 0.643 | 否 |
| | C9 知识产权的使用比率、报酬率高低 | 2.5 | 4 | 3.17 | 0.52 | 0.116 | 否 |
| | C10 专利数量多少 | 1 | 2.5 | 1.92 | 0.49 | 0.251 | 否 |
| | C11 赛事专利、著作权、商标的良好程度 | 2 | 4 | 2.67 | 0.82 | 0.374 | 否 |
| | C12 工作者信息技术的程序熟练程度 | 3 | 5 | 3.83 | 0.82 | 0.145 | 否 |
| | C13 信息技术的运用能力高低 | 3 | 5 | 3.92 | 0.80 | 0.047 | 是 |
| | C14 信息系统服务满意高低 | 3 | 5 | 4.08 | 0.66 | 0.132 | 否 |
| | C15 系统网络建设 | 3 | 5 | 4.08 | 0.66 | 0.132 | 否 |
| | C16 无形资产绩效评估合理程度 | 3 | 4 | 3.50 | 0.55 | 0.002 | 是 |
| | C17 组织与结构合理程度 | 3 | 4.5 | 3.58 | 0.66 | 0.038 | 是 |
| 市场资本无形资产指标D | D1 能够满足顾客要求的大小程度 | 3 | 5 | 4.00 | 0.63 | 0.293 | 否 |
| | D2 附加价值服务 | 3 | 5 | 3.67 | 0.82 | 0.095 | 是 |
| | D3 顾客导向 | 3 | 5 | 3.67 | 0.82 | 0.095 | 是 |
| | D4 顾客满意度 | 4 | 5 | 4.42 | 0.38 | 0.205 | 否 |
| | D5 能够反馈顾客 | 3 | 5 | 4.00 | 0.71 | 0.155 | 否 |
| | D6 对顾客强化赛事形象 | 3 | 4.5 | 4.08 | 0.58 | 0.184 | 否 |
| | D7 品牌忠诚度、顾客忠诚度 | 3 | 4.5 | 3.83 | 0.68 | 0.295 | 否 |
| | D8 顾客抱怨度 | 2 | 3 | 2.33 | 0.52 | 0.500 | 否 |
| | D9 供应商关系 | 3 | 5 | 3.75 | 0.88 | 0.020 | 是 |
| | D10 交易期间稳定程度大小 | 3 | 4.5 | 4.00 | 0.55 | 0.295 | 否 |
| | D11 交易频率稳定程度大小 | 3 | 4.5 | 3.92 | 0.49 | 0.312 | 否 |
| | D12 降低处理成本大小 | 2 | 4.5 | 3.42 | 0.92 | 0.350 | 否 |
| | D13 供应确保质量的材料好差 | 2.5 | 5 | 3.58 | 0.92 | 0.293 | 否 |
| | D14 关系体系良好且健全 | 3 | 5 | 4.08 | 0.66 | 0.095 | 是 |
| | D15 互动关系良好程度 | 4 | 5 | 4.33 | 0.41 | 0.045 | 是 |
| | D16 合作关系持续 | 4 | 5 | 4.33 | 0.41 | 0.011 | 是 |
| | D17 彼此互惠互利 | 3 | 5 | 4.08 | 0.66 | 0.155 | 否 |
| | D18 互补性资产多少 | 3 | 5 | 3.75 | 0.88 | 0.038 | 是 |

表 4-3 精简后的体育赛事无形资产评估指标

| 无形资产分类 | 评 估 指 标 |
| --- | --- |
| 知识资本指标 | 投入人力成本大小程度 |
| | 投入财力支出大小 |
| | 法律法规的支持保护程度 |
| 人力资本指标 | 工作人员技能发展程度 |
| | 专业经验水平高低 |
| | 教育程度高低 |
| | 培训时间长短 |
| | 学习他人的能力 |
| | 工作人员构想与建议转达到上级的程度 |
| | 体育赛事内部关系和谐程度 |
| | 维持、吸引关键人才的措施情况 |
| 结构资本指标 | 体育赛事运营与流程流畅程度 |
| | 体育赛事的管理使用效能的程度 |
| | 信息技术的运用能力高低 |
| | 无形资产绩效评估合理程度 |
| | 组织与结构合理程度 |
| 市场资本指标 | 附加价值服务 |
| | 顾客导向 |
| | 供应商关系 |
| | 关系体系良好且健全 |
| | 互动关系良好程度 |
| | 合作关系持续 |
| | 互补性资产多少 |

从商誉中分离出来，且有新出现的、能为体育赛事带来超额收益的不可计量因素又归结到商誉中。目前西方会计界都认为构成商誉主要有下列因素：良好的赛事物质条件、先进的技术和工艺、精明能干的管理层、高素质的工作人员、有效的广告宣传、卓越的运营机构、畅通的运营渠道、高水平的公共往来、和睦的劳资关系、能够获得优惠的资金来源、广阔的发展前景、优越的战略地位、足够的市场份额。这些要素中有些直接地影响着体育赛事的获利能力。体育赛事拥有高素质的管理队伍会提高劳动生产率，高于社会平均劳动生产率，即可获得超额利润。而超额利润会引发商誉价值量的增大，可使赛事的正常运转获得各方面的保障。

## 4.6 建立体育赛事无形资产危机预警系统

预警是衡量某种状态偏离预警线的强弱程度，发出预警信号的过程。预警系统是确定预警状态、发出监控信号的计算机信息系统。预警系统处于不断发展和完善的过程中。财务预警模型是借助体育赛事财务指标与非财务指标体系，来识别赛事财务状况的判别模型，通常可分为定性分析法和定量分析法两类，定量分析又分为静态和动态两类分析法。

### 4.6.1　定性分析方法

定性分析可以通过对体育赛事无形资产运营情况的了解与对某些外在特征的分析，预测体育赛事财务状况发生某种危机的可能性。这种情况或特征并非是一成不变的，但仍可以借鉴并灵活运用于预测体育赛事无形资产运营的财务状况中。体育赛事无形资产财务预警的定性分析主要是标准化调查法。

标准化调查法又称风险分析调查法，即通过赛事运营专业人员、咨询公司等对赛事无形资产可能遇到的问题进行调查与分析，以报告文件的形式成为运营者参考的一种方法。运用这种方法的优点就是所提出的问题对所有赛事或组织来说都是普遍适用的、有意义的。但缺点也由此而生，就是这种方法无法提供特定赛事的损失暴露、特定问题的一些个性特征。另外，该种方法所使用的调查表格没有对要求回答问题进行解释，使用者缺乏对所问问题之外的相关信息的正确判断。

### 4.6.2　定量分析方法

定量分析在财务困境实证研究中使用最普遍。1966 年比弗（Beaver）用单变量分析预测到了公司破产，为多变量预测奠定了基础，之后的研究以多变量预测模型为主。

#### 1.　多元逻辑模型

多元逻辑模型的目标是寻求体育赛事无形资产的条件概率，从而判断体育赛事无形资产的财务状况和经营风险。它建立在累计概率模型函数的基础上，不需要自变量服从多元正态分布和两组协方差相等，多元逻辑模型假设运营成功的概率为 $P$（运营失败取 1，成功取 0），并假设 $\ln[P/(1-P)]$ 可以用财务比率线性解释。首先假定 $\ln[P/(1-P)]=a+bx$，然后根据推导可以得出 $P=\exp(a+bx)/[1+\exp(a+bx)]$，从而计算出运营失败的概率。

#### 2.　生存分析

生存分析是运用考克斯的比例风险模型度量公司寿命超过某段时间的概率。卡塔纳奇（Catanach）以逻辑分布为生存时间的概率分布，其预测精度高于 Probit 模型，结果对如何定义困境和误判成本有稳健性。使用生存分析需要研究时间窗内样本公司生存时间的特点具有相似性，多用于产业发生突变而出现大量困境公司的情形，如银行危机中银行破产预测，产业发展过程中某时期中小企业破产预测等。

#### 3.　多元判别分析方法

多元判别分析是奥尔特曼（Altman）基于 1946～1965 年美国 33 家破产/非破产公司开发了 Z 分数模型；1977 年依据美国 1969～1975 年数据开发的 Zeta 模型，破产前 1 年的预测精度达 96.2%。模型驱动架构（model driven Architecture，MDA）假定不同组的协方差矩阵相等，以误判最小为判别准则，判别函数具有线性形式。考虑协方差矩阵不等时，判别函数具有二次形式并对个别指标变动的反应敏感，奥尔特曼研究发现其在破产前 2～5 年二次判别函数的预测精度并不如线性模型。另外，考虑两类误判成本不同将影响切割点选取，将影响模型的判别精度。虽然可用 Bayesian 决策模型以误判成本最低对切割点优化，但两类误判成本比仍依赖大量实证研究。MDA 模型形式的优势是简单固定，容易理解，易应用。多元判别分析的缺点是需要统计假设，线性形式处理非线性问题，处理定性指标能力较弱，但是标准化的评价工具。

### 4.6.3　动态财务预警分析方法

动态财务预警主要是使用人工智能技术，如神经网络模型、机器学习等分析技术，具有较好的模式识别能力，能够克服统计方法的各种局限。动态预警模型与静态预警模型相比，首先具有容错能力、处理错误与遗漏资料的能力。这主要是由动态财务预警系统所使用的预警模型决定的。区分动态财务预警和静态财务预警的根本标准首先是动态财务预警系统一般使用非线性算法，不要求样本符合正态分布和协方差相等的规定。其次，具有自我学习能力。动态系统通过知识的积累，可修正原系统的部分参数和指标，使其预警的结果更富有效性和准确性。动态财务预警具有动态适应性，这是由动态财务预警的结构决定的，动态财务预警系统采用了数据挖掘、数据仓库和代理智能等代理技术，这些技术使得预警系统能随运营环境的变化进行恰当的调整，并调整其内部的存储权重参数，进行动态预警以应对多变的赛事运营环境。动态财务预警系统能够更好地适应环境变化，更好地利用先进的信息技术。动态的、实时危机预警系统可以及早地发现赛事运营危机的苗头，为赛事运营提供决策方面的支持。目前所使用的动态财务预警模型主要有案例推理模型、神经网络模型、递归分类树等。

#### 1. ANN 神经网络预警模型

ANN 的构建理念基于对人的大脑神经模拟的运作，是一种平行分散处理模式，不仅具有较好的模拟识别能力，还可以克服统计等方面的限制。它对数据的分布要求不严格，具有容错能力，具备处理资料遗漏或错误的能力。最可贵的一点是 ANN 具有学习能力，可随时依据新准备的数据资料进行学习、训练，调整其内部的储存权重参数以应对多变的赛事无形资产运营环境。

ANN 于 20 世纪 90 年代初被引入财务困境预测研究，取得了良好的预测结果，具有根据困境程度进行多模式识别的能力，用于财务困境预警系统，无须考虑变量间的统计关系，并能同时处理定性和定量变量的特点。ANN 预测财务危机与统计方法相比是一种黑箱方法；过多重复训练将使网络对样本数据产生过度适应而失去跨样本预测的稳定性，其预测结果 I 类错误普遍高于 II 类错误，与计量经济方法相反，更适合于识别非困境公司；预测的稳健性一般以大大超出传统统计方法的样本量和变量数据为基础，而预测精度在不考虑误判成本的情况下却没有实质上的改进。ANN 是构建体育赛事无形资产智能决策支持系统和专家系统的一种方法。奥多姆和夏尔达（Odom and Sharda，1990）是将 ANN 方法应用于企业财务危机预警中最具代表性的两位学者。用 1975～1982 年的 65 家失败企业与 64 家正常企业配对，并将样本区分为训练样本与保留样本，以奥尔特曼的 Z 分数模型所使用的五个财务比率作为预警指标变量，建立 ANN 预警模型。

实证结果发现训练样本的判别正确率高达 100%，对保留样本失败类企业与正常类企业的预测正确率分别为 81.75%与 78.18%，显示 ANN 预警模型具有较佳的预测能力。

各种方法比较也是研究的热点，伦诺克斯（Lennox）认为多元逻辑模型、Probit 模型结果优于 MDA 模型，对希腊公司的研究又发现 MDA 模型较先进。ANN 研究常以计量经济方法为比较基准，并显示较优的研究结果，但巴尼特（Barnet）研究的结果认为 ANN 与计量经济方法预测结果相当，但建模成本相对高。

2. BP 神经网络算法的运用

BP 神经网络算法采用梯度下降算法，这种算法完整简明，是最适用于模拟输入、输出的近似关系，也是在 ANN 中算法最为成熟的一种，由此算法训练的神经网络，称为 BP 神经网络。在 ANN 的实际应用中，BP 神经网络应用广泛，主要用于函数逼近、模式识别/分类、数据压缩等领域，80%～90%的 ANN 模型采用 BP 神经网络或它的变化形式。

BP 神经网络模型接收到一组输入信息就会产生反应，并与预期反应相比较，分为输入层、隐含层和输出层三个结构，如图 4-2 所示。若错误率超过可以接受的范围，就需要对权重做出修改或增加隐含层数目并开始新的学习过程。经过反复循环，直至错误率降低到可以接受的水平，即降至最大许可预测错误率以下，不断反复的训练过程才停止，从而学习过程也结束并锁定权重。

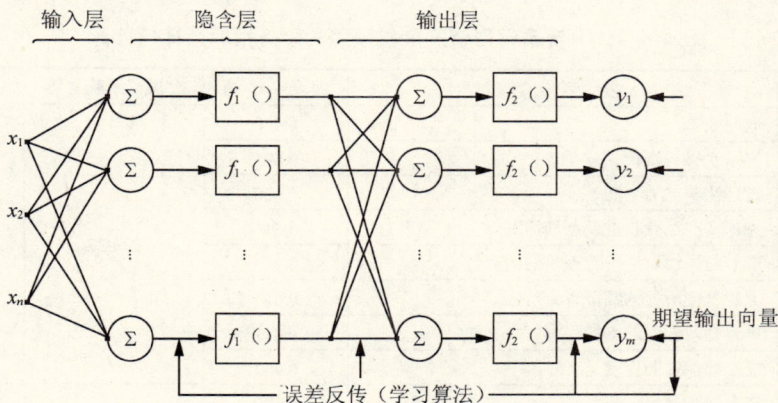

图 4-2　BP 神经网络结构

（1）BP 神经网络算法的步骤

1）对全部连接权的权值进行初始化，一般设置成较小的随机数，以保证网络不会出现饱和或反常情况。

2）取一组训练数据输入网络，计算网络的输出值。

3）计算该输出值与期望值的偏差，然后从输出层计算到输入层，向着减少该偏差的方向调整各个权值。

4）对训练集的每一组数据都重复上面 2）、3）两个步骤，直到整个训练偏差达到能被接受的程度为止。

在 BP 神经网络算法中，对预警性能影响比较大的是权值修正法，一般采用下面的方法：

$$W_{jh}(t+1) = W_{jh}(t) - \eta\frac{\partial E}{\partial W_{jh}} + \alpha[W_{jh}(t) - W_{jh}(t-1)] \quad (4\text{-}6)$$

$$W_{hi}(t+1) = W_{hi}(t) - \eta\frac{\partial E}{\partial W_{hi}} + \alpha[W_{hi}(t) - W_{hi}(t-1)] \quad (4\text{-}7)$$

式中：$\eta$ 为学习率；$\alpha$ 为动量因子；$t$ 为迭代次数；$E$ 为定义误差；$W_{jh}$ 为输入层第 $j$ 个结点到隐含层第 $h$ 个结点的连接权系数；$W_{hi}$ 为隐含层第 $h$ 个结点到输出层第 $i$ 个结点的连接权系数。权值修正是在误差向后传播的过程中逐层传递进行归纳的，当误差的所有权值都被更新一次后，网络即经过一个学习周期。前向三层 BP 神经网络需要将样本数据分为两个集合：训练集和测试集。训练集用于训练网络，以达到指定的要求；而测试集是用来评价已训练好的网络性能。样本数据经过神经网络运算后得到的结果一般都是向量。根据向量来判断待判样本到底属于哪一类。

（2）建模过程和结果分析

由于初始特征集包含的预警指标之间可能存在线性相关性，因而采用主成分分析首先对输入数据进行降维处理，输入数据如表 4-4 所示。然后再利用精选的预警指标建立 BP 神经网络预警模型。此处使用 MATLAB（matrix laboratory，矩阵实验室）软件包来进行 BP 神经网络的创建和训练。

表 4-4　体育赛事无形资产危机预警的财务指标选择与计算

| 因素名称 | 指标内容 | 因子负荷 | 因素解释量 | 特征值 |
|---|---|---|---|---|
| 无形资产自身情况 | 取得成本 | 0.460 | 22.022 | 4.55 |
| | 赛事水平、规模 | 0.693 | | |
| | 管理团队能力 | 0.620 | | |
| | 无形资产已获收益及创利情况 | 0.316 | | |
| | 赛事与场馆、经营管理等的配套性 | 0.712 | | |
| | 无形资产所处的经济寿命阶段 | 0.619 | | |
| | 体育行政部门的支持程度 | 0.811 | | |
| | 受法律保护的程度 | 0.462 | | |
| 盈利能力指标 | 资产净利润率 | 0.690 | 14.28 | 2.76 |
| | 投资报酬率 | 0.487 | | |
| | 所有者权益（净资产）报率 | 0.326 | | |
| | 销售净利润率 | 0.691 | | |
| | 主营业务利润率 | 0.666 | | |
| 流动性与偿还能力指标 | 流动比率 | 0.693 | 10.55 | 2.36 |
| | 速动比率 | 0.620 | | |
| | 运营资本总资产比 | 0.521 | | |
| | 运营资本主营业务收入 | 0.509 | | |
| | 现金流量比率 | 0.554 | | |
| | 现金流量财务费用比 | 0.391 | | |
| | 利息保障倍数 | 0.498 | | |

续表

| 因素名称 | 指标内容 | 因子负荷 | 因素解释量 | 特征值 |
|---|---|---|---|---|
| 资产管理效率指标 | 总资产周转率 | 0.685 | 7.657 | 1.95 |
| | 存货周转率 | 0.721 | | |
| | 应收账款周转率 | 0.665 | | |
| | 固定资产周转率 | 0.532 | | |
| | 平均负债成本率 | 0.699 | | |
| 可持续发展的指标 | 盈利增长指数 | 0.460 | 6.412 | 1.672 |
| | 固定资产总额 | 0.393 | | |
| | 总资产增长率 | 0.620 | | |
| | 主营业务收入增长率 | 0.521 | | |
| | 留成利润比 | 0.509 | | |
| | 留存收益总资产比 | 0.554 | | |
| 外部环境 | 无形资产的市场供求关系 | 0.620 | 5.134 | 1.361 |
| | 与无形资产相关产品或服务的预计市场占有率 | 0.621 | | |
| | 市场环境变化可能带来的风险度 | 0.609 | | |
| | 同行业的产品或服务数量、质量与价格 | 0.454 | | |
| | 行业平均资金利润率 | 0.361 | | |
| | 产业政策吻合度 | 0.452 | | |
| | 地域差异性 | 0.218 | | |

1）样本数据预处理和进一步选择预警指标。

在神经网络工具箱中，利用 prestd 函数对样本数据进行标准化处理，使得标准化后的输入数据服从正态分布，即具有零均值和单位方差：

$$[p_n, mean_p, std_p, t_n, mean_t, std_t] = \text{prestd}（P, T）$$

式中：$P$ 和 $p_n$ 分别为归一化前后的输入数据；$mean_p$ 和 $std_p$ 分别为原始数据 $P$ 的均值和方差；$T$ 和 $t_n$ 分别为归一化前后的目标数据；$mean_t$ 和 $std_t$ 分别为原始数据 $T$ 的均值和方差。

然后，利用 prepca 函数对标准化后的样本数据进行主元分析，从而消除样本数据的冗余成分，达到数据降维的目的：

$$[ptans, transMat] = \text{prepca}（p_n, 01001）$$
$$[R, Q] = \text{size}（ptrans）$$

得到 $R$、$Q$。

主成分分析后，预警指标数量下降。输入结点的减少降低了 BP 神经网络的复杂程度，节省了计算时间。

2）划分训练集合和测试集合。

按照 2 : 1 的比例将样本数据集合划分为训练集合和测试集合。为了提高网络的泛化能力，训练中采用提前停止方法。划分可以通过下列命令语句实现：

```
iival=2:3:Q;
iitr=[1:3:Q 3:3:Q];
val.P=ptrans(:,iival);
val.T=tn(:,iival);
```

```
ptr=ptrans(:,iitr);
ttr=tn(:,iitr)
```

式中：ptr 为训练样本集合的输入向量；ttr 为训练样本集合的目标向量。ptr, ttr 分别为训练样本输入矢量和目标矢量；val.P,val.T 分别为验证样本的输入矢量和目标矢量。

训练样本集合是从原来样本数据集合中均匀选择 2/3 生成的，得到样本数据；测试样本集合是从原来样本数据集合中均匀选择 1/3 生成的，得到样本数据。

3）生成 BP 神经网络。

神经网络的设计必须要确定网络结构和控制参数，两者对网络模型的收敛速度和预测准确性影响很大。网络结构是网络层数和各层神经元（结点）的数目，控制参数包括输入变量、允许误差、学习速率和初始权值等参数。

构建三层神经网络：网络的输入结点，隐含层结点。根据经验一般应满足 $2n>m$，其中 $n$ 为隐含层结点数，$m$ 为样本数。因赛事比较少，隐含层结点数根据样本数选择。输出层为 1 个结点，预测企业的财务状况（正常还是危机这两个状态）。如果输出值接近 1，则判断该赛事财务危机；如果输出值接近 0，则判断该赛事无形资产运营管理为正常。

BP 神经网络的初始化参数完全按照 MATLAB 软件包中的默认值进行设置。具体参数如下：目标误差为 0.02，学习速率为 0.01，学习速率增加的比率为 1.05，学习速率减少的比率为 0.7，动量常数为 0.9，最大误差比率为 1.04，训练循环次数为 500 次。

4）训练与仿真 BP 神经网络。

将体育赛事无形资产的训练样本集合作为神经网络的输入向量，计算该输出值与期望值的偏差，然后从输出层计算到输入层，向着减少该偏差的方向调整各个权值。随训练次数的增加，误差逐渐下降，训练超过一定次数后误差下降的幅度将变得很小。

总之，合理 BP 神经网络模型是必须在训练时没有发生"过拟合"现象，具有合理隐含层结点数，综合求得全局极小点和考虑网络结构复杂程度及误差大小的结果。设计合理 BP 神经网络模型的过程是一个不断调整参数的过程，也是一个不断对比结果的过程，比较复杂且有时还需要有经验。这个过程并不是随便套用一个公式就确定隐含层结点数，经过一次训练就能得到合理的网络模型。如果这样建立模型，很有可能是训练样本的错误反映，没有任何预警价值。

## 小　结

体育赛事无形资产评估是进行投资决策的重要前提，是建立公平分配制度的必要保证。但也存在无形资产评估方法和摊销方法不合理，信息的披露不充分、不及时等问题。

赛事无形资产评估的定量方法包括重置成本法、收益现值法、分割法、现行市价法、期权定价法；定性方法包括模糊评价法、无形资产监视器法、平衡计分卡法等。体育赛事无形资产的评估指标并没有明确的数量表示，甚至只能靠人或评价人的主观感觉并与经验有关。不同的评估方法则可能各有所长，将不同方法互为补充，而不是只择其一。本章将定量与定性评估进行结合，在体育赛事无形资产构成要素的基础上，将赛事无形资产定量和定性相结合，找出各构成要素最适宜的评估方法。针对体育赛事无形资产的知识产权、结构资本、人力资本、市场资本等四类无形资产，设计 67 个指标，通过采用项目分析的方法，提取 23 个指标，建立无形资产各构成要素的二级指标体系。

对体育赛事无形资产运营与评估建立危机预警模型，采用定性、定量、ANN 等危机预警方法对无形资产的开发运营进行危机预警。对预警指标主成分分析后，使其数量下降，确定适合体育赛事无形资产的参数，减少输入结点，降低了 BP 神经网络的复杂程度，节省计算时间。

# 第 5 章　体育赛事无形资产的运营管理
# 与评估实证研究

体育赛事无形资产的运营管理与评估实证研究，主要以第 11 届全运会为例，结合第 10 届全运会和 2008 年北京奥运会。全运会从北京、上海、广东三地轮流主办到各地竞争申办，从政府拨款到赛事自身运营，在运营方面实现了从计划经济管理向市场化运营的转变，市场的价值日益彰显。1979 年北京举办的第 4 届全运会收益 1 万元，1983 年第 5 届全运会在全运会历史上出现了市场运营模式的萌芽，接受赞助广告，收入 11.36 万元，占运动会开支的 1.16%。1987 年广东举办的第 6 届全运会首次发行了体育彩票，诞生了吉祥物等特许商品，特许商品进行尝试开发。赛事组织者也开始注重挖掘全运会的经济效应，组委会开始注重有形资产和无形资产的市场价值。2001 年第 9 届全运会的市场开发更上一层楼，形成了政府引导下的市场化运营模式，此届组委会对电视转播权的准市场首次营销，实现了对赛事资源的综合开发。市场价值观念的融入使全运会承办者摆脱了经济包袱，而商业价值的提升更使其受到市场的追捧。如今的全运会已探索出一条谋生之路，运营模式也各具特色。虽然各届全运会在市场开发方面各显神通，但全运会的市场开发却没有形成稳定的承续体制。全运会还需形成稳定的运营体制，构建自己的品牌，制定发展战略、连续性营销策略，打造专业化的运营队伍，保护全运会知识产权等，实现全运会可持续发展。

## 5.1　体育赛事运营的基本情况

第 11 届全运会由山东省承办，第一次实现了将赛区分配到各个地市，促进了山东省地市的体育场馆建设，增强了人们参与体育运动的意识。共规划建设比赛和训练场馆 129 个（新建 44 个，维修改造 85 个），总投资为 105 亿元。济南市城市基础设施建设投资达 1400 多亿元，实施 926 项建设及环境整治工程。第 11 届全运会累计投资达 2000 亿元以上，包括城市建设、场馆建设、交通建设等投资。如果将城市基础建设、场馆建设等纳入全运会盈亏中，肯定是入不敷出，但仅从赛事运营费用看，未超过预算，收支略有结余。

### 5.1.1　第 11 届全运会运营情况分析

第 11 届组委会建立了赛事资源开发部，负责统筹管理、开发赛事各项资源的唯一授权部门，受组委会的直接领导。在各部门和各赛区的支持下，组委会全面实现了最初制定的资源开发目标，有效保障赛事无形资产和赞助企业的合法权益，取得赛事资源开发与赞助企业的双赢局面。

赛事组委会市场开发部结合山东省的实际情况，对赛事资源进行整体、深度和全方位的开发，以求开拓新的思路，努力提高赛事的市场运营化程度。第 11 届全运会总体目标是"创一流水平，促和谐发展"；指导思想是"立足全国，面向海外，拓宽渠道，注重创新，进一步提升全运会品牌价值，维护赞助商权益，努力开创全运会市场开发工作的新局面"；基本原则是"政府支持、市场运作、社会赞助"；实行"统一开发、适度开发、梯次开发、合作共赢"的运作方式，整合了赞助招商、社会捐赠、电视转播权、特许经营权、赛事门票、网络及新媒体等领域的资源开发。建立健全了各项规章制度，保障了第 11 届全运会市场开发工作制度化和规范化运作。第 11 届全运会第一次在各地市设立赛区，建立组委会和各赛区为一体的工作机制和模式，上下协调，运转顺畅，整合山东省资源，调动地方积极性，共同营造了运营丰收的局面。

　　回顾我国全运会的历史，市场开发从无到有，对承办地的经济具有很强的促进作用，尤其是第 11 届全运会创纪录的市场收益，形成促进地方经济发展的合力，提升举办城市的影响力和美誉度，对经济影响和拉动作用逐渐显现。同 2008 年北京奥运会相比，奥运会的场馆建设方面的投入，包括新建场馆、改扩建、临建等都在内，不超过 130 亿元。2001 年以来，北京在城市建设方面的投资预计在 2800 亿元，包括城市基础设施在内，北京奥运会七年投入超过 3000 亿元人民币，其中北京奥组委的运行预算超过 20 亿美元。通过多种形式运营收益 205 亿元，其中无形资产收入 185 亿元，占总投入的 6.17%，占收益额的 90.2%。北京奥运会的运营是比较成功的。因此，无形资产的收入比例是一个很好的参考。

### 5.1.2　全运会期间各行业的新增收入

　　全运会期间，济南赛区共接待 51.3 万人，其中运动员 6686 人，教练员及随行人员 5386 人，新闻媒体工作人员 4021 人，裁判员及技术官员 3100 人，赛会志愿者 5000 人，城市志愿者 9000 名，社会志愿者 10 万名。接待观众 38 万人次，其中本地观众达 27 万人次，外地观众达 11 万人次，平均每天接待观众达 2.9 万人次。各行业新增收入如表 5-1 所示。

表 5-1　各行业新增收入

| 行　　业 | 新增收入/亿元 |
| --- | --- |
| 餐饮业 | 3.36 |
| 零售业 | 5.22 |
| 景点门票收入 | 1.51 |
| 住宿业 | 2.22 |
| 交通运输业 | 0.76 |
| 通信业 | 0.57 |
| 娱乐业 | 1.17 |
| 总计 | 14.81 |

# 5.2　由全运会看体育赛事无形资产的运营策略

通过无形资产的运营管理，阐述赛事运营管理策略主要从以下方面实现。

## 5.2.1　构建体育赛事的自身品牌

随着全民参与体育赛事的热情提高，体育赛事应构建自身完整的品牌，实现盈利。建立体育赛事无形资产的开发秩序，保持连续性，不能每届体育赛事都从零开始。充分发挥体育赛事的品牌效应和运动员的明星效应，开发赛事的无形资产潜力，形成稳定和可持续发展的运行体系和机制。

## 5.2.2　坚持精品战略和赞助等级细化相结合策略

物以稀为贵，越是稀缺资源，其市场增值的潜力越大。这条规律同样适用于体育赛事的资源开发。为此，应遵循少而精的原则，有计划、有步骤地培育和服务重点客户，以突出赞助企业在行业中的尊贵地位，切实维护好他们的权益。按照奥运会"少即是多"的运营理念，严格控制"合作伙伴"和"赞助商"的征召数额，从企业资质、信誉和实力等方面来考查和选择招商对象，避免鱼龙混杂、泥沙俱下的情况。但根据2008年北京奥运会的经验，合作伙伴赞助起点是2000万元人民币，而赞助商是800万元，两者差距较大，这就使有一定实力和赞助意向的企业处于两者之间，不甘于赞助商级别，但也达不到合作伙伴的程度。因此第11届全运会在运营策略上进一步细分市场，将赞助等级分为合作伙伴、特别支持单位、赞助商、供应商四级，每一级别都根据赛事情况确定支持资金的额度，维权回报级别也不一样。既满足赞助企业的赞助要求，又利于市场开发。因此在运营策略上，应该根据赛事规模，在精品战略和赞助等级方面适当调整。

## 5.2.3　各项目设立经理负责制

坚持赞助商至上理念，切实做好维权回报工作。在第11届全运会赛事运营过程中，设置项目经理，在策划、营销、洽谈、跟踪回报等多个环节与赞助商保持全程联系，减少信息不对称的状况，严厉打击侵犯各类赞助企业权益的侵权行为。

## 5.2.4　整合营销计划

体育赛事具有丰富的资源，如不整合必将会零散而贬值，应按照整体大于部分之和的思路，精心策划、注重策略、科学配置，从而使各类资源有效增值。体育赛事应将有形市场与无形市场整合打包，赞助商的广告赞助可以得到多重荣誉和宣传，回报丰厚。这一点很重要，但对于评估来说有一定的压力。

## 5.2.5　健全与完善体育赛事相关的法律法规

维权工作直接关系到保护赛事和赞助商的合法权益，关系到赛事市场开发的成果，以及赛事的品牌价值。要完善与体育赛事相关的法律法规，尤其是在知识产权保护及管

理方面。在企业赞助时也应该严格审查企业的资质，以免个别不符合条件的企业进入全
运会的赞助商行列，使体育赛事的品牌效应严重受损，在管理和审查方面暴露诸多漏洞。
因此，应增强法制和管理机制建设，加快我国体育产业的市场化步伐。

### 5.2.6  逐步拓展体育赛事无形资产的运营范围

从全运会和奥运会来看，无形资产的运营和统计仅仅局限于赞助招商、社会捐赠、
特许经营、电视转播权几个方面。同无形资产的运营情况来看，显然是远远不够的。体
育赛事运营应进一步从赛事信息、体育明星参赛、网络资源、体育赛事资信、人力资源
等方面进一步拓展赛事无形资产的运营。

## 5.3  体育赛事无形资产评估方法的实证研究

### 5.3.1  收益法计算方法

收益法是无形资产评估中最为普遍的一种方法，其遵循一定的评估思路，对无形资
产的价值予以评估。收益法也是体育赛事无形资产评估中最基本的方法。在考虑出让方
的分享比例的条件下，收益法的基本计算公式为

$$P = a \cdot \sum_{i=1}^{n} \frac{R_i}{(1+r)^i} \tag{5-1}$$

式中：$a$ 为出让方分享追加收益（利润）的比例，其表现形式有转让费、提成率、利润
分成率等，尤其是电视转播权牵涉 $a$ 的问题，要参照双方协议。按利润额来算，分成率
一般为 5%～30%。

收益年限 $n$ 要考虑体育赛事周期。最长 4 年，如奥运会、全运会，很多赛事 1 年一
次或多次，因此当能确定收益年限时，应根据赛事周期确定。

收益额 $R$ 的折算方法是通过销售收入或销售利润进行分成来确定收益额。应以投资
型净现金流量作为预期收益额，这样更能体现出投资所带来的收益。体育赛事中无形资
产大多是高新技术且仅需少量改建投资，周期又短时，这时净现金流量和净利润两个指
标差别不大，均可作为预期收益额。

赛事折现率 $r$ 的选取：当预期收益额为税前净现金流量时，折现率可选用国家有关
部门发布的现行社会折现率和行业基准内部收益率，一般选择为 8%，但可以根据具体
情况适当浮动。

当预期收益额为净利润和利润总额时，不能选用社会资金利润率和行业基准内部收
益率作为折现率，而用无风险利率与风险报酬之和作为折现率。调整时可根据评估对象
所在行业的所得税在利润总额中所占份额的具体情况进行具体分析，公式为

$$r = R_a + \beta(R_Q - R_a) \tag{5-2}$$

式中：$R_a$ 为无风险报酬率；$\beta$ 为风险系数，$R_Q$ 为社会平均收益率。$\beta$ 值的确定主要来自
于证券市场的数据分析。

在我国，由于证券市场发育尚不完善，通过证券市场的数据求出相应的 $\beta$ 值作为估

价参考。风险系数根据《中国沪深 A 股股票贝塔参数测算估计》为 1.5，$R_a$ 为 6%，$R_Q$ 风险报酬率为 10%，得出 $r$ 为 12%。全运会的体育赛事的特许经营权，三年净利润依次是 0.3 亿元、0.3 亿元、0.3 亿元。根据公式可以算出三年的特许经营权无形资产收益 0.7205 亿元，然后根据双方协议，将收益额乘以分成率，如表 5-2 所示。

表 5-2　体育赛事特许经营权收益表

| 净利润（$R$） | 0.3 | 0.3 | 0.3 |
|---|---|---|---|
| 折现率（$r$） | 0.12 | 0.12 | 0.12 |
| 折现期 | 1 | 2 | 3 |
| 收益额 | 0.2679 | 0.2392 | 0.2135 |

体育赛事无形资产作为一种特殊的商品，它是以无形资产投入使用后连续获利为基础，运营的目的是它的获利能力，而不在于无形资产本身。如果不是为了获利，运营后不能产生预期收益，或收益很少且不稳定，那么就不能采用收益现值法。

### 5.3.2　成本法计算方法

成本法分为历史成本法和重置成本法。历史成本法能准确反映出赛事各类资产的构成比，是计算赛事无形资产摊销额和利润的真实依据，适用于体育赛事新购置和新开发的无形资产，如各比赛场馆的器材、设备等。重置成本法在充分考虑运营者和持有者的合理收益、功能性贬值及经济性贬值的情况下，计算重新购建和购买相似的全新资产的成本和价格的方法。公式为

$$无形资产评估值＝重置成本－实体性贬值－功能性贬值－经济性贬值 \qquad (5-3)$$

重置成本的获取一是以历史成本为依据，调整得到重置成本，但评估时应注意无形资产的历史成本不完整性、弱相对性以及虚拟性等特征；二是以现行价格用核算方法得到重置成本。

体育赛事无形资产主要是知识性无形资产，经济性贬值在一定程度上是存在的，但实体性贬值和功能性贬值基本上是不存在的。经济性贬值主要是因外部经济环境的变化引起的与新资产相比较而获利能力下降造成的损失，如市场需求减少、通货膨胀、政策变化等因素，使原资产不能发挥应有的效能而贬值。因此重置成本法可以通过通货膨胀率或获利能力的下降进行计算。公式为

$$赛事无形资产评估值＝重置成本×（1－\alpha） \qquad (5-4)$$

式中：$\alpha$ 为通货膨胀率或者是利率下降率。

在体育赛事中，租赁场馆为 3000 万元，3 年内利率的下降率为 0.19%，那么无形资产的估计值为 2994.3 万元。

重置成本法适用于以资产重置、补偿为目的体育赛事无形资产业务，是清产核资中最基本的评估方法，同时也用于租赁、承包、兼并、经营评价、经济担保等经济活动的资产评估。在重置成本法使用过程中，要具备可利用的历史资料，并且形成资产价值的费用也是必需的。

### 5.3.3　现行市价法计算方法

　　现行市价法是指按市场现行价格作为价格标准，据以确定无形资产价格的评估方法。现行市价法要对体育赛事无形资产进行市场调查，选择一个或几个与评估对象相同或相似的资产作比较对象，分析比较对象成交价格和交易条件，再进行对比调整，最后估算出资产的价格。

　　用现行市价法评估无形资产要确定合理的、比较有基础的、类似的无形资产作为参照物的无形资产；要注意收集类似无形资产交易信息和以往评估的信息；根据宏观经济、赛事和无形资产情况的变化考虑时间、空间和条件的变化而产生的差异。

### 5.3.4　分割法计算方法

　　采用 AHP 综合评定方法对赛事收益进行分离。AHP 分析拥有完整的理论体系和简单的应用形式。对赛事的组合无形资产进行有效、合理的分割，建立相应的数学模型，从而评估出各种无形资产的准确价值。本案将从票务收益中分离出无形资产的成分。用 AHP 方法决策结构如图 5-1 所示。

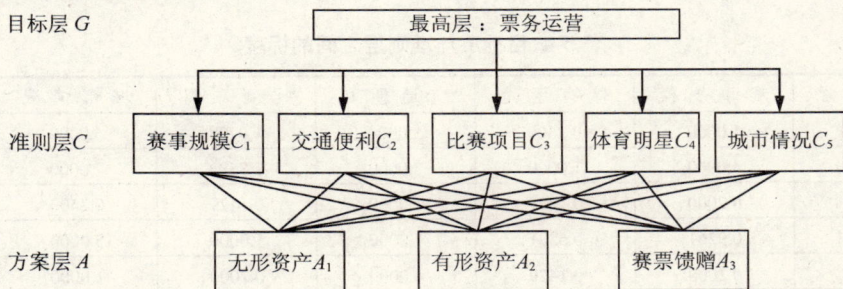

图 5-1　层次分析法三层结构图

**1.　建立递阶层次结构**

　　递阶层次结构中，每一层的每一个元素均是下一层中每个元素的准则。

**2.　构造两两比较判断矩阵**

　　$A = (a_{ij})_{n \times n}$，在单准则下分别构造，即在 $G$ 下对 $C_1$、$C_2$、$C_3$、$C_4$、$C_5$，构造 $A$；分别在 $C_1$、$C_2$、$C_3$、$C_4$、$C_5$ 下对 $A_1$、$A_2$、$A_3$ 构造 $A$，在单一准则下，如何具体构造两两比较判断矩阵 $A = (a_{ij})$ 呢？即如何具体确定比值 $a_{ij}$ 呢？在 AHP 中采用 1～9 比例标度法。$n$ 个元素 $u_1$，$u_2$，…，$u_n$，两两比较其重要性共要比较 $n(n-1)/2$ 次。第 $i$ 个元素 $u_1$ 与第 $j$ 个元素 $u_j$ 重要性之比为 $a_{ij}$。问题是如何得出 $a_{ij}$ 的值。AHP 采用 1～9 比例标度法来确定 $a_{ij}$；这是 AHP 法的特点，也是优点。本来，$n$ 个元素比较 $n-1$ 次，即可确定顺序，为什么要比较 $n(n-1)/2$ 次呢？这是由事物的复杂性和决策人的局限性决定的，事实证明，$n$ 个元素按重要性只有两两比较，才能揭示重要性的内在规律，仅仅比较 $n-1$ 次是决然不行的，因为只比较 $n-1$ 次，其中若有一次失误，则排序就将被破坏。

而两两比较可减少失误。两元素间各标度的含义如表 5-3 所示。

**表 5-3　两元素间各标度的含义**

| 标　度 | 含　义 |
|---|---|
| 1 | 两个元素相比，前者比后者同等重要 |
| 3 | 两个元素相比，前者比后者稍重要 |
| 5 | 两个元素相比，前者比后者明显重要 |
| 7 | 两个元素相比，前者比后者强烈重要 |
| 9 | 两个元素相比，前者比后者极端重要 |
| 2，4，6，8 | 表示上述相邻判断的中间值 |
| 倒数 | 若元素 $i$ 与 $j$ 的重要性之比为 $a_{ij}$，那么元素 $j$ 与元素 $i$ 重要性之比为 $a_{ij-1}/a_{ij}$ |

所以建议采用 9 分制量表来比较两元素间的重要性，主要是因为人的直觉最多只能判断出 9 个等级的差异，人的直觉是分辨不出来的更细化差异，而两两比较判断矩阵是无形资产领域的专家靠感觉去分辨和构造的，因此宜采用 9 分制量表。从判断矩阵 $A$ 出发到导出元素在某种准则 $C$ 下按重要性大小的排序，矩阵 $A$ 的一致性起着至关重要的作用。按照 1~9 比例标度法的上述说明，具体构造两两比较判断矩阵，如表 5-4 所示。

**表 5-4　目标层与准则层之间的标度**

| 票 务 运 营 | 赛事规模 | 体育明星 | 交通便利 | 比赛项目 | 城市情况 | $W_i$ |
|---|---|---|---|---|---|---|
| 赛事规模 | 1.0000 | 0.2500 | 5.0000 | 1.0798 | 5.0000 | 0.2032 |
| 体育明星 | 4.0000 | 1.0000 | 7.0000 | 1.8582 | 7.0000 | 0.4511 |
| 交通便利 | 0.2000 | 0.1429 | 1.0000 | 0.1429 | 0.2500 | 0.0350 |
| 比赛项目 | 0.9261 | 0.5381 | 7.0000 | 1.0000 | 5.0000 | 0.2457 |
| 城市情况 | 0.2000 | 0.1429 | 4.0000 | 0.2000 | 1.0000 | 0.0651 |

其中判断矩阵一致性比例为 0.0784；对总目标的权重为 1.0000；$\lambda_{\max}=5.3513$，表中的数值根据判断矩阵一致性比例微调。

**3．计算单一准则下各元素的相对权重**

对给出的共 6 个正互反矩阵，分别求以下项目。

1）$\lambda_{\max}$。

关于用迭代法求 $\lambda_{\max}$ 的思路

由 $AW=\lambda_{\max} W$，设 $W$ 已"归一化"，由 Person 定理知与 $\lambda_{\max}$ 对应的特征向量归一化后是唯一的，所以，令

$$\begin{cases} W_0=\left(\dfrac{1}{n},\dfrac{1}{n},\cdots,\dfrac{1}{n}\right) \\ AW_{k-1}=\overline{W}_k\,(k=1,2,\cdots) \end{cases}$$

每迭代一次得 $\overline{W}_k$，将 $\overline{W}_k$ 归一化后作为下一次迭代初值，直到 $\max\left|W_{k_i}-W_{(k-1)}\right|<\varepsilon$ 为止，则 $W_k$ 就是唯一的归一化后的特征向量。

由 $\overline{W}_k = A W_{k-1} = \lambda_{\max} W_{k-1}$，$\overline{W}_k = \lambda_{\max} W_{(k-1)} W_{(k-1)\,i}$，故 $\lambda_{\max} = \dfrac{1}{n}\sum_{i=1}^{n}\dfrac{\overline{W}_{k_k}}{W_{(k-1)_i}}$。

2）与 $\lambda_{\max}$ 对应的特征向量并归一化得排序相对权重向量。

3）每个矩阵求 $\lambda_{\max}$ 后，都要进行一致性检验。根据上述公式，通过计算机编程计算得出准则层与方案层之间的标度、$W_i$，如表 5-5～表 5-9 所示。

表 5-5　准则层赛事规模与方案层之间的标度

| 赛 事 规 模 | 无形资产 | 有形资产 | 赛票馈赠 | $W_i$ |
| --- | --- | --- | --- | --- |
| 无形资产 | 1.0000 | 1.2000 | 6.0000 | 0.5000 |
| 有形资产 | 0.8333 | 1.0000 | 5.0000 | 0.4167 |
| 赛票馈赠 | 0.1667 | 0.2000 | 1.0000 | 0.0833 |

其中判断矩阵一致性比例为 0.0000；对总目标的权重为 0.2032；$\lambda_{\max}=3.0000$。

表 5-6　准则层体育明星与方案层之间的标度

| 体 育 明 星 | 无形资产 | 有形资产 | 赛票馈赠 | $W_i$ |
| --- | --- | --- | --- | --- |
| 无形资产 | 1.0000 | 8.0000 | 9.0000 | 0.8092 |
| 有形资产 | 0.1250 | 1.0000 | 1.0000 | 0.0973 |
| 赛票馈赠 | 0.1111 | 1.0000 | 1.0000 | 0.0935 |

其中判断矩阵一致性比例为 0.0015；对总目标的权重为 0.4511；$\lambda_{\max}=3.0015$。

表 5-7　准则层交通便利与方案层之间的标度

| 交 通 便 利 | 无形资产 | 有形资产 | 赛票馈赠 | $W_i$ |
| --- | --- | --- | --- | --- |
| 无形资产 | 1.0000 | 0.3333 | 4.0000 | 0.2797 |
| 有形资产 | 0.2500 | 0.2000 | 1.0000 | 0.0936 |
| 赛票馈赠 | 3.0000 | 1.0000 | 5.0000 | 0.6267 |

其中判断矩阵一致性比例为 0.0825；对总目标的权重为 0.0350；$\lambda_{\max}=3.0858$。

表 5-8　准则层比赛项目与方案层之间的标度

| 比 赛 项 目 | 无形资产 | 有形资产 | 赛票馈赠 | $W_i$ |
| --- | --- | --- | --- | --- |
| 无形资产 | 1.0000 | 1.2500 | 0.2500 | 0.1724 |
| 有形资产 | 0.8000 | 1.0000 | 0.2000 | 0.1379 |
| 赛票馈赠 | 4.0000 | 5.0000 | 1.0000 | 0.6897 |

其中判断矩阵一致性比例为 0.0000；对总目标的权重为 0.2457；$\lambda_{\max}=3.0000$。

表 5-9　准则层城市情况与方案层之间的标度

| 城 市 情 况 | 无形资产 | 有形资产 | 赛票馈赠 | $W_i$ |
| --- | --- | --- | --- | --- |
| 无形资产 | 1.0000 | 6.0000 | 4.0000 | 0.7010 |
| 有形资产 | 0.1667 | 1.0000 | 0.5000 | 0.1061 |
| 赛票馈赠 | 0.2500 | 2.0000 | 1.0000 | 0.1929 |

其中判断矩阵一致性比例为 0.0088；对总目标的权重为 0.0651；$\lambda_{\max} = 3.0092$。

**4. 计算各层元素的组合权重**

设第 1 层元素相对总目标的排序权重向量为

$$\boldsymbol{a}^1 = (a_1^1,\ a_2^1, \cdots,\ a_m^1) \quad (m=5)$$

第 2 层在第一层 j 元素准则下的排序向量为

$$\boldsymbol{b}^1 = (b_{1j}^1,\ b_{2j}^1, \cdots,\ b_{nj}^1)\ (j=1,\ 2,\ \cdots,\ m,\ n=3)$$

令 $B^2 = (b_1^2,\ b_2^2, \cdots,\ b_m^2)\quad (m=5)$，则第 2 层 n（n=3）个元素相对于总目标的组合权重向量为

$$a^2 = B^2 \cdot a^1$$

三种方案的权重为

$$W_{GA} = \begin{pmatrix} 0.500 & 0.809 & 0.280 & 0.172 & 0.701 \\ 0.417 & 0.097 & 0.094 & 0.138 & 0.138 \\ 0.083 & 0.094 & 0.627 & 0.690 & 0.690 \end{pmatrix} \begin{pmatrix} 0.203 \\ 0.451 \\ 0.035 \\ 0.246 \\ 0.065 \end{pmatrix} = \begin{pmatrix} 0.564 \\ 0.173 \\ 0.263 \end{pmatrix} \begin{matrix} \text{无形资产} \\ \text{有形资产} \\ \text{赛票馈赠} \end{matrix}$$

因此，取无形资产的权重 0.564，在票务收益的 1.2 亿元中，无形资产的收益为 1.2×0.564＝0.6768（亿元）。

### 5.3.5　实物期权计算方法

在体育赛事无形资产评估上，成本法、市场法和收益法等得到了广泛应用，但这些方法都没有考虑无形资产的选择权。针对传统评估方法的弊端，当期权应用于实物资产时称之为实物期权。实物期权估值方法对公允市场价值和赛事特定价值两方面同样适用。如果实物期权存在于市场中，则结果应与公允市值一致。但是，大多数无形资产有独特性，特定的评价期权价值的方法将更好地评估无形资产价值。

实物期权理论给体育赛事无形资产评估提供了一种评估方法，可把 BS 模型应用于知识资产评估，其微分方程为

$$\left. \begin{aligned} & \frac{\partial C}{\partial t} + r_f S \frac{\partial C}{\partial S} + \frac{1}{2} \frac{\partial^2 C}{\partial S^2} \sigma^2 S^2 = r_f C \\ & C = S \cdot N(d_1) - X e^{-rt} \cdot N(d_2) \\ & d_1 = \frac{\ln(S/X) + (r+\sigma^2/2)\, t}{\sigma \sqrt{t}} \\ & d_2 = \frac{\ln(S/X) + (r-\sigma^2/2)\, t}{\sigma \sqrt{t}} \end{aligned} \right\} \tag{5-5}$$

式中：$C$ 为期权的价值；$S$ 为期权标的物的当前价值；$X$ 为期权的约定价格；$r$ 为无风险利率；$\sigma$ 为年收益标准差；$t$ 为期权到期年限。

若有 6 个月期限（t=6）的特许经营权看涨期权需要定价。现行价（S）为 50 元，

收益率的年度标准差（$\sigma$）为 50%，期权的约定价格（$X$）为 50 元，无风险利率（$r$）为年利率 10%，计算该特许经营权物品的期权价格。

根据上述公式，计算如下：

$$d_1=[\ln（50/50）＋（0.1+0.5×0.25）×0.5]/（0.5×0.707）＝0.318$$

$$d_2=0.318-0.5×0.707＝-0.0355$$

查表可知：

$$N（d_1）＝0.6236；N（d_2）＝0.4859$$

代入公式得

$$C＝50×0.6236-（50×0.4859）/（e^{0.1×0.5}）＝8.07$$

$$项目的真实价值＝传统方法计算出的价值＋实物期权价值$$

因此特殊经营物品的单价就是 58.07 元。

实物期权方法的优势在于理论上的完整性，投资者可以从体育赛事市场上获得信息，灵活选择建设开始的最优时间，根据项目的运作情况和市场条件变化，灵活地对进一步投资做出决策。但其缺点一是缺乏历史数据的支持；二是 BS 模型的有效性难以得到检验。

### 5.3.6　模糊评判计算方法

模糊评判法是模拟人评价事物的思维过程，对构成被评估事物的各相关因素进行综合考虑，把各因素作用的程度大小数量化，运用模糊变换理论对事物做综合评判。

体育赛事无形资产的评估面临着复杂的环境和问题，往往是在不完全信息、不分明信息和不确定信息状态下，对体育赛事无形资产进行的评估活动；体育赛事无形资产的价值目标和因素间的时空关系是比较复杂的，其中时滞性、非线性、弱对应性给确切评估带来麻烦；各因素间的相关性和因素本身的非确定性，使模糊性问题广泛存在于无形资产评估中。运用科学的模糊手段会使无形资产评估更真实、更准确、更合理。模糊评判法是定量分析和定性分析相结合的一种分析方法。将体育赛事无形资产的知识产权进行评估，评估指标如表 5-10 所示，从统计资料上来看，知识产权在体育赛事中收益很小，这也是需要拓展的区域。

表 5-10　知识产权类无形资产的评估指标

| 一 类 指 标 | 二 类 指 标 | 三 类 指 标 |
| --- | --- | --- |
| 知识产权 | 经济 | 人力成本 |
| | | 物力成本 |
| | | 财力支出 |
| | | 耗费时间 |
| | 技术 | 技术成熟度 |
| | | 技术更新周期 |
| | | 可被替代性 |
| | | 转让次数 |
| | 外部环境 | 法律法规的支持保护 |
| | | 地域特点 |

### 1. 确立因素及评价等级

对定性数据的处理比定量数据的处理要麻烦一些。评价等级的划分应充分考虑指标的性质特点，不宜过细，一般以四等或五等为适中，定五个等级为宜，即很好、较好、一般、较差、很差，或者是很强、较强、一般、较弱、很弱等。

### 2. 建立因素集的模糊矩阵

建立因素集的模糊矩阵为

$$\begin{pmatrix} a_{11} & a_{12} & \cdots & a_{1n} \\ a_{21} & a_{22} & \cdots & a_{2n} \\ \vdots & \vdots & & \vdots \\ a_{m1} & a_{m2} & \cdots & a_{mn} \end{pmatrix}$$

矩阵为 $m \times n$ 阶矩阵，矩阵的每一行为一个模糊子集，每一列为一个评价因素的每个等级的隶属度，将各个模糊子集组合起来，构成模糊矩阵。在评价无形资产中，有的现象外延是模糊的、不清晰的，很难用准确的量化标准来描述它，而是一个模糊的概念。隶属度就是模糊数学中用来度量事物对集合的隶属程度，可以把模糊的教育现象数量化。

### 3. 选择评判模型

最常用的评判模糊数学模型有很多，为避免扎德算符（∧，∨）的"二义性失效"或"全同失效"。采用 $M(\bullet, \oplus)$ 模型，"·"为乘运算符号；"⊕"为加运算符号；"$\sum \oplus$"为有界和，这种数学模型也是我国目前最常用的模型。

### 4. 计算综合评判值

影响无形资产评估能力因素集 $U = [U_1、U_2、U_3、\cdots]$ 多种因素，给予一定的权数分配。对每个因素的评价分为五个等级，构成 $V = [很低，较低，合理，较高，很高]$，这样就可以得到矩阵 $R$。选用模糊数学评判模型 $M(\bullet, \oplus)$，即 $b_j = \sum_{i=a}^{n} \oplus (a_i \bullet r_{ij})$。$R_i = \{R_1, R_2, R_3\}$，其中

$$R_1 = \begin{pmatrix} 0.20 & 0.15 & 0.25 & 0.20 & 0.20 \\ 0.30 & 0.10 & 0.15 & 0.25 & 0.20 \\ 0.25 & 0.15 & 0.20 & 0.20 & 0.20 \\ 0.25 & 0.20 & 0.20 & 0.15 & 0.20 \end{pmatrix}$$

$$R_2 = \begin{pmatrix} 0.25 & 0.20 & 0.15 & 0.20 & 0.20 \\ 0.20 & 0.25 & 0.20 & 0.15 & 0.20 \\ 0.20 & 0.15 & 0.20 & 0.25 & 0.20 \\ 0.20 & 0.25 & 0.15 & 0.15 & 0.25 \end{pmatrix}$$

$$R_3 = \begin{pmatrix} 0.20 & 0.20 & 0.25 & 0.20 & 0.15 \\ 0.20 & 0.15 & 0.20 & 0.25 & 0.20 \end{pmatrix}$$

三种因素的权重经过调查问卷可以算出

$$A_1 = (0.30, \ 0.20, \ 0.20, \ 0.30)$$
$$A_2 = (0.25, \ 0.20, \ 0.25, \ 0.30)$$
$$A_3 = (0.60, \ 0.40 \ )$$

得到模糊评价的评价指标为

$$b_1 = A_1 \times R_1 = (0.245, \ 0.155, \ 0.205, \ 0.195, \ 0.200)$$
$$b_2 = A_2 \times R_2 = (0.200, \ 0.225, \ 0.173, \ 0.188, \ 0.215)$$
$$b_3 = A_3 \times R_3 = (0.200, \ 0.180, \ 0.230, \ 0.220, \ 0.170)$$

三种因素的权重向量为：$W = (0.35, \ 0.45, \ 0.2)$，选用模糊数学评判模型 $M(\bullet, \oplus)$，即 $b_j = \sum_{i=a}^{n} \oplus (a_i \bullet r_{ij})$。

$$B = W \bullet R = (0.35, 0.45, 0.20) \bullet \begin{pmatrix} 0.245 & 0.155 & 0.205 & 0.195 & 0.200 \\ 0.200 & 0.225 & 0.173 & 0.188 & 0.215 \\ 0.200 & 0.180 & 0.230 & 0.220 & 0.170 \end{pmatrix}$$

可以得出 $b_1 = 0.35 \times 0.245 + 0.45 \times 0.2 + 0.2 \times 0.2 = 0.216$，同理可以得出：$b_2 = 0.192$，$b_3 = 0.195$，$b_4 = 0.197$，$b_5 = 0.201$。根据"最大隶属原则"，认为体育赛事无形资产知识产权的开发是很差的。即 21.6% 的专家认为知识产权评估的价值太低，19.2% 认为较低，19.5% 认为价格评估合理，19.70% 认为较高，20.1% 认为评估的价值太高。

用加权平均法进行处理，以 $b_i$ 为权重，对专家评语权重 $W_j$，对给专家的评语附以适当的权值，保证纠偏系数的纠偏方向，得到纠偏系数 $P$ 为

$$P = \frac{\sum_{j=1}^{m} b_i w_j}{\sum_{j=1}^{m} b_i} = 1.12$$

因此合理的评估值应该是初评值乘以 $P$。

### 5.3.7　平衡计分卡模型

平衡计分卡模型用来测度赛事业绩和发展潜力。强调财务目标、赛事战略，注重赛事无形资产的未来增长潜力，从流量和存量两个方面进行评估，具有解释赛事战略的功能，对挖掘赛事无形资产的潜力比管理物质资本更具有决定性的意义。"平衡"是指财务指标与非财务指标之间的平衡。对非财务指标的考核大多是定性说明，缺乏系统性、全面性量化考核。而平衡计分卡从财务、客户、内部业务流程和学习与成长等四个方面来描述，包含领先指标和滞后指标，其中财务指标就是一个滞后指标，只能反映公司上一年度发生的情况，不能体现赛事改善业绩。平衡计分卡对于领先指标的关注，使赛事更关注于过程，而不仅仅是赛后的结果，这有助于提高赛事无形资产的管理水平，以获得更好的财务结果。

平衡计分卡是一种战略管理工具，需要同时关注体育赛事的短期目标和长期目标。以系统理论的观点来考虑平衡计分卡的实施过程，那么战略就是输入，财务就是输出。

因此，平衡计分卡是从体育赛事的战略开始，逐步分解到赛事短期目标，使赛事的战略规划和年度计划很好地结合起来，解决了赛事的战略规划可操作性差的缺点。

在实施平衡计分卡时，先完善赛事的管理体系，做好基础管理工作，包括赛事战略管理、人力资源管理、成本管理、质量管理、采购管理、运营管理等。还要完善赛事的战略管理体系，整个赛事的平衡计分卡到各项目的平衡计分卡，再到工作人员的平衡计分卡，都是从战略逐层分解下来的。其应包括相应的组织机构、程序、流程及人员保证等，平衡计分卡的流程如图 5-2 所示。

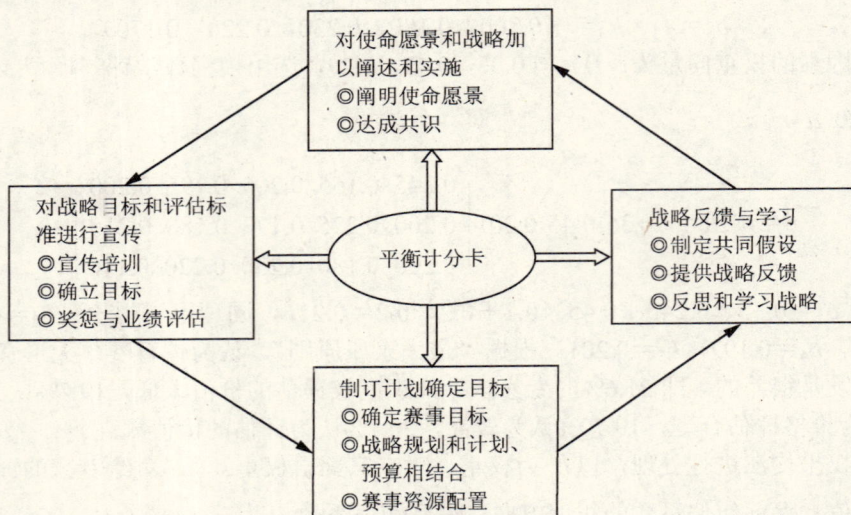

图 5-2　体育赛事无形资产平衡计分卡的流程

体育赛事无形资产的平衡计分卡是将战略地图目标转化为指标、目标值和行动方案，赛事管理者需要确定实现体育赛事无形资产目标值的行动方案。通过执行方案，执行战略管理，可以从财务层面、客户层面、内部层面、学习与成长层面来看其目标值，如表 5-11 所示。

表 5-11　体育赛事无形资产平衡计分卡的模型

| 层　　面 | 类　　别 | 主　要　指　标 | 权　重 | 业　务　水　平 |
|---|---|---|---|---|
| 财务层面：<br>以价值增值为中心；<br>以赛事价值最大化为目的 | 增长期 | 销售增长率 | 21% | 通过预算，规定相应无形资产的目标运营水平 |
| | | 总资产增长率 | | |
| | | 资产周转率 | | |
| | 稳定期 | 投资报酬率 | | |
| | | 经济增加值 | | |
| | | 成本降低率 | | |
| | | 销售利润率 | | |
| | | 资本净利率 | | |
| | 成熟期 | 净利润 | | |
| | | 经营现金流量净额 | | |
| | | 经营现金流量净额与净利润的比率 | | |

续表

| 层 面 | 类 别 | 主 要 指 标 | 权 重 | 业 务 水 平 |
|---|---|---|---|---|
| 客户层面: 以质量为核心; 以维持和拓展赛事无形资产市场为目的 | 权衡从客户处获得的利润率和赛事接受能力 | 市场占有率<br>客户保持率<br>客户获得率<br>顾客的满意程度 | 37% | 依据体育赛事无形资产运营战略,规定目标业绩水平 |
| 内部层面: 以价值链为核心; 以增强赛事核心竞争力为目的 | 创新能力 | 研究开发成功率<br>研究开发获利能力和周期 | 21% | 依据体育赛事无形资产运营战略,规定目标业绩水平 |
| | 运营能力 | 定单完成率<br>质量改进率<br>最佳库存量 | | |
| | 服务维权 | 维权服务的效率和效果 | | |
| 学习与成长层面: 以赛事人力资本的开发与使用为主; 以赛事持续和谐发展为目的 | 工作人员情况 | 工作人员保持率<br>工作人员贡献力<br>工作人员的积极性 | 21% | 依据体育赛事无形资产运营战略,规定目标业绩水平 |
| | 专家情况 | 专家能力<br>专家增加占一般员工增加的比例 | | |

# 5.4 两届全运会与奥运会间的收益对比分析

第 10 届和第 11 届全运会及 2008 北京奥运会在收益方面取得了一定的成绩,如表 5-12 所示。

表 5-12 两届全运会与 2008 年北京奥运会各项收入对比

| 来 源 | 第 10 届全运会金额/亿元 | 构成比/% | 第 11 届全运会金额/亿元 | 构成比/% | 2008 年北京奥运会金额/亿元 | 构成比/% |
|---|---|---|---|---|---|---|
| 赞助招商 | 3.70 | 75.0 | 5.00 | 65.79 | 86.7 | 42.29 |
| 社会捐赠 | 0.18 | 3.65 | 0.76 | 10.0 | 0.00 | 0.00 |
| 特许经营 | 0.11 | 2.23 | 0.60 | 7.89 | 90.5 | 44.15 |
| 电视转播权 | 0.12 | 2.43 | 0.04 | 0.53 | 8.20 | 4.00 |
| 票务运营（无形） | 0.00 | 0.00 | 0.51 | 6.71 | 0.00 | 0.00 |
| 票务运营（有形） | 0.39 | 7.91 | 0.69 | 9.08 | 12.8 | 6.24 |
| 财产处置收入 | 0.00 | 0.00 | 0.00 | 0.00 | 2.40 | 1.17 |
| 住宿、收费卡、利息等 | 0.00 | 0.00 | 0.00 | 0.00 | 4.40 | 2.15 |
| 其他 | 0.43 | 8.76 | 0.00 | 0.00 | 0.00 | 0.00 |
| 总计 | 4.93 | 100 | 7.60 | 100 | 205 | 100 |
| 无形资产 | 4.11 | 91.3 | 6.91 | 90.9 | 185.4 | 90.4 |

通过表 5-12 可以看出,在无形资产运营方面,第 11 届全运会与第 10 届全运会和

2008年北京奥运会相差不大,大概都在90%左右,结合无形资产运营比较成功的企业,可以把90%作为无形资产运营成功与否的一个标志。从总投入来看,全运会投入2000亿元,包括基础建设等,无形资产运营收入6.91亿元,占0.345%,而第29届奥运会却达到6.62%,佢全运会有形资产票务运营方面相对比较突出,说明体育赛事具有全民性,群众加入到欣赏体育赛事当中来,明星效应也很突出。

当然,对第11届全运会运营效益也要客观分析,考虑到以下因素:

一是承办大赛经验少。第11届全运会是山东省第一次承办全运会这样大规模的赛事,举办其他大型赛事也相对比较少,在运营管理方面缺乏经验。

二是自然灾害等的影响。在全运会招商工作的最关键时刻,南方雪灾和汶川地震使招商工作雪上加霜。大部分企业为支持灾区重建,积极捐款救助灾区。但企业资金有限,自然不利于全运会的市场运营。

三是赞助商分流严重。国内大型企业对北京奥运会的投入较大,全运会的招商工作紧随北京奥运会,对全运会的赞助预算必然要减少。在体育赛事宣传方面,上海的世博会和广州的亚运会虽然晚一年举办,但市场开发的启动并不比全运会晚。全运会开始宣传时,恰逢奥运会宣传高峰,未必达到良好的宣传效果,给市场运营工作带来一定的难度。因此全运会的招商分流严重。

四是金融危机的爆发。北京奥运会后,全球性的金融危机开始爆发,恰似一场经济地震,国内众多企业的经营,尤其是合资企业经济效益明显下降,很大程度上影响全运会的无形资产市场运营。

## ～ 小　结 ～

本章通过多种评估方法对第11届全运会的无形资产进行评估,采用定性和定量相结合的原则,对第11届全运会的收入进行分割、评估。确定了体育赛事无形资产收益法的折现率、简化成本法的计算公式、对平衡计分卡的计算模型进行修正、利用分割法将门票收入进行分割、用模糊评判法对知识产权类无形资产进行评估,采用实物期权法对体育赛事特许经营权进行计算。在第11届全运会中,比较好的现象就是票务运营方面相对比较突出,说明体育赛事的全民性,吸引群众加入到欣赏体育赛事队伍中来。

# 第6章 体育赛事无形资产的信息管理系统研究

体育赛事的网络环境是影响体育赛事运营与评估的信息处理技术平台，是一种新的信息环境，是更为快捷方便的信息传播、信息搜索、信息处理的技术平台。体育赛事的资本结构不再以有形资产为中心，而是以员工和组织的知识技能为基础的无形资产为中心，无形资产成为网络环境中体育赛事的一个重要指标。无形资产可帮助体育赛事降低成本，提高运营效率，为赛事和社会带来巨大的财富，其拥有程度和质量的高低决定着体育赛事在竞争中的地位及体育赛事的发展潜力。

## 6.1 体育赛事无形资产信息管理系统的设计

### 6.1.1 总体设计思想

体育赛事无形资产的识别、无形资产运营管理与评估实现信息管理是对体育赛事无形资产运营与评估的综合分析与监控，包括系统中程序的基本流程、组织结构、数据文件的输入/输出、功能运行设计、功能模块间的接口设计、系统总体的数据结构设计和运行中出错的处理等。为信息系统的详细设计提供系统总体上的设计思想。

#### 1. 信息管理系统的功能

信息管理系统的整体设计是采用模块化的方法，系统总体上分成了五大功能模块，即体育赛事基本信息、赛事无形资产的识别、赛事无形资产的运营管理、赛事无形资产的评估、体育赛事交流区。系统采用 B/S 结构，基于 J2EE 的四层体系结构，使用系统的用户所需做的就是提交请求，然后由服务器完成事务的逻辑处理，最后再通过浏览器把结果返回给管理者或用户，整个系统的完成用面向对象的网络开发技术（ASP 或 JSP）来实现。整个逻辑事务处理过程对用户是完全透明的。

#### 2. 信息管理系统的性能

信息管理系统在性能方面，主要从存储容量、运行时间及安全保密方面来考虑。

存储容量：提供足够的空间，管理各类图文档，建立个人文件夹，设置相应的容量，在现有硬件、软件基础上合理分配；为保证个人合理有效的分配管理，服务器在硬件、软件方面要达到良好。

运行时间：用户通过浏览器提交请求，服务应实现即时响应，所以在算法设计上要力求做到简便，步骤精细。采用能够跨平台的 Java 技术，可使运行速度限定在用户能够接受的限度，在此基础上进一步改善它的实现方式和功能。

安全保密：对系统涉及的计划、报告、图、文档等分门别类管理，对系统用户设置权限，提高系统的安全保密性。为进一步保障文档的安全性，在文档管理方面要实现权限管理功能。用户对数据库、系统的访问是在权限认可的范围内进行的，对于非法用户，它无权对数据做任何的改动。

### 3. 信息管理系统的运行环境

硬件环境：规定运行环境，如设备、支持软件、接口、保密与安全等。现有的系统是基于 Windows 系列操作系统、网络环境下工作的，由于系统的开发采用的是具有跨平台功能的 Java 技术，所以系统很容易实现在其他面向对象的操作系统移植。系统的运行网络拓扑结构一般为星形结构，通过交换机实现数据的传递与共享。所以必备交换机或者集线器、每台使用系统的计算机必配置网络适配器，通信协议遵循 TCP/IP 协议。配置网线若干。

软件环境：在计算机领域，软件环境主要是指运行于计算机硬件之上的驱动计算机及其外围设备实现某种目的的软件系统。主要指软件的运行环境，如 Windows 7、Windows XP、Linux 等操作系统，以及软件运行所需的周边软件等。除此之外，还包括目的软件之外的应用层软件，在涉及软件交互的时候，这些应用软件往往影响很大。例如，Office 2010 办公软件、SQL Server 数据库管理软件、Flash 插件、JDK 5.0、Java 开发工具包等。

## 6.1.2　总体结构设计

无形资产运营与评估的信息化平台总体上采用用户身份验证的使用方式。在系统功能实现上采用了模块化的开发方法。把整个系统的工作流程按照阶段分成几大模块。所有模块的功能实现全是基于 B/S 结构。同时每一块存在与系统集成的接口，使所有的模块最终集成到体育赛事无形资产这个科学信息化平台上。

信息化平台通过互联网/内联网，利用最新的网络技术、数据库技术、Web 技术等，将运动队的信息管理提高到一个新的水平。系统的开发采用 B/S 结构、对组件技术支持良好的 JSP 技术，使最终成为产品的系统基于网络的平台，采用界面友好、功能操作简洁方便的面向对象开发技术更有助于系统的使用和推广，如图 6-1 所示。

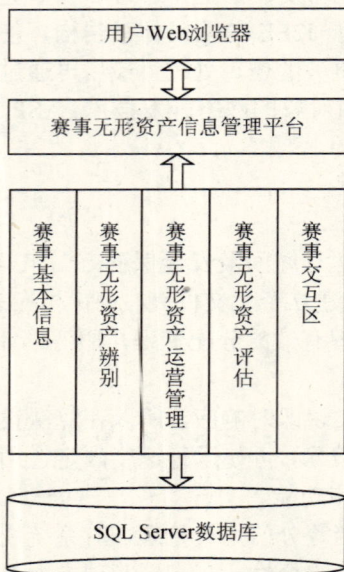

图 6-1　体育赛事无形资产运营与评估信息化平台

## 6.1.3　运行设计

管理信息化平台的运行主要通过应用服务器和客户端浏览器完成。只要用户的计算机装有浏览器，用户机与运行系统的服务器处于同一个网络内就可以访问系统。系统存在时间限定内的刷新功能，对于在线用户如果在一定的时间内没有对系统进行操作，用户会自动下线。如果在运行中出现了异常，用户注册后可以再重新登录，这样系统会自动注册用户的非法操作。同时在功能实现时提供比较详细的异常情况记录，告诉用户发生异常的原因，即时校正操作。用图 6-2 来描述信息化平台的逻辑流程，从输入开始，经过系统处理，到输出的流程。集中体现系统的动态特性、数据入口和数据出口，与其他程序的接口、各种运行、优先级、循环和特殊处理。

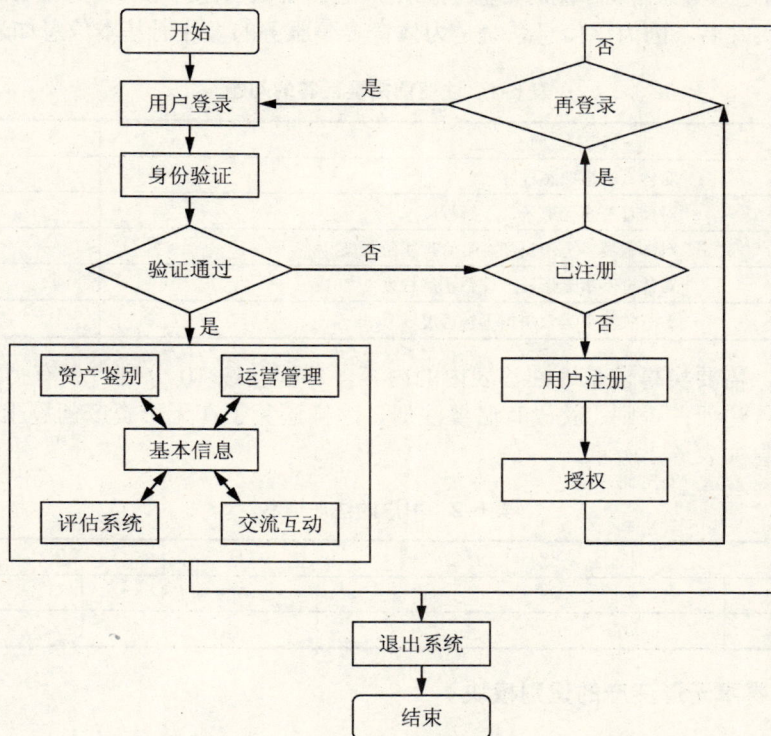

图 6-2　体育赛事无形资产运营与评估信息管理系统流程

## 6.2　体育赛事无形资产信息管理系统的模块设计

体育赛事无形资产运营与评估的信息管理系统，是对赛事中出现的无形资产提供过去、现在和将来预期信息的一种有条理的方法，它按适当的时间间隔供给格式相同的信息，支持一个赛事的计划、控制和操作功能，以辅助决策过程。该管理信息系统是在网络环境中实现，实现数据处理功能，包括数据收集、数据传输、数据存储、数据加工和输出。运用现代统计等方法根据过去的数据预测未来情况。根据赛事提供的约束条件，合理地安排各职能部门的计划，按照不同的管理层，提供相应的计划报告、控制功能。根据各职能部门提供的数据，对计划的执行情况进行检测、比较执行与计划的差异，对差异情况分析其原因，实现对管理系统的控制。本系统根据所收集的资料，用各种数学模型和所存储的大量数据，合理利用人财物和信息资源，辅助各级管理人员进行决策，以期取得较大的经济效益。

本管理信息系统由体育赛事基本信息、赛事无形资产的识别、赛事无形资产的运营管理、赛事无形资产的评估、体育赛事交流区五大模块组成。

### 6.2.1 体育赛事基本信息

在本模块将设立体育赛事的基本信息、用户信息、体育赛事交流互动区。用户需要先注册，然后进入登录界面。注册信息包括用户名和密码，用户可以根据自己的情况设计，最好使用真实姓名，因为该信息系统是为体育赛事服务的。注册基本信息如表 6-1 所示。

表 6-1  注册前需要回答的问题

| 问　　题 | 分　　值 |
|---|---|
| 对体育赛事熟悉程度 | |
| 对体育赛事无形资产了解程度 | |
| 对体育赛事无形资产运营管理了解程度 | |
| 对体育赛事无形资产评估了解程度 | |
| 对有关赛事运营决策了解程度 | |

注册前，需要实事求是地回答表内的内容，各程度按 10 分制，只有得到 6 分以上的人才能进入注册；否则，就没有必要注册，这样避免了在无形资产问题上不专业的情况。注册信息如表 6-2 所示。

表 6-2  用户的注册信息

| 姓　　名 | | 性　　别 | | 出 生 年 月 | | |
|---|---|---|---|---|---|---|
| 文 化 程 度 | | | | 所从事专业 | | |
| E-mail | | | | 电　　话 | | |

### 6.2.2 体育赛事无形资产的识别模块

本模块根据无形资产的特点与性质，按照赛事无形资产的构成要素及其拓展领域，帮助用户识别体育赛事无形资产。从内涵、外延和共性特征辅助辨别无形资产，如图 6-3 所示。

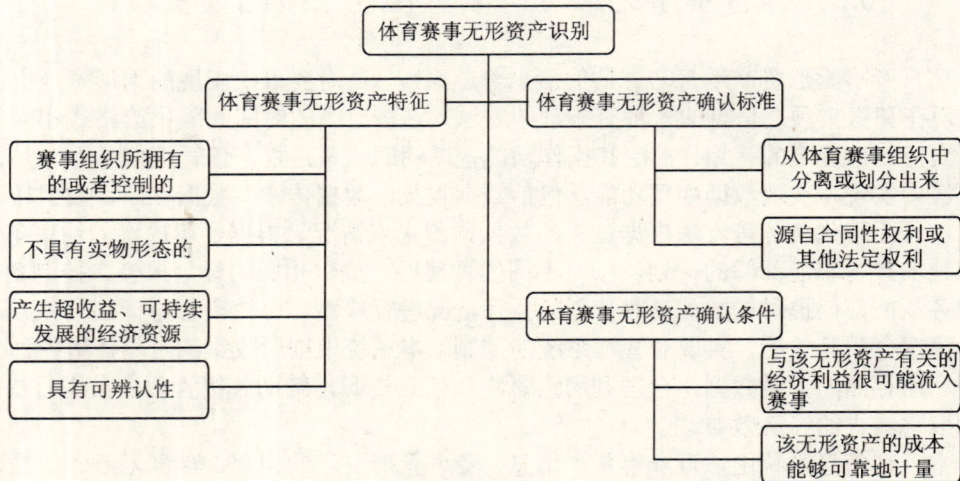

图 6-3  体育赛事无形资产的识别模块

## 6.2.3　体育赛事无形资产的运营管理模块

本模块主要介绍在 WSR 系统方法论指导下的无形资产的多种运营方法，对体育赛事无形资产进行运营管理，如图 6-4 所示。

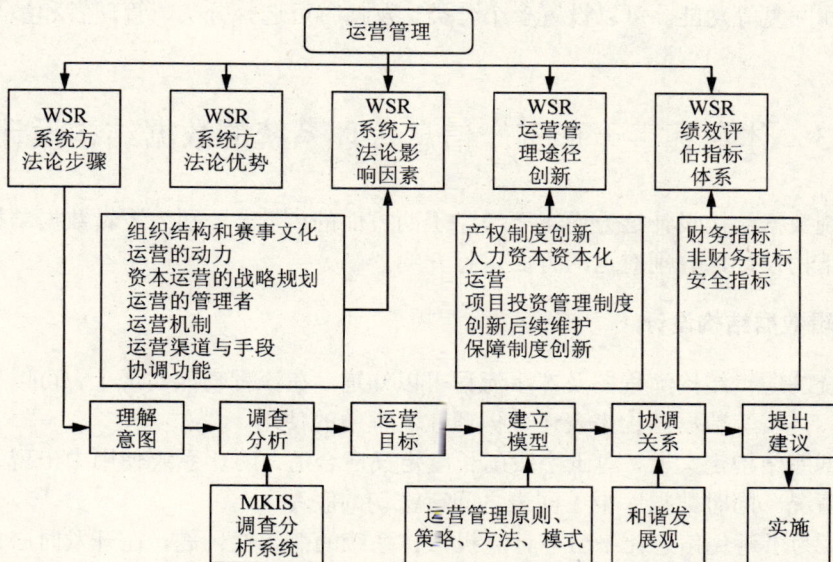

图 6-4　体育赛事无形资产运营管理模块

## 6.2.4　体育赛事无形资产的评估与危机预警模块

本模块对赛事无形资产评估方法进行介绍，并赋予公式和应用条件，帮助用户对无形资产进行运算，如收益法、成本法等，如图 6-5 所示。

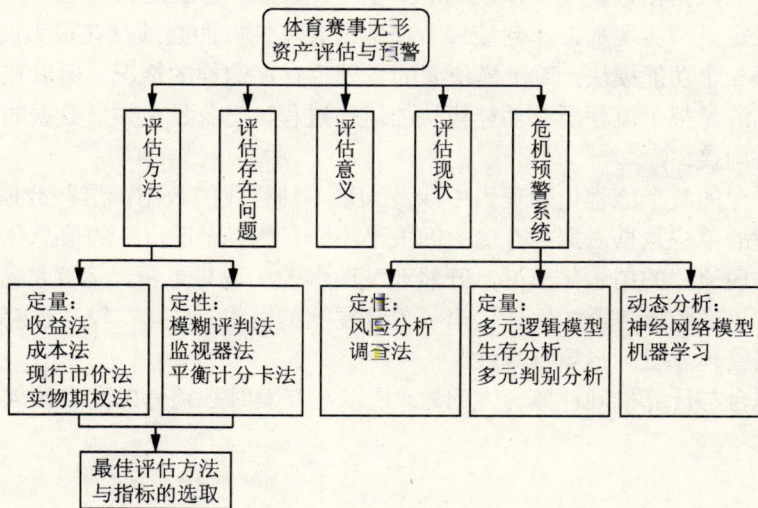

图 6-5　体育赛事无形资产评估与预警模型

### 6.2.5　体育赛事无形资产的交流互动模块

建立赛事无形资产论坛，让参与者可以自由交流，并实现资源共享。互动留言模块是一个互动发帖交流的模块。后台有留言分类和留言管理功能，前台有发帖、信息检索、帖子详情和回复等功能。可以设置多个分类，发帖时可选择分类，管理者和参与者可以互动。

## 6.3　体育赛事无形资产信息管理系统的数据结构设计

在系统数据结构设计这方面主要考虑了两方面的内容，分别为逻辑数据结构设计和物理数据结构设计，分别对这两方面进行介绍。

### 6.3.1　逻辑数据结构设计

由系统的逻辑结构流程图及赛事流程可以知道，在流程功能实现上，可以借助于数组、集合、链表等数据结构来表述数据项在流程中的使用。

在数据库结构定义上，对于字段的长度定义应合适，防止系统使用中出现不支持数据溢出的情况。同时数据库中不同表之间有密切的联系。

另外，为了避免信息化平台与计算机操作系统的兼容性问题，在开发时必须考虑到支持软件运行的软件环境，现在的开发一般基于 Windows 等窗口式的面向对象的软件开发过程。

### 6.3.2　物理数据结构设计

信息化平台与之相关的数据全部是通过 SQL Server 数据库管理系统实现，对于每一个模块所涉及的数据在数据库是以表的形式管理。如果表与表之间存在共享或者互访的要求，则在表定义时实现数据访问接口。在数据共享性方面必须存在很大的柔性空间，这不只针对每一个功能模块，对于模块间的数据也存在这样的情况。所以在程序具体编写之前必须搞清楚整个流程所有功能模块的运作过程，把需要有共享数据的模块管理上定义合适的访问接口。

信息化平台的整个流程化管理当中涉及大量不同格式的数据，这些数据不仅量大，而且不同类型的单位数据占据的存储空间大小不一。赛事无形资产的信息化平台在流程监控方面要实现流程的图示化模型，既然涉及图形的实现与更新，运算量是非常大的，这也就对计算机或者服务器的性能提出了更高层次的需求。只有在较高性能的计算机上图示化的流程管理才更具形象直观性。

信息化平台与计算机硬件兼容性问题，所以在开发时必须考虑到支持软件运行的硬件环境。

## 6.4　体育赛事无形资产信息管理系统的出错处理

### 6.4.1　信息系统出错信息

信息系统在使用过程中出错或者出现故障情况是在所难免的。这与系统的调查和需求分析、用户的要求、用户的操作有关。例如，表结构的字段长度与用户的实际操作数据长度的差异性，模块间数据兼容性考虑的周密与否，用户在数据输入时输入了非法数据等，这些情况可能会使系统不能正常工作，影响整个系统的工作时效。

在软件方面的错误处理上，为防止数据输入非法，在用户输入数据时，对于与库限定不统一的数据给出警告，让用户在提交数据之前必须输入合法数据。提交后，在提交时产生的注意错误，在处理上采用了排除异常的方式进行屏蔽，这样保证数据库里的数据在入库时全是符合库要求的，所以在定义库结构时必须要详细了解用户操作数据的类型、长度等基本属性。

### 6.4.2　信息系统故障处理措施

在系统的故障出现后可以采取一定的变通措施，如后备技术、降效技术、恢复及再启动技术等。下面简要介绍几种补救方法。出现问题及时进行可维护操作。可把系统在使用过程中的维护时间做到足够长，在一段时间后对系统的使用进行总结，或者对升级做到功能的升级和找到更好的替代模块。如有可能，在系统设计初期，保密系统的各个版本，在系统未完成维护工作时，可先用以前的版本临时工作，做到流程对数据的把握，而不至于因为维护使系统无法运行和对数据完成处理。恢复即找出系统发生故障的点，从故障点开始恢复执行。再启动技术是针对系统的重大故障问题采取的措施，找出软件运行的源点，从源点起重新启动系统和维护系统。

### 6.4.3　信息系统维护措施

为了使体育赛事无形资产的信息化平台维护方便，可在程序的内部设计中作出一些技巧性的安排，如在程序中专门安排用于系统的检查与维护的检测点和专用模块等，在设计中再具体设计。

### 小　结

体育赛事网络环境是因网络技术发展而形成的个人之间、赛事等组织之间、个人和组织之间的信息网络所带来的影响，包含信息技术为代表的技术环境网络化、以互联网为媒介的经营环境网络化和以人为本的社会依存关系网络化三个层面。网络环境缩短了时间和空间的距离，提高效率，扩大市场空间，给体育赛事无形资产的运营带来了更多的发展机遇，也有利于信息的对称性。

# 附录 1　体育赛事无形资产评估指标体系调查问卷

各位专家，下面问卷是关于体育赛事无形资产的，请您在百忙之余，填写下表，非常感谢。

您所从事的专业：_____　　　　从业年限：_____

年龄：_____　　　性别：_____　　　职　称：_____

您参与级别比较高的一次体育赛事是：_____

根据您参与这次赛事的情况，以及对下面问题的理解与认识，请在相应的空格内填上您认为可行的程度值，如在知识资本指标里面的"投入人力成本大小程度"其程度值是 4.5，就请在后面的框内写上 4.5，也可以是整数。程度值从 0 到 5 依次增强。

| 分　类 | 评 估 指 标 | 程 度 值　0——▶5 |
|---|---|---|
| 知识资本指标 A | A1 投入人力成本大小程度 | |
| | A2 投入物力支出大小 | |
| | A3 投入财力支出大小 | |
| | A4 耗时多少 | |
| | A5 技术成熟程度 | |
| | A6 技术更新周期快慢 | |
| | A7 可被替代性的可能性大小 | |
| | A8 转让次数多少 | |
| | A9 法律法规的支持保护程度 | |
| | A10 受地方保护的程度大小 | |
| 人力资本无形资产指标 B | B1 工作人员在团队合作程度 | |
| | B2 思想适应时代要求的程度 | |
| | B3 独创性程度 | |
| | B4 工作人员技能发展程度 | |
| | B5 工作人员在赛事中素质水平高低 | |
| | B6 工作人员满意度大小 | |
| | B7 工作人员年龄梯队情况 | |
| | B8 专业经验水平高低 | |
| | B9 教育程度高低 | |
| | B10 培训时间长短 | |
| | B11 工作相关的知识与能力高低 | |
| | B12 学习他人的能力 | |

续表

| 分　类 | 评 估 指 标 | 程 度 值<br>0——→5 |
|---|---|---|
| 人力资本无形资产指标 B | B13 工作人员的意见反映多少情况 | |
| | B14 工作人员构想与建议转达到上级的程度 | |
| | B15 工作人员的执行力强弱 | |
| | B16 赛事培训计划合理程度 | |
| | B17 体育赛事内部关系和谐程度 | |
| | B18 工作人员流动频繁情况 | |
| | B19 体育赛事招聘计划完善程度 | |
| | B20 体育赛事工作人员离职的影响大小 | |
| | B21 维持、吸引关键人才的措施情况 | |
| | B22 每年的培训、通信与支持计划落实情况 | |
| 结构资本无形资产指标 C | C1 体育赛事运营与流程流畅程度 | |
| | C2 体育赛事的管理使用效能的程度 | |
| | C3 数据库被查询的次数多少 | |
| | C4 数据库的贡献程度大小 | |
| | C5 流程的文件化与图标化程度大小 | |
| | C6 研究发展能力高低 | |
| | C7 需要支持环境的难易 | |
| | C8 流程支持创新的程度 | |
| | C9 知识产权的使用比率、报酬率高低 | |
| | C10 专利数量多少 | |
| | C11 赛事专利、著作权、商标的良好程度 | |
| | C12 工作人员使用信息技术的程序熟练程度 | |
| | C13 信息技术的运用能力高低 | |
| | C14 信息系统服务满意高低 | |
| | C15 系统网络建设 | |
| | C16 无形资产绩效评估合理程度 | |
| | C17 组织与结构合理程度 | |
| 市场资本无形资产指标 D | D1 能够满足顾客要求的大小程度 | |
| | D2 附加价值服务 | |
| | D3 顾客导向 | |
| | D4 顾客满意度 | |
| | D5 能够反馈顾客 | |
| | D6 对顾客强化赛事形象 | |
| | D7 品牌忠诚度、顾客忠诚度 | |
| | D8 顾客抱怨度 | |
| | D9 供应商关系 | |

| 分　　类 | 评 估 指 标 | 程 度 值<br>0 ———▶ 5 |
|---|---|---|
| 市<br>场<br>资<br>本<br>无<br>形<br>资<br>产<br>指<br>标<br>D | D10 交易期间稳定程度大小 | |
| | D11 交易频率稳定程度大小 | |
| | D12 降低处理成本大小 | |
| | D13 供应确保质量的材料好差 | |
| | D14 关系体系良好且健全 | |
| | D15 互动关系良好程度 | |
| | D16 合作关系持续 | |
| | D17 彼此互惠互利 | |
| | D18 互补性资产多少 | |

# 附录2  体育赛事无形资产危机预警指标

尊敬的专家，请对下面指标名称反映指标类型的程度打分。

| 指标类型 | 指标名称 | 程度值 | | | | | |
|---|---|---|---|---|---|---|---|
| | | 0 | 1 | 2 | 3 | 4 | 5 |
| 盈利能力指标 | 1. 资产净利润率 | | | | | | |
| | 2. 投资报酬率 | | | | | | |
| | 3. 所有者权益（净资产）报率 | | | | | | |
| | 4. 销售净利润率 | | | | | | |
| | 5. 主营业务利润率 | | | | | | |
| | 6. 每股经营现金流 | | | | | | |
| | 7. 每股收益 | | | | | | |
| 流动性与偿还能力指标 | 8. 流动比率 | | | | | | |
| | 9. 速动比率 | | | | | | |
| | 10. 营运资本总资产比 | | | | | | |
| | 11. 营运资本主营业务收入 | | | | | | |
| | 12. 现金流量比率 | | | | | | |
| | 13. 现金流量财务费用比 | | | | | | |
| | 14. 利息保障倍数 | | | | | | |
| 资产管理效率指标 | 15. 总资产周转率 | | | | | | |
| | 16. 存货周转率 | | | | | | |
| | 17. 应收账款周转率 | | | | | | |
| | 18. 固定资产周转率 | | | | | | |
| | 19. 平均负债成本率 | | | | | | |
| 可持续发展的指标 | 20. 盈利增长指数 | | | | | | |
| | 21. 固定资产总额 | | | | | | |
| | 22. 总资产增长率 | | | | | | |
| | 23. 主营业务收入增长率 | | | | | | |
| | 24. 留成利润比 | | | | | | |
| | 25. 留存收益总资产比 | | | | | | |
| 无形资产自身情况 | 26. 取得成本 | | | | | | |
| | 27. 赛事水平、规模与竞赛名次 | | | | | | |
| | 28. 管理团队能力 | | | | | | |
| | 29. 无形资产获收益及创利情况 | | | | | | |
| | 30. 俱乐部文化与形象 | | | | | | |
| | 31. 赛事与场馆、经营管理等的配套性 | | | | | | |
| | 32. 无形资产所处的经济寿命阶段 | | | | | | |
| | 33. 体育行政部门和业务管理部门的支持程度 | | | | | | |
| | 34. 受法律保护的程度 | | | | | | |

续表

| 指标<br>类型 | 指 标 名 称 | 程　度　值 | | | | | |
|---|---|---|---|---|---|---|---|
| | | 0 | 1 | 2 | 3 | 4 | 5 |
| 外部<br>环境 | 35. 无形资产的市场供求关系 | | | | | | |
| | 36. 与无形资产相关产品或服务的预计市场占有率 | | | | | | |
| | 37. 市场环境变化可能带来的风险度 | | | | | | |
| | 38. 同行业的产品或服务数量、质量与价格 | | | | | | |
| | 39. 行业平均资金利润率 | | | | | | |
| | 40. 产业政策吻合度 | | | | | | |
| | 41. 地域差异性 | | | | | | |

# 主要参考文献

陈存志，刘苹，王常青，等．2005．对体育无形资产竞争的法律分析[J]．浙江体育科学，27（5）：18-21．

陈庆修．2007．世界 500 强企业无形资产的运作[J]．中外企业文化，12：58．

成琦．2005．广州亚运会赛事市场营运模式的探讨[J]．广州体育学院学报，25（83）：76-78．

崔凤海．2003．试论奥运会等大型体育赛事中的公共关系问题[J]．体育与科学，24（6）：22-23．

董冬．2007．论北京奥运会给我国体育无形资产带来的机遇和挑战[J]．体育文化导刊，4：29-31．

董勇，葛艳明，王佳．2007．打造体育明星的经济价值引导体育产业健康发展[J]．体育经济，10（246）：278-279．

范存生．2007．基于"双产权"视角的奥运冠军产权边界与机制研究[J]．武汉体育学院学报，41（3）：31-37．

辜柏涛，姚业戴．2006．关于体育无形资产的经营现状及对策研究[J]．体育科技文献通讯，14（4）：27-28．

顾亮．2006．大型体育赛事的运作范式与营销策略[J]．体育文化导刊，6：5．

赫金鸣．入世后我国体育无形资产管理的思考[J]．吉林体育学院学报，2007，23（2）：15-16．

黄迎乒，张振东，孙自杰．2007．2008 北京奥运经济走势与我国体育产业发展[J]．体育科研，28（4）：39-41．

简波，齐莹．2006．龙舟运动的体育无形资产开发现状与对策研究[J]．首都体育学院学报，18（5）：31-32．

李国胜，张文鹏．2005．关于体育赛事风险管理要素的研究[J]．广州体育学院学报，25（80）：39-41．

李静，方正．2006．对我国体育无形资产特点的研究[J]．浙江体育科学，28（2）：5-7．

李丽，杨小龙，杨明．2006．试论体育无形资产学的构建[J]．辽宁体育科技，28（1）：12-14．

李龙，叶涛．2004．我国体育明星广告市场的特征及发展趋势[J]．西安体育学院学报，21（3）：22-24．

李艳翎，常娟．2007．我国体育明星无形资产开发的理论初探[J]．北京体育大学学报，30（11）：1455-1457．

连桂红．1999．体育无形资产的基本特征及经营之道[J]．山东体育学院学报，15（42）：15-18．

刘东锋，张林．2008．全国性单项运动协会市场开发现状调查与筹资机制研究[J]．体育科学，28（2）：29-36．

刘夫力，麻雪田．2000．竞技体育无形资产基本理论的探讨[J]．广州体育学院学报，20（3）：48-56．

刘夫力，孙国良，张钧庆．2003．中国竞技体育无形资产发展战略研究[J]．广州体育学院学报，23（1）28-31．

刘同为，张茂林．2005．竞技武术无形资产及其开发[J]．中国体育教练员，3：22-23．

卢文云，熊晓正．2005．大型体育赛事的风险及风险管理[J]．成都体育学院学报，5（31）：18-22．

卢晓梅．2000．我国体育产业投资基金发展模式研究[D]．北京：北京体育大学：41-44．

牛淑敏．2003．我国运动员无形资产保护研究：运动员人格标识商业利用的法律研究[J]．中国体育科技，39（4）：3-5．

秦为锋，王亚飞．2007．我国高校体育无形资产运营现状及对策[J]．体育世界，7：37．

秦为锋．2006．我国体育无形资产营运现状的分析[J]．四川体育科学，6（2）：3-5．

邱招义，董进霞，夏忠岩．2004．中国奥委会无形资产法律保护问题研究[J]．中国体育科技，40（3）：7-10．

孙岩，黄善双，张之顺，等．2007．体育产业运作及其展望[J]．集团经济研究，7（236）：287-288．

王红．2003．体育赞助与体育市场化运作[J]．广州体育学院学报，23（6）：13-15．

王振领．2007．基于核心竞争力的企业无形资产能力空间研究[D]．成都：西南交通大学：6-18．

王子朴，杨铁黎．2005．体育赛事类型的分类及特征[J]．上海体育学院学报，29（6）：24-28．

魏玉存．2006．浅谈运动员无形资产的开发[J]．哈尔滨体育学院学报，24（90）15-16．

吴小茹，吴纪饶．2007．对我国竞技体育无形资产的理性思考[J]．辽宁体育科技，29（1）：3-5．

吴学勇，张成云．2004．我国体育无形资产的经营现状及对策研究[J]．山东体育科技，26（105）：38-39．

许君立．2006．基于互联网的电子商务在我国职业足球俱乐部运营中的现状及发展前景分析[D]．北京：北京体育大学：7-15．

杨静．2005．体育赛事经营的营销渠道开发[J]．广州体育学院学报，24（5）：13-15．

杨茜．2006．肖像权、无形资产所有权与债权：论运动员无形资产开发中的权利[J]．天津体育学院学报，6：126-127．

张林，陈锡尧，钟天朗，等．2006．我国体育产业未来 5 年发展构想与展望[J]．体育科学，26（7）：13-19．

张红松，丑丽松．2005．我国高校竞技体育无形资产的开发与利用[J]．沈阳体育学院学报，24（6）：24-26．

张西平．2003．体育产业生产要素构成研究[J]．天津体育学院学报，18（1）：28-30.

赵芳．2002．对我国体育产业立法的研究[D]．北京：北京体育大学：22-35.

周武．2003．我国职业篮球俱乐部无形资产评估指标体系研究[D]．北京：北京体育大学：13-17.

朱峰峰．2006．高新技术企业无形资产确认与计量问题探讨[D]．北京：首都经济贸易大学：19-22.

朱礼才．2006．高校体育无形资产开发与管理问题研究[D]．苏州：苏州大学：7-29.

朱仁康，王志学，郭爱民．2007．体育赛事经营与开发[J]．南京体育学院学报，21（6）：20-23.

Allen J, O'Toole W , McDonnell I and Harris R. 2002. Festival and Special Event Management. 2^{nd} edition.Queensland, Australia, John Wiley &Sons.

Adby R.2002.Email Questiongnaire: Director Ceneral, Olympic Co-Ordination Authority 2000 Olympics.9 July.

Bontis, N Keow W and Richardson S. 2000. Intellectual capital and business Performance in Malaysian industries. Journal of Intellectual Capital, Vol.l, No.l:85-100.

Bowdin G, McDonnell I, Allen J and O'Toole W. 2001.Events Management. Oxford, Butterworth Heinmann, Chapters 2, 4 and 12.

Buren N. 1999.Intellectual capital: current issues and Polieyim Plieations. Journal of Intellectual capital, (3):206-240.

Cann J.2003.NBA Research Overview.Presentation by NBA Senior Manager for Market Research and Analysis, NBA, Store, New York, 2 December.

Catanach J A H, Perry S E. 2001.An evaluation of the survival model's contribution to thrift institution distress prediction.Journal of Managerial Issue, 8(4):401-417.

Crompton J.2001.Public subsidies to professional team sport facilities in the USA.In:Gratton C and Henry I.(Eds), Sport in the City:The Role of Sport in Economic and Social Regeneration.London,  Routledge, Chapter2.

Emery P.2001.Bidding to host a major sports event : strategic investment or complete lottery.In: Gratton C and Henry P.(Eds), sport in the City: The Role of sport in Economic and Social Regeneration.London, Routledge, Chapter 7.

Felli G.2002.Transfer of Knowledge (TOK): a games management tool.A paper delivered at the IOC-UIA Conference: Architecture and International Sporting Events, Olympic Museum, Lausanne, June 2002.IOC.

Honjo Y. 2000.Business failure of newfirms: an empirical analysis using a multiplicative hazard model. International Journal of Industrial Organization, 18:557-574.

Hubbard A.2002.The Interview:Alan Pascoe:A sport stabbed in the back, a nation and its youngsters badly let down.In The independent on Sunday.London, The Independent, 6 January.

Jones C.2001.Mega-events and host region impacts:determining the true worth of the 1999 Rugby World Cup.International Journal of Tourism Research.3, 241-251.London, John Wiley&Sons.

Kikuchi.2009.The relationship between R&D productivity and knowledge intensity of firms: from the perspective of "brand power as an integrated intangible asset".International Journal of Knowledge Management Studies, Volume 3, Numbers 1-2, 134-153.

Masterman G.2003.The event planning process.In: Moragas M, de, Kennett C and Puig N.(Eds)The Legacy of the Olympic Games 1984-2000.Lausanne, IOC.

Sethi V and King W R.1994. "Development of measures to assess the extent to which An information technology application provides competitive advantage, Management Science,  Vol.4O, No.12：1601-1627.

Shank M.2002.Sports Marketing:A Strategic Perspective, 2^{nd} edition.Upper Saddle River, NJ, Prentice Hall, Chapter1.

Shone A.and Parrry B.2001.Successful Event Management:A Practical Handbook. London, Continuum, Chapters 6 and 12.

Sudheer Chava, Robert.2003.A Jarrow, Bankruptcy Prediction with Industry Effects,  Review of Finance, 8, 537-569.

# 后　记

本人于 1999 年毕业留校，一直在山东师范大学体育学院工作。2007 年我在职攻读曲阜师范大学体育科学学院博士，师从孙晋海教授。孙教授的学识渊博、思维敏捷、治学严谨、平易近人，深深影响了我。我的博士论文就是对体育赛事无形资产方面的研究，第一次尝试跨入经济领域，不断开发自己的潜能，积极主动地探索体育赛事无形资产。本书就是在博士论文的基础上进一步完善与修改而成的。

感谢山东师范大学体育学院的领导和老师们，是他们的支持让我能顺利投入写作中去。感谢孙庆祝、刘一民、周全、李思民、韩春利等曾帮助过我的老师们。

本书因为时间比较仓促，尚存在部分研究有些不全面、个别数据整理不全等缺点。以下内容作为以后的研究工作和补充：将体育赛事无形资产的信息管理系统构建通过程序实现，扩大调查范围，对评估指标进一步细化；在网络上实现体育赛事无形资产相关数据的自动收集功能；进一步研究小型赛事、不同项目间的不平衡原因。